有虞故物

——會稽餘姚虞氏漢唐出土文獻匯釋

商略 孫勤忠 著

上海古籍出版社

圖書在版編目(CIP)數據

有虞故物:會稽餘姚虞氏漢唐出土文獻匯釋╱商略,
孫勤忠著.—上海:上海古籍出版社,2016.10
(上林湖叢書)
ISBN 978-7-5325-8185-6

Ⅰ.①有⋯ Ⅱ.①商⋯ ②孫⋯ Ⅲ.①出土文物—文
獻—研究—餘姚市—漢代②出土文物—文獻—研究—餘姚
市—唐代 Ⅳ.①K877.04

中國版本圖書館 CIP 數據核字(2016)第 185440 號

上林湖叢書

有虞故物
——會稽餘姚虞氏漢唐出土文獻匯釋

商略　孫勤忠　著

上海世紀出版股份有限公司
上 海 古 籍 出 版 社　出版

(上海瑞金二路 272 號　郵政編碼 200020)

　(1)網　　　址:www.guji.com.cn
　(2)E－m a i l:guji1@guji.com.cn
　(3)易文網網址:www.ewen.co

上海世紀出版股份有限公司發行中心發行經銷
浙江臨安曙光印務印刷有限公司印刷
開本 889×1194　1/16　印張 14.75　插頁 5　字數 341,000
2016 年 10 月第 1 版　2016 年 10 月第 1 次印刷
印數:1—1,500
ISBN 978-7-5325-8185-6/K・2230
定價:198.00 元

如發生質量問題,請與承印公司聯繫

目　録

第二輯：墓志圖録及釋讀

第三輯：文獻考釋

第四輯：金石文獻彙編

緒　言

　　會稽虞氏自東漢虞竟徙居餘姚，[1] 至隋唐之際，仍然保持着“簪冕連華”的興盛面貌。餘姚縣舊有“半部餘姚志，一部虞家史”的説法，郭沫若《中國史稿》曾把會稽虞氏列在同郡世族之首，因其五百年間維持家學傳統，人物之盛，學術、藝術成就之多，實屬罕見。

　　略舉幾例：三國吳虞翻訓注《周易》及《論語》、《國語》；東晉虞喜著《安天論》，釋《毛詩略》，注《孝經》，撰《志林》三十篇；虞喜弟虞預雅好經史，學問富博，史載有《晉書》四十四卷，《會稽典録》二十四卷，《諸虞傳》十二卷，集十卷；南朝宋虞愿著《五經論問》，撰《會稽記》；南朝蕭梁時期，則有虞炎、虞羲、虞騫等，皆有學行，以文學著名，有相當數量的詩歌作品流傳至今；南朝陳時，虞荔著有《鼎録》，收録於《四庫全書》；入隋以後，虞世甚、虞世南、虞綽等參與編定了《區宇圖志》、《長洲玉鏡》等圖籍，並留下了大量詩賦類文學作品；唐初，虞世南與歐陽詢、褚遂良、薛稷並稱“初唐四大書家”，編寫了唐代四大類書之一的《北堂書鈔》，參與編定了《羣書理要》，太宗皇帝贊其有“德行、忠直、博學、文詞、書翰”五絶。

　　這一支煌煌巨族，卻在唐代以後突然淡去了光彩，宋元以後甚至難覓蹤影。這一變化的根本原因，是隋唐選舉制度的改變，使原先依賴“九品中正制”的郡望或門第失去了入仕優勢，在根本上瓦解了門閥制度賴以生存的基礎。

　　隋唐以來，脱離了“門第”依賴的虞氏宗人，鄉籍觀念趨於淡泊，宗人的終老與歸葬，不再像往日那樣講究葉落歸根。現在能夠看到的唐代餘姚籍虞氏宗人墓志，大多出土於洛陽及西安一帶。像史料記載的虞世基、虞世南兄弟，長期在外爲官，除了居喪行服，很少回到餘姚故土。因此，對這一時期的虞氏宗人來説，“餘姚”只是履歷表或墓志銘上一個遙遠而又陌生的詞語——其“門第”的象徵性，遠大於實用性。

　　本書收集了三國吳至南朝的四十種虞氏磚甓，六種唐代餘姚籍虞氏宗人墓志，結合歷史文獻，對志主生平、職官遷轉等方面進行了考釋，以展現不同歷史時期餘姚虞氏家族的面貌。這個方法，希望能夠接近王國維先生所説的“紙上材料”與“地下新材料”相輔的二重證據法。

[1] 虞竟，《元和姓纂》作虞意，此從《唐虞從道墓志》，見下文。

　　本書在撰寫過程中，得到了北京劉剛和魯九喜、紹興張笑榮和金小玲（平妖）等朋友的傾力支持。劉剛兄時時留意，爲我寄贈了大量品相上佳的古甓墓志拓片。九喜兄是知名金石學者，他給我提供了《建興三年虞氏甓》、《永和十一年虞氏甓》、《太元二年東海朐令虞君甓》和《虞壽壁甓》等拓片的影像文件。會稽甓社張笑榮先生得知我編撰此書，特意寄贈了《唐虞照乘墓志》拓片。金小玲女士則爲我解決了《建衡三年虞氏甓》的問題。

　　在此，我還要感謝我的朋友餘姚市新鋭文化傳媒有限公司劉軍儒、餘姚市圖書館王松國先生對拓片進行的掃描、拍照和專業處理，感謝餘姚市大晟博物館諸小虎先生爲本書提供的二十餘種磚甓拓片，更要感謝餘姚市崇文書院爲我提供了寬松的寫作環境和海量參考文獻。正是這麽多朋友的支持和鼓勵，使得這一本小書能夠如期完工，並使收録的虞氏出土文獻保持了最大程度的完整。

商　略
二〇一三年十月於崇文書院

凡　例

一、收録範圍

本書收録三國至南北朝時期虞氏磚甓四十種，唐代虞氏墓志六種。其中磚甓類文獻，有同坑不同甓現象，或書體不同，或字有增減，或互爲上下文。

Ⅰ．磚甓部份，以舊會稽郡（《後漢書·郡國志》之會稽郡區域）所見虞氏磚甓爲收録對象；

Ⅱ．墓志部份，以鄉籍爲"會稽餘姚"的虞氏宗人墓志爲收録對象；

Ⅲ．文獻輯録，收録了包含餘姚虞氏宗人信息的歷代金石文獻。

因個別出土文獻的字面漫漶不清，無法釋文，文中以□代替；殘字仍可識別者，則文字加□，如"諱"；殘字數量無法確定，則作〔缺〕。

二、編寫説明

Ⅰ．古甓圖録及簡釋：《古甓綜述》對四十種虞氏磚甓進行匯總分析。每一種磚甓配有簡釋短文，內容包括甓文釋讀、書體、采集地點等信息。每一種磚甓另附拓片或實物圖版。

有數種三國吳時期虞氏磚甓，因未刊刻紀元而置於"永安五年"前；有數種未刊刻朝代、年號的磚甓，置於"泰始五年"後。

Ⅱ．墓志圖録及釋讀：《墓志綜述》對六種虞氏墓志進行了匯總分析。各篇着重於人物生平、職官、世系等方面的釋讀。每篇釋讀另附墓志拓片圖版。

Ⅲ．文獻考釋：1.《古甓釋讀九種》，對"古甓圖録及簡釋"中史料信息相對豐富的九種磚甓進行了釋讀；2.《初唐名臣蕭璟傳略補》，據《唐蕭鑒墓志》中蕭璟史料，對其生平進行了梳理；3.《從〈唐蕭鑒墓志〉管窺唐代挽郎制度》，就蕭鑒之挽郎經歷，結合其他文獻，探求挽郎入仕的一般規律；4.《〈唐沈從道墓志〉所見虞世南後裔史料》，對虞世南後裔進行了梳理，並據志文記載的沈從道先祖世系，對《舊唐書·沈皇后傳》中相關内容進行了勘誤；5.《〈唐張夫人虞氏墓志〉之張公考》，結合《大唐御史臺精舍題名考》及相關文獻，對“張公”身份進行了探索；6.《關於虞當的刻石文獻及其生平考釋》，整理有關虞當的墓志、刻石、文學作品，對其生平進行了簡要考釋；7.《虞鳴鶴生平考釋》，對虞當之子虞鳴鶴與今慈溪鳴鶴場的關係進行了梳理和求證；8.《虞寄一支出土文獻分析》，整理了近年出土的虞寄一支後裔的墓志文獻，梳理人物關係，展現其生活、遷徙的大致情況；9.《虞荷一支出土文獻分析》，整理了近年出土的虞荷一支後裔的墓志文獻，梳理人物關係，展現其生活、遷徙的大致情況；10.《兩支虞氏譜系圖》，對南朝末至唐代的兩支虞氏世系進行了圖譜描繪。

Ⅳ. 金石文獻彙編：收錄漢唐以來虞氏宗人撰寫、書丹的碑、志、碣、刻石等金石文獻，以及包含虞氏宗人信息的金石文獻。其中虞世基、虞世南單独成輯，其他虞氏宗人合併成輯。以上文獻按時間先後編次。

三、使用參考文獻説明

本書對一般常用古籍及今人論著、期刊論文，在首次引用時，以當頁腳注形式列出“作者”、“書名（篇名）”、“卷數”、“頁碼”以及“出版機構”、“出版時間”，或“刊物名”、“刊期”，如“《資治通鑒》卷第六十二，中華書局1956年版，第2010頁。”第二次引用時，則省略“出版社”及“出版時間”，或“刊物名”、“刊期”，如“《資治通鑒》卷第六十二，第2010頁。”

本書在釋讀墓志時所引用的某些文獻材料，若無關考訂，僅在行文時注明作者及篇名。

本書最後附録參考文獻目録。

第一輯：古甓圖録及簡釋

古甓綜述

本輯收録餘姚及鄰近縣市（限舊會稽郡）采集的虞氏磚甓40種。其中有朝代紀元的磚甓35種，無朝代紀元的磚甓5種。

1. 各朝代磚甓分佈數量

以朝代分，有三國吳磚甓4種，兩晉29種，南朝宋2種，年代不明的5種。把各朝磚甓折换比例，分別爲三國10%，兩晉72.5%，南朝宋5%，年代不明的12.5%。未見南朝劉宋以下虞氏紀年磚甓。以上三國、兩晉時期的虞氏磚甓數量，佔采集總數百分之八十以上。

光緒《餘姚縣志·列傳》收録漢晉南北朝時期的虞氏宗人共17人：後漢1人（虞國），三國吳3人（虞翻及諸子、虞俊、虞授），兩晉4人（虞潭、虞騑、虞喜、虞預），宋、齊、梁、陳四朝9人（虞愿、虞悰、虞玩之、虞炎、虞騫、虞僧誕、虞羲、虞荔、虞寄）。二十四史有本傳者共十人：三國1人（虞翻及諸子），兩晉4人（虞潭及虞嘯父、虞喜、虞預），宋、齊、梁、陳四朝5人（虞愿、虞悰、虞玩之、虞荔、虞寄）。就歷代文獻記載的餘姚虞氏人物的人數來看，南朝劉宋以下，絲毫不遜於三國、兩晉時期。

令人遺憾的是，宋、齊、梁、陳四朝的虞姓磚甓相對稀缺，與地方文獻及正史的傳主數量產生了較大背離。也許這四朝的虞氏宗人，其本傳之"會稽餘姚人"僅僅是説明"鄉籍"而已。

兩晉南北朝時期，因九品中正制爲主導的選舉制度，鄉品成了從仕者需要具備的最關鍵要素。一個從仕者的鄉品，與他的姓氏、郡望、出身門第直接關聯，當一個士子釋褐從仕，若他的鄉品起點較高，那麼入仕起點也會相應提高，並能在日後得到較快遷轉。所以，不難理解某些虞氏宗人在遷居他鄉數代、甚至十數代以後，仍然保留着"會稽餘姚"的鄉籍。

如此，我們可以理解光緒《餘姚縣志·塚墓》篇中，有蹟可尋的虞氏墓址，僅東漢虞國、三國虞翻兩處，而載在《寶慶四明志》的虞氏塚墓卻有七處之多（兩晉之虞喜、虞瑤、虞胃，南朝梁之虞荔、虞孜、虞騫、虞野人）。因兩縣虞氏塚墓數量的差異無法得到合理解釋，不少明清學者質疑，"餘姚虞氏"是否真的在餘姚——也許是別的地方呢？

今就虞氏磚甓的采集地點、數量來看，以晉代最盛，以舊餘姚縣域最多。根據這些數量佔絕對優勢的晉代磚甓，可確定這一時期的虞氏宗人仍以餘姚縣爲主要居住地。

2. 磚甓所見職官

此輯收録有職官、爵位的虞氏磚甓 15 種，涉及虞氏官宦 14 人，集中於吳、晉兩代。

其中仕於三國吳的 3 人：廬陵太守虞君、平虜將軍都亭侯虞君、牙門裨將軍虞羨（虞羨卒於太康初，職官屬吳）；

仕於兩晉的 11 人：議郎虞詢、孝廉虞徹、虞中郎、諫議大夫虞夏、虞衛尉、虞督君（虞將軍）、關中侯虞季友、益都縣侯虞府君、司徒掾章安建康令虞沿、東海郡朐令郎中虞君、太中大夫虞康。

在這 14 位虞氏官宦中，以"吳平虜 將軍 都亭侯虞君"的官品爵位最高：官品第三，爵位第五品，視中二千石，食租三百户。而晉虞徹僅得察舉孝廉，未及除郎。

以禄秩二千石爲標竿，三國時期 2 人：廬陵太守（二千石）、平虜將軍（中二千石）。兩晉時期 1 人：衛尉（中二千石）。

3. 磚甓采集地、數量所反映的狀況

以采集地點劃分，本舊縣采得 33 種，佔總數八成以上。本舊縣采集的 33 種虞氏磚甓，分別爲：城東穴湖 21 種（橫河、九里山、同光歸於此）；城南梁輝 2 種；城西南肖東 9 種；城北風山 1 種。

鄰舊縣采得 7 種，分別爲：上虞 1 種（建衡三年虞氏）；紹興 1 種（永和十一年虞氏）；今餘姚市陸埠車廏 3 種（太康二年議郎虞詢、晉太中大夫虞康、永寧元年虞氏）；今餘姚市丈亭 2 種（咸和九年虞日齊、虞襲）。其中屬於舊慈溪縣的爲 5 種。

一般來説，不同地域采集的磚甓數量，能夠大致反映這一歷史時期的人口狀況。東漢時期最主要的兩個虞氏家族聚居點，是"西虞"和"東虞"，大致以舊"虞宦街"（今餘姚市新建路）爲分界，即《水經注·沔水下》所説："江水又經官倉，倉即日南太守虞國舊宅，號曰西虞，以其兄光居縣東故也。"[1]

《元和姓纂》卷二"十虞"條下："秦有虞香。香十四代孫意，自東郡徙餘姚。五代孫歆。歆生翻。"[2] 又《三國志·虞翻傳》注引《翻別傳》："臣高祖父故零陵太守光，少治孟氏《易》，曾祖父故平輿令成，纘述其業，至臣祖父鳳爲之最密。臣亡考故日南太守歆，受本於鳳，最有舊書，世傳其業，至臣五世。"[3] 據上，可得較爲清晰的早期餘姚虞氏譜系：始遷祖虞意（實爲虞竟，見本書《唐虞從道墓志考釋》），第二代虞光、虞國，第三代虞成，第四代虞鳳，第五代虞歆，第六代虞翻。

虞光居住在舊縣城以東，即今餘姚市新建路東面。虞國原本居住在"西虞"，在今

[1] 陳橋驛《水經注校證》卷二十九，中華書局 2007 年版，第 688 頁。

[2] 林寶《元和姓纂》卷二，中華書局 1994 年版，第 228 頁。

[3]《三國志》卷五十七《虞翻傳》，中華書局 1959 年版，第 1322 頁。

餘姚市新建路以西，龍泉山南面。至東漢中後期，虞國遷往城南羅壁山（今肖東一帶），時稱"虞國墅"。[4]到了酈道元生活的時代，緒山腳下的"西虞"舊宅已淪替成了官府糧倉。

"西虞"在緒山之南，背山臨江，空間逼仄，在人口膨脹時期，必然面臨居住空間難以拓展的問題。即便現在看來，因改善居住空間的需要，虞國一支向着城南羅壁山發展，也是一項合理的置業計劃。

不久，他們發現羅壁山"虞國墅"並非是最完美的宜居之地。它的弊端，並非是地處丘陵、交通不便——相反，羅壁山"虞國墅"更靠近舊餘姚縣通往會稽郡的陸路官道；"虞國墅"所面臨的窘境，是距離縣城太遠，戰亂頻仍時期，其生命及財產安全無法得到政府軍事力量的有效保障。於是，在百十年後，羅壁山"虞國墅"的成員們又開始遷徙。繼"西虞"之後，"虞國墅"也淪爲廢墟。直到東晉末，郗愔隱居會稽時，把虞氏舊址改造成私家園林，並在《縣志》中留下了"郗家池"的遺蹟。

"西虞"一支，最先消失在了歷史迷霧中。三國時期，虞翻認爲"西虞"一支的式微，與餘姚江以南的風水有關："江水又東逕緒山南，虞翻嘗登此山四望，誡子孫可居江北，世有禄位，居江南則不昌也。"這個"不昌"，是對"西虞"一支所發出的感慨。而酈道元也不得不贊同："然住江北者，相繼代興；時在江南者，輒多淪替。仲翔之言爲有徵矣。"[5]

而今虞氏磚甓出土數量較爲集中的城東穴湖，及城西南肖東（羅壁山），可視作虞氏家族的兩個重要墓區。也許，我們可以進一步把城東穴湖歸類於"東虞"（虞光），城西南肖東歸類於"西虞"（虞國）。

但是，嘉泰《會稽志》記載，作爲"東虞"一支的虞翻，其墓在城西南羅壁山下。這似乎偏離了他登臨緒山、告誡諸子的做法。虞翻葬於羅壁山，也許要這麼理解：在虞翻之前，虞氏家族主要墓區集中在城西南羅壁山下（今肖東五金墩漢晉墓葬羣或與此有關）。在虞翻以後，東虞一支爲了方便祭祀，在城東穴湖開闢了一個新的墓區，此當在三國吳中晚期。我們現今看到虞氏磚甓相對集中於城東穴湖，從側面印證了虞翻"居江南則不昌"的說法。

餘姚縣地理位置頗爲特殊，一條姚江把餘姚縣分成南北兩城。縣城之南爲連綿的四明山，往北爲杭州灣入海口，酈道元稱之"南臨江津，北背巨海"。虞氏宗人除了往西向着會稽、上虞方向，另一個選擇就是往東，即姚江兩岸的狹長平原。

"太康二年議郎虞詢甓"、"永寧元年虞氏造甓"、"太中大夫虞康甓"采集於原慈溪陸埠（含車廄），在餘姚縣東南方；"咸和九年甓"及"虞襲甓"采集於原慈溪丈亭，在餘姚正東面。寶慶《四明志》卷十六記載的晉虞瑤、虞胄墓，梁虞孜、虞野人墓，位於舊慈溪縣西南，與車廄相近。這兩地，與餘姚縣城的直線距離都在二十公里內，處於姚江南北兩岸。

兩晉南北朝時期，在原慈溪陸埠（含車廄）一帶，生活着一支較爲可觀的虞氏支脈，並與晉代隱士虞喜有關。文獻記載，虞喜爲了避開縣令山遐的追捕，有相當長一段時間隱居在四明山東麓的大隱（今屬餘姚），而今"大隱"因此得名。大隱除了向虞喜提供必須的生活保障，也提供了強大的宗族勢力庇護。而山遐除了跨縣追捕的不便，還

[4] 光緒《餘姚縣志》卷十四："虞國墅，在羅壁山，漢虞季鴻之別墅也。至晉而郗愔卜居之，有郗家池。謝靈運《山居賦》所云'郗氏奧'是也。"

[5] 陳橋驛《水經注校證》卷二十九，第687頁。

要面臨是否有能力和這支家族勢力抗衡的難題。[6]

在同一時期，今餘姚東面的丈亭一帶，則生活着另一個虞氏分支。出身於這一個虞氏分支的人物，可能包括了南朝梁陳的虞騖和虞荔，[7]以及今日采集的"虞日齊"和"虞襲"。

以上只是根據現有史料和出土文獻進行的推測。我期待日後能采集發現更多的三國、甚至東漢的虞氏紀年磚甓，從而使這一段虞氏家族的歷史脈絡變得更加清晰。

---

[6]《晉書》卷四十三《山遐傳》，中華書局1974年版，第1230頁。

[7] 寶慶《四明志》卷十七："梁虞荔墓，在鳴鶴山，縣西北六十里。"鳴鶴山在今慈溪鳴鶴，丈亭東北二十里。同卷云："梁建威將軍虞騖墓，在漁溪山，縣西北五十里。"漁溪山在今餘姚丈亭漁溪。

名稱：廬陵太守虞君甓

時期：三國吳

采集地：餘姚穴湖

釋文：吳故廬陵太守虞君；神明

是保萬世不刊（兩側十六字）

字面：長31釐米，寬4.5釐米

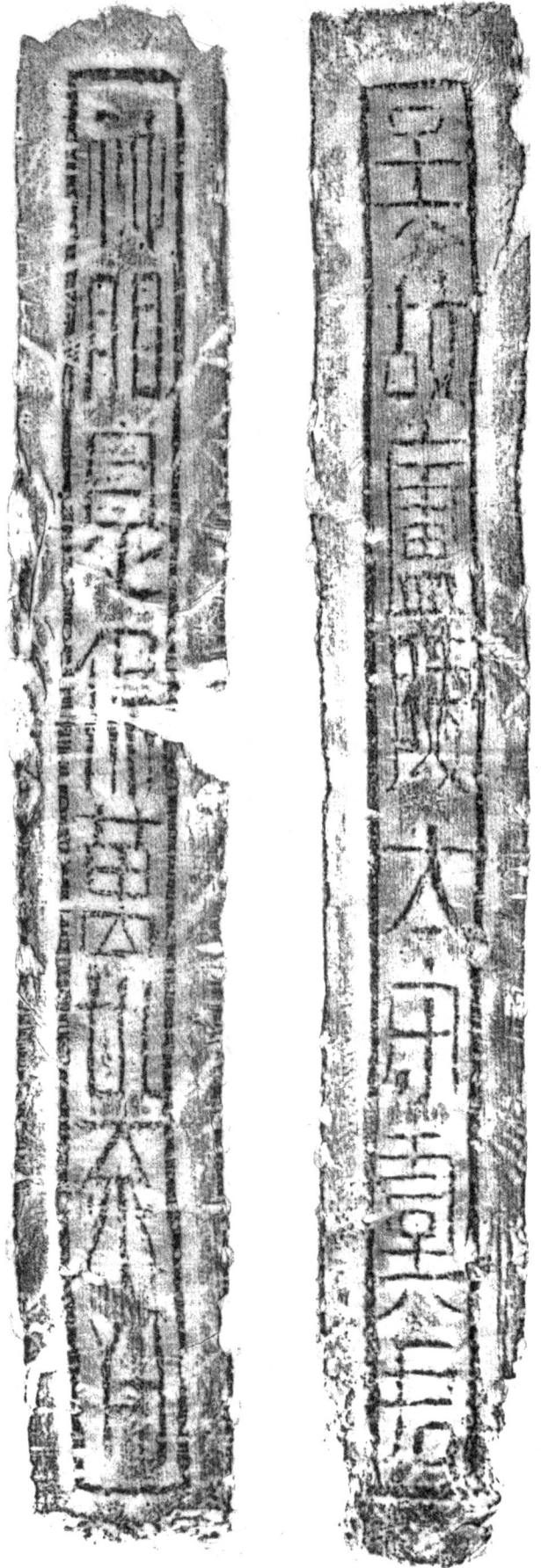

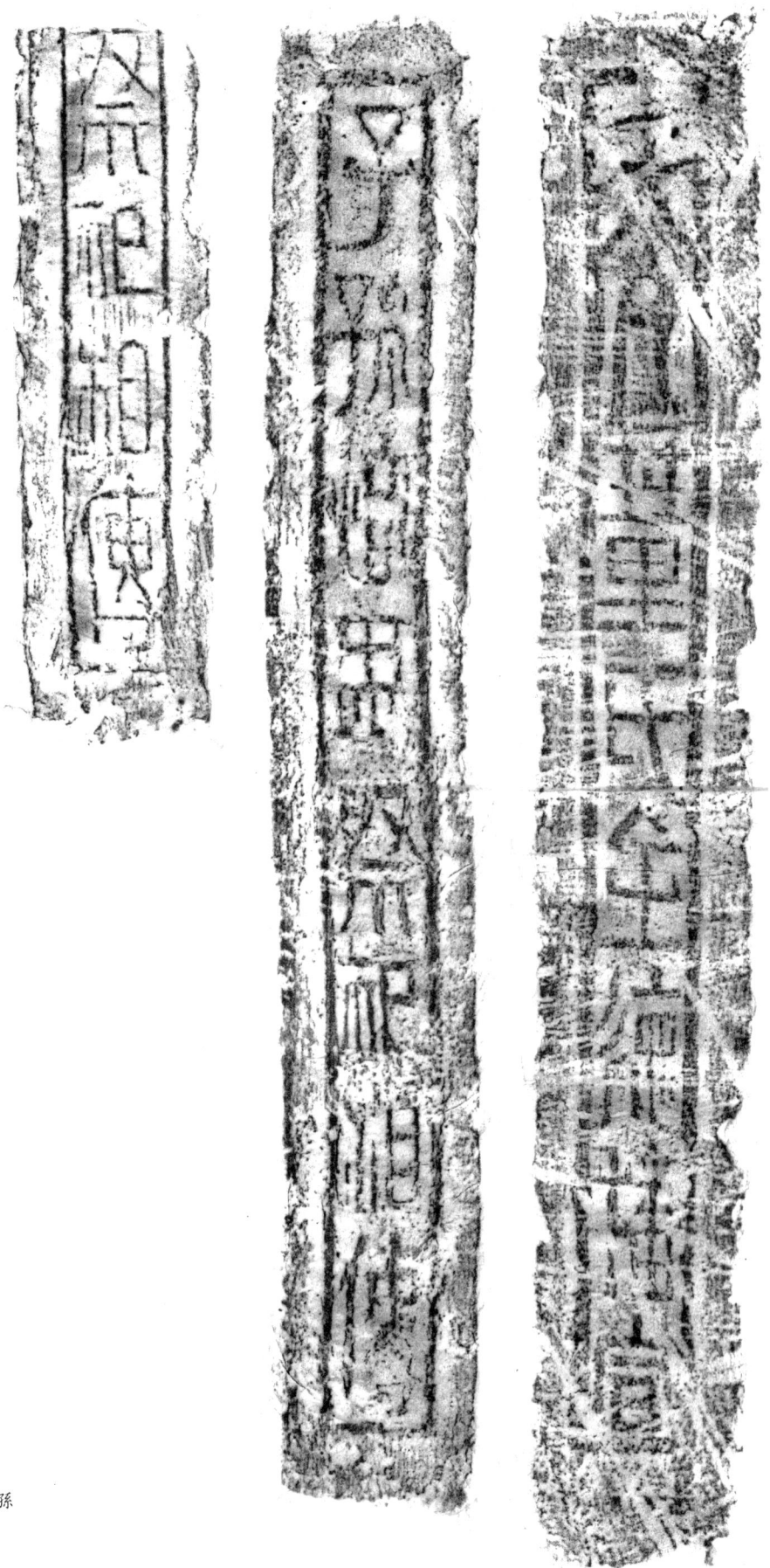

名稱：虞夫人董氏甓
時期：三國吳
采集地：餘姚穴湖
釋文：夫人董氏全德播宣；子孫
熾盛祭祀相傳（兩側十六字）
字面：長 34 釐米，寬 5 釐米

磚甓兩側有字：一側"吴故廬陵太守虞君"，單行，八字；另一側"神明是保萬世不刊"，單行，八字。共十六字，篆書。采集於餘姚城東穴湖。

附《虞夫人董氏甓》

"董氏甓"與"廬陵太守虞君甓"同坑。一側甓文"夫人董氏全德播宣"，單行，八字；另一側"子孫熾盛祭祀相傳"，單行，八字。共十六字，篆書。"董"字下部作"童"。

——見本書第三輯《古甓釋讀九種》

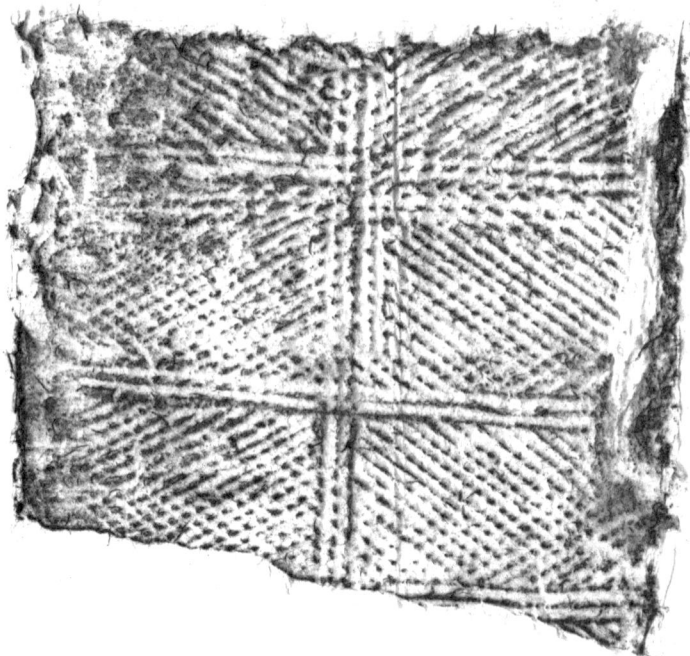

名稱：平虜□□都亭侯虞君覽

時期：三國吳

采集地：餘姚穴湖

釋文：吳故平虜□□都亭侯虞君（側面）

殘覽字面：前部長 13 釐米，寬 4.5 釐米；後部長 15 釐米，寬 4.5 釐米

二、吴故平虜□□都亭侯虞君甓

所見爲斷甓。前半"吴故平虜"四字，後半"都亭侯虞君"五字，單行，共存九字，篆書，有懸針之風，近《天發神讖碑》。案孫吴有"平虜將軍"，無"平虜校尉"或"平虜都尉"，故以其文作"吴故平虜將軍都亭侯虞君"爲宜。殘甓采集於餘姚城東穴湖。

——見本書第三輯《古甓釋讀九種》

名稱：永安五年（262）虞氏甓

時期：三國吳

采集地：餘姚穴湖

釋文：休 永安五年虞氏（側面）

字面：長 23.5 釐米，寬 3 釐米

甓文"休永安五年虞氏"，單行，七字，篆書。首字"休"泐，但可辨識，疑整排文字作"吳王休永安五年虞氏"。磚甓采集於餘姚城東穴湖。

在舊會稽郡境内，此爲紀年最早的虞氏磚甓。此與前廬陵太守虞君、平虜將軍都亭侯虞君，同出於餘姚城東穴湖。推測晚至三國中後期，餘姚城東穴湖已是虞氏家族主要墓區。

是年，吳散騎常侍虞汜四十五歲，[1] 牙門將裨將軍虞羨三十五歲，[2] 孝廉虞徹二十七歲，[3] 虞忠妻孫氏十八歲。[4]

[1] 《三國志·虞翻傳》："翻有十一子，第四子汜最知名。"裴注引《會稽典録》："汜字世洪，生南海，年十六，父卒，還鄉里。"以虞翻卒於嘉禾二年（232），永安五年時虞汜四十五歲。

[2] 見本輯《西晉太康五年虞羨甓》。

[3] 見本輯《西晉元康二年孝廉虞徹甓》。

[4] 《晉書·虞潭母孫氏傳》："……咸和末卒，年九十五。"《晉書·虞潭傳》："咸康中，進衛將軍……以母憂去職。"按文義，孫氏卒於咸康中晚期。又《太平御覽》卷五五五引《虞氏家記》："潭母大夫人薨，宜都府君即世五十九載。"按虞忠卒於太康元年二月，"即世五十九載"，在咸康五年，與《虞潭傳》合。疑《虞潭母孫氏傳》之"咸和"爲"咸康"之誤。以虞潭母卒於咸康五年，永安五年十八歲。

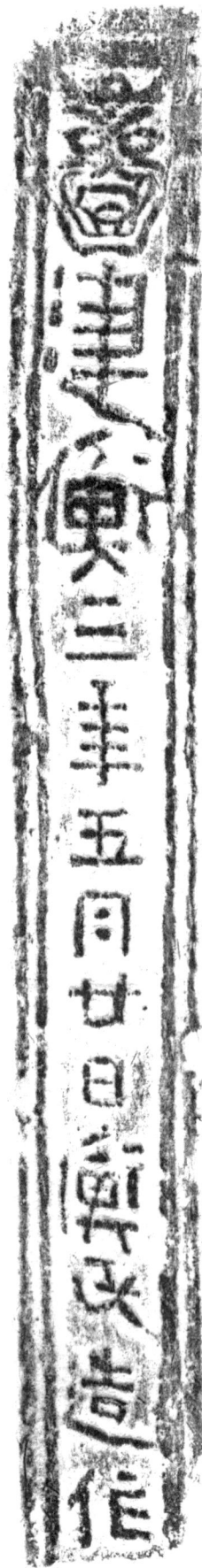

名稱：建衡三年（271）虞氏甓
時期：三國吳
采集地：紹興上虞
圖一釋文：建衡三年五月廿日虞
氏造作（側面）
字面：長36釐米，寬4.5釐米
圖二釋文：建衡三年五月廿日衡
氏造作（側面）
字面：長36釐米，寬4.5釐米

甓文"建衡三年五月廿日虞氏造作"，單行，十二字，書體在篆隸之間。采集於上虞南郊（一説上虞梁湖鎮）。同坑"建衡三年五月廿日衡氏造作"，或誤刊。

餘姚虞氏家族向周邊地區的遷徙，始於東漢中晚期。《水經注·沔水下》："江水又經官倉，倉即日南太守虞國舊宅，號曰西虞，以其兄光居縣東故也。"虞光居"東虞"，虞國居"西虞"，約以舊虞宦街（今餘姚新建路）爲分界。至三國時期，虞國一支已遷往城南羅壁山，"西虞"淪爲官府糧倉。光緒《餘姚縣志》引《康熙志》："虞國墅，在羅壁山，漢虞季鴻之別墅也。"羅壁山往西，即餘姚、上虞兩縣交界處，曾采集有"晉太和二年北鄉虞翁甓"。

是年，虞翻第四子、冠軍將軍餘姚侯虞汜卒，年五十四。

是年，牙門將裨將軍虞羡四十四歲，孝廉虞徹三十六歲，虞忠妻孫氏二十七歲，虞忠子虞潭八歲。

本縣同年磚甓有"建衡三年大歲辛卯鮑家造囗"。

名稱：太康二年（281）議郎虞
詢覽
時期：西晉
采集地：餘姚車廄
釋文：太康二年議郎虞詢字仲良
（側面）
字面：長32釐米，寬5釐米

　　甓文“太康二年議郎虞詢字仲良”，單行，十一字，書體在篆隸之間。同字不同範兩種。采集於餘姚車廄（舊屬慈溪）。

　　是年，牙門將裨將軍虞羨五十四歲，孝廉虞徹四十六歲，虞忠妻孫氏三十七歲，虞忠子虞潭十八歲。

　　是時，虞翻第六子虞聳入晉爲河間相，[1]虞翻第八子虞昺入晉爲濟陰太守。[2]

——見本書第三輯《古甓釋讀九種》

[1]《三國志·虞翻傳》：“（虞）聳，越騎校尉，累遷廷尉，湘東、河間太守。”裴注引《會稽典録》：“聳字世龍，翻第六子也。清虛無欲，進退以禮，在吳歷清官，入晉，除河間相，王素聞聳名，厚敬禮之。”

[2]《三國志·虞翻傳》：“（虞）昺，廷尉尚書，濟陰太守。”裴注引《會稽典録》：“昺字世文，翻第八子也。少有倜儻之志，仕吳黃門郎，以捷對見異，超拜尚書侍中。晉軍來伐，遣昺持節都督武昌已上諸軍事，昺先上還節蓋印綬，然後歸順。在濟陰，抑彊扶弱，甚著威風。”

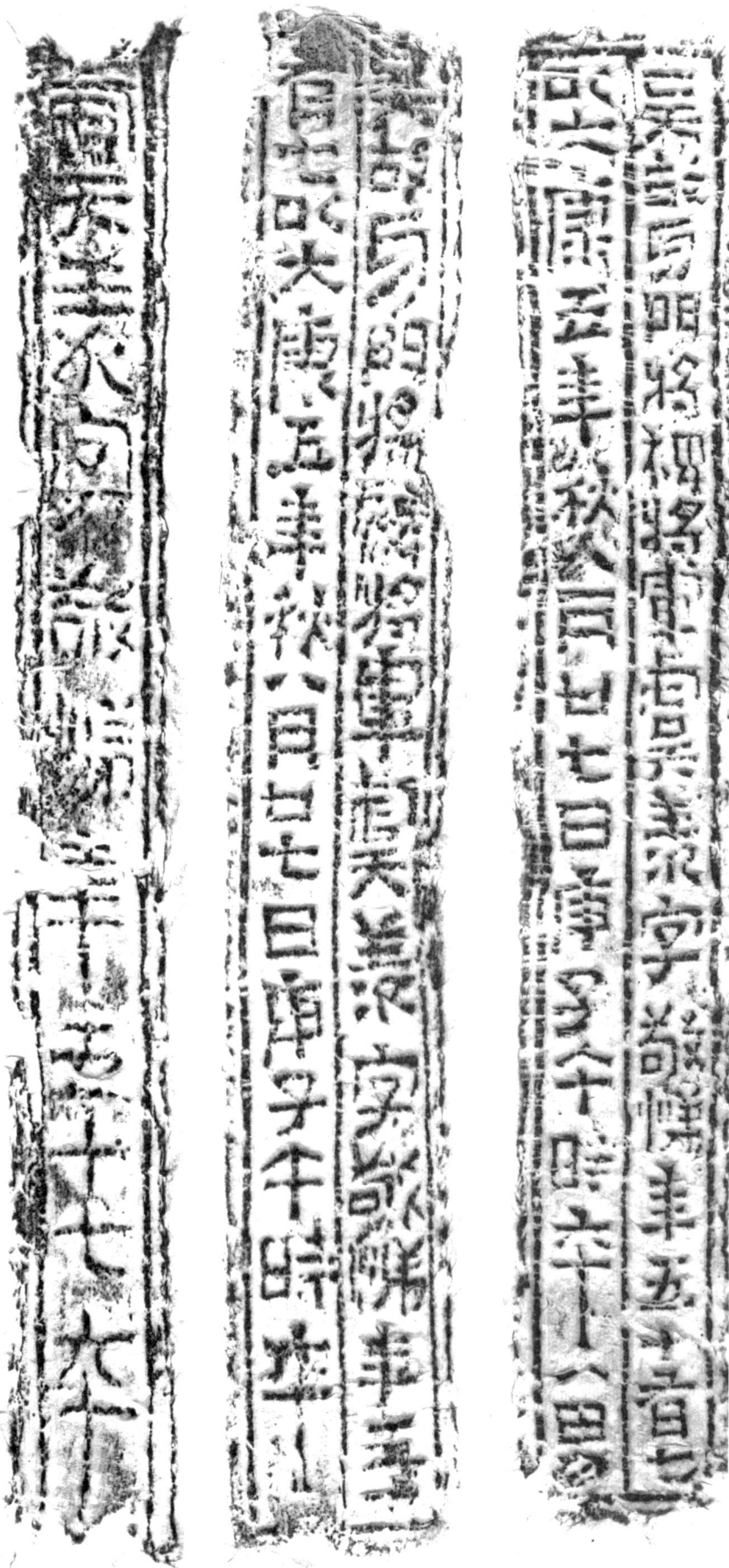

名稱：太康五年（284）虞美甓
時期：西晉
采集地：餘姚穴湖
圖一釋文：吳故牙門將禆將軍虞
美字敬悌年五十有七以太康五年
秋八月廿七日庚子午時卒八男
（側面）
字面：長35.5釐米，寬5.5釐米
圖二釋文：吳故牙門將禆將軍虞
美字敬悌年五十有七以太康五年
秋八月廿七日庚子午時卒（側面）
字面：長37釐米，寬5.5釐米
圖三釋文：虞美字敬悌年五十七
卒（側面）
字面：長36.5釐米，寬4釐米

磚甓同坑三款：其一，“吳故牙門將裨將軍虞羡字敬悌年五十有七/以太康五年秋八月廿七日庚子午時卒八男”，雙行，三十六字；其二，“吳故牙門將裨將軍虞羡字敬悌年五十/有七以太康五年秋八月廿七日庚子午時卒”，雙行，三十四字；其三，“虞羡字敬悌年五十七卒”，單行，十字。書體近《爨寶子碑》。采集於餘姚城東穴湖。

虞羡所任之牙門將、裨將軍，爲吳國時期職官。吳滅，不仕晉，故稱“吳故牙門將裨將軍”。

牙門將，爲雜號將軍以下五品將軍。洪飴孫《三國職官表》列朱志（《赤烏八年傳》注引《吳曆》）、高嬰（《孫韶傳》注引《吳曆》）、陸機（《晉書》）、孔忠（《晉書·王渾傳》）、孟泰（《晉書·王戎傳》、陶丹（《晉書·王伺傳》）。

裨將軍，屬最低一級將軍名號，通常由校尉或都尉升遷。《三國職官表》列吳碩（見《孫朘傳》）、張梁（同上）、程普、周劭（見《周泰傳》）、呂範、朱桓、陸晏（《抗傳》）、周魴（由昭義校尉加）、是儀（黃武元年）。

因甓文“吳故”，又有晉紀“太康”，所以猜測“吳故廬陵太守甓”及“吳故平虜將軍甓”兩位墓主，也有可能卒於晉初。

是年，孝廉虞徹四十九歲，虞忠妻孫氏四十歲，虞忠子虞潭二十一歲。

以虞羡卒年上溯五十七年，其生年爲黃武七年（228），時虞翻六十五歲，貶在交州。

名稱：太康六年（285）虞中郎覽
時期：西晉
采集地：餘姚同光
釋文：晉太康六年八月十五日造虞中郎□（側面）
字面：長 35.5 釐米，寬 5 釐米

　　甓文"晉太康六年八月十五日造虞中郎□"，單行，十五字，隸書，末字泐。傳同坑有"元康二年二月庚子朔九日晉故孝廉虞徹字敬通年五十有七卒"（見下）。具體情況未詳。采集於餘姚城東同光（與穴湖僅隔一山）。

　　"中郎"爲職官。漢晉時期，文武職官及三公掾屬皆有"中郎"之名，虞氏之"中郎"性質未詳。

　　是年，孝廉虞徹四十九歲，虞忠妻孫氏四十一歲，虞忠子虞潭二十二歲。

名稱：太康八年（287）虞氏葬
嫂甓
時期：西晉
采集地：餘姚穴湖
圖一釋文：太康八年七月廿八日
虞氏葬嫂（側面）
字面：長34釐米，寬4釐米
圖二釋文：虞氏葬嫂（端面）
字面：長13釐米，寬5.5釐米

甓文"太康八年七月廿八日虞氏葬嫂"，單行，十三字，隸書，書體絶佳。同坑有"虞氏葬嫂"磚甓，字在端面。采集於餘姚城東穴湖。

虞氏葬嫂，與太和二年（367）虞沿爲弟虞翁營建墳塚的情況相似。[1]

是年，孝廉虞徹五十二歲，虞忠妻孫氏四十三歲，虞忠子虞潭二十四歲。

本地所出同年磚甓，有"太康八年宋作"，及"太康八年歲在丁未濟陰城武蕭宗"。

[1] 見本輯第二十六《東晉太和二年北鄉虞翁甓》。

名稱：太康十年（289）虞氏甓
時期：西晉
采集地：餘姚穴湖
圖一釋文：太康十年七月十日虞
作（側面）
字面：長33.5釐米，寬4.5釐米
圖二釋文：太康十年七月十日虞
氏所作長盦（側面）
字面：長31釐米，寬4釐米

　　甓文"太康十年七月十日虞作"，單行，十字，隸書。同坑有"太康十年七月十日虞氏所作長金"。長金或人名，不確。書體近"虞氏葬嫂"，或云兩坑相近，亦未確。采集於餘姚城東穴湖。

　　是年，孝廉虞徹五十四歲，虞忠妻孫氏四十五歲，虞忠子虞潭二十六歲。

名稱：元康二年（292）孝廉虞
徵覽
時期：西晉
采集地：餘姚穴湖
釋文：元康二年二月庚子朔九日
晉故孝廉虞徵字敬通年五十有七
卒（側面）
字面：長34釐米，寬5釐米

甓文"元康二年二月庚子朔九日晉故孝廉虞徹字敬通年五十有七卒"，單行，二十六字，隸書。

傳此甓非單獨出現，分別見於兩坑：一爲"元康五年七月己丑朔廿日戌申/晉故諫議大夫會稽餘姚虞氏造"（城東穴湖）；另一爲"晉太康六年八月十五日造虞中郎□"（城東同光）。

是年，虞忠妻孫氏四十八歲，虞忠子虞潭二十九歲。

本地同年磚甓有"元康二年八月十日大歲在壬子晉陽羨令邵君□"，及"元康二年歲子八月陳氏造"。

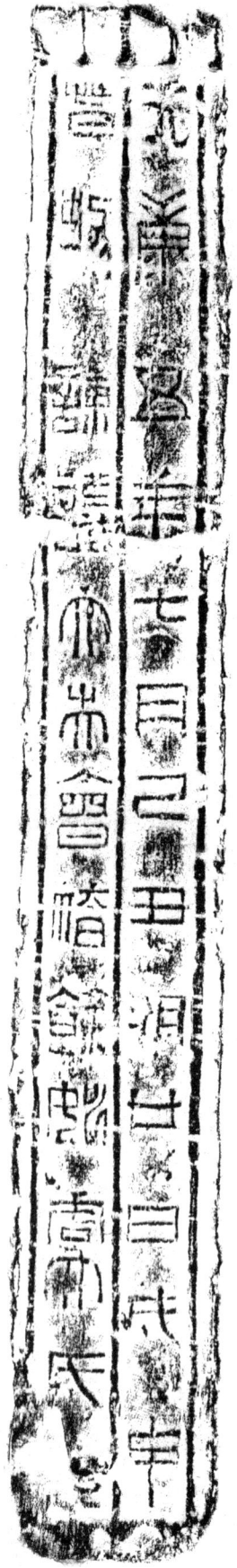

名稱：元康五年（295）諫議大夫
虞氏覽

時期：西晉

采集地：餘姚穴湖

圖一釋文：元康五年七月己丑朔
廿日戌申晉故諫議大夫會稽餘姚
虞氏 造 （側面）

字面：長 33.5 釐米，寬 5 釐米

圖二釋文：□□五年七月己丑朔
廿日戌申晉不祿諫議大夫虞夏
□（側面）

字面：長 28 釐米，寬 5 釐米

　　甓文"元康五年七月己丑朔廿日戌申/晉故諫議大夫會稽餘姚虞氏造"，雙行，二十六字，篆書。采集於餘姚城東穴湖。傳同坑兩種：一、"□□五年七月己丑朔廿日戌申晉不禄諫議大夫虞夏□"，單行，可辨識二十字；二、"元康二年二月庚子朔九日晉故孝廉虞徹字敬通年五十有七卒"（見上）。是甓又傳與"晉太康六年八月十五日造虞中郎□"同坑。

　　《禮記·曲禮下》："天子死曰崩，諸侯曰薨，大夫曰卒，士曰不禄，庶人曰死。"又"壽考曰卒，短折曰不禄"。鄭玄注："不禄，不終其禄。"其或未得致仕而終。

　　是年，虞忠妻孫氏五十一歲，虞忠子虞潭三十二歲。

　　本郡所出同年磚甓，有"元康五年六月庚申朔廿日己卯造姓嚴諱嘿洪□"。

——見本書第三輯《古甓釋讀九種》

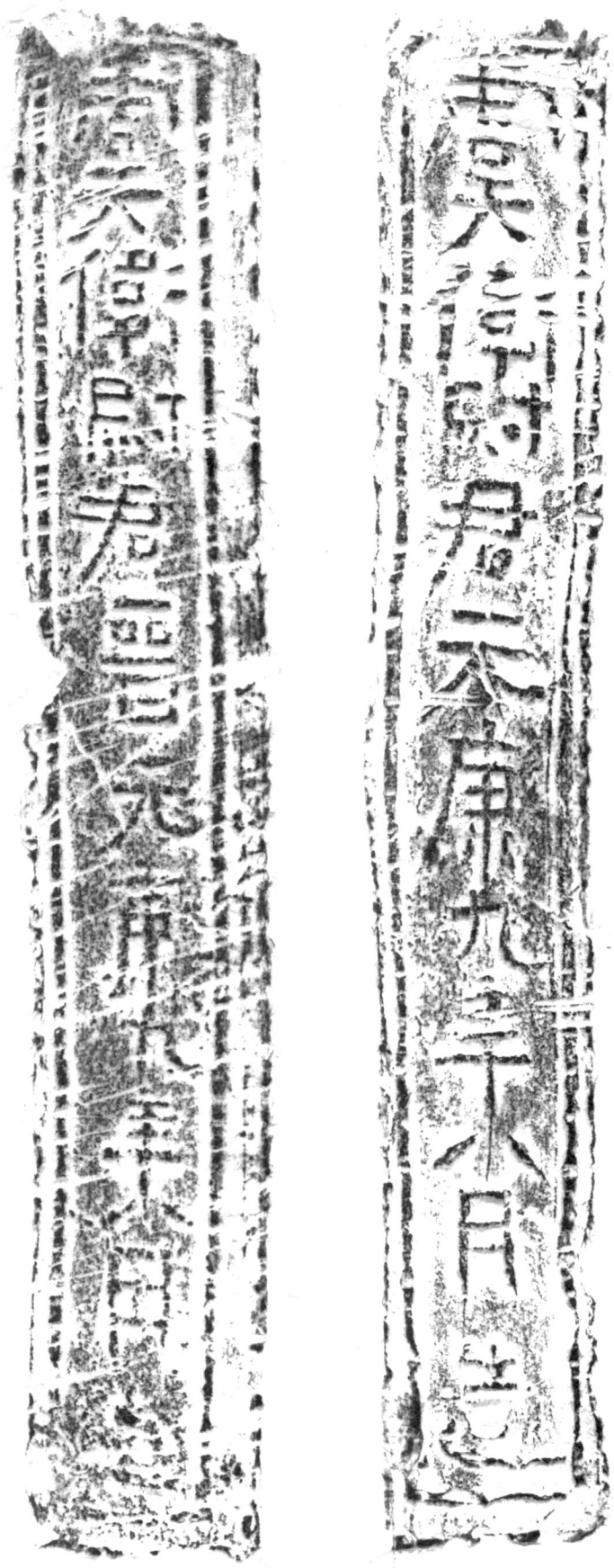

名稱：元康九年（299）虞衛尉覽
時期：西晉
采集地：餘姚梁輝
圖一釋文：虞衛尉君元康九年八
月造（側面）
字面：長30釐米，寬4.5釐米
圖二釋文：虞衛尉君晉元康九年
八月造（側面）
字面：長32釐米，寬5釐米

甓文兩種：其一"虞衛尉君元康九年八月造"，單行，十一字，隸書；其二"虞衛尉君晉元康九年八月造"，單行，十二字，隸書。采集於餘姚城南梁輝（舊雙雁鄉）。

是年，虞忠妻孫氏五十五歲，虞忠子虞潭三十六歲。

——見本書第三輯《古甓釋讀九種》

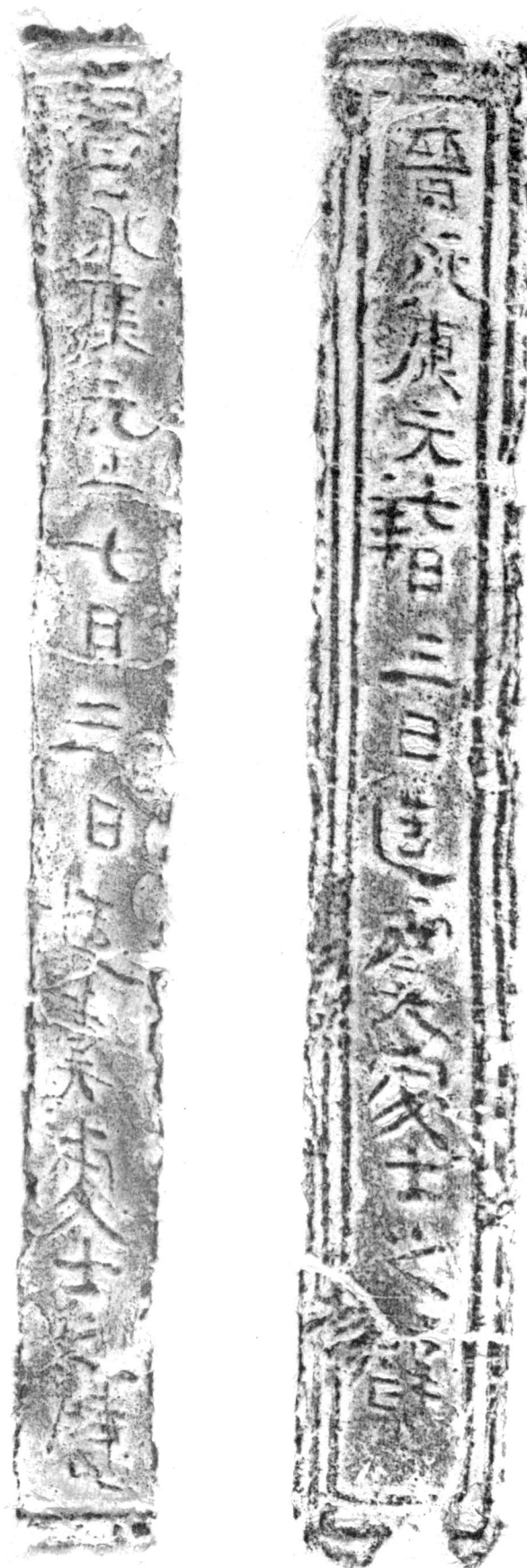

名稱：永康元年（300）虞處士覽
時期：西晉
采集地：餘姚肖東
圖一釋文：晉永康元年七月三日
造虞處士之覽（側面）
字面：長36.5釐米，寬5釐米
圖二釋文：晉永康元年七月三日
造虞處士之覽（側面）
字面：長34釐米，寬3.5釐米

　　甓文“晉永康元年七月三日造虞處士之甓”，單行，十五字，隸書。同文不同範兩種。采集於餘姚肖東。

　　上古有德才而隱居山野的知識分子，常被稱作處士。戰國“處士”氾濫，故荀子歎曰：“今之所謂處士者，無能而云能者也，無知而云知者也，利心無足而佯無欲者也，行僞險穢而彊高言謹愨者也，以不俗爲俗，離蹤而跂訾者也。”此銘“處士”，當指墓主生前未入仕。

　　是年，虞忠妻孫氏五十六歲，虞忠子虞潭三十七歲。

　　本地所出同年磚甓，有“元康十年六月廿八日”。西晉元康無“十年”，蓋古時信息閉塞，不知改元，仍沿用元康而書十年。

名稱：永寧元年（301）虞氏甓
時期：西晉
采集地：餘姚車廄
釋文：永寧元年六月廿五日虞氏
造（側面）
字面：長32釐米，寬4釐米

　　甓文“永寧元年六月廿五日虞氏造”，單行，隸書，十二字。采集於餘姚車廐一帶。這是相關地域出現的第二種磚甓。

　　史上以“永寧”爲年號者有東漢安帝劉祐，及西晉惠帝司馬衷。案其形制及書體，不及漢風，當是西晉惠帝之永寧。

　　是年，虞忠妻孫氏五十七歲，虞潭三十八歲。

　　虞潭時爲揚州刺史郗隆幕僚，[1] 郗隆未用趙誘、虞潭計，被其下所害。[2] 次年稍晚，虞潭爲齊王府祭酒。[3]

[1]《晉書·郗隆傳》：“郗隆少爲趙王倫所善，及倫專擅，召爲散騎常侍。倫之篡也，以爲揚州刺史。僚屬有犯，輒依臺閣峻制繩之，遠近咸怨。”又《晉書·惠帝紀》：“永寧元年三月，平東將軍、齊王冏起兵以討倫，傳檄州郡，屯於陽翟。”

[2]《晉書·司馬冏傳》：“揚州刺史郗隆承檄，猶豫未決，參軍王邃斬之，送首於冏。”

[3]《晉書·虞潭傳》：“潭清貞有檢操，州辟從事、主簿，舉秀才，大司馬、齊王冏請爲祭酒。”又《晉書·惠帝紀》：“太安元年十二月丁卯，河間王顒表齊王冏窺伺神器，有無君之心，與成都王穎、新野王歆、范陽王虓同會洛陽，請廢冏還第。長沙王乂奉乘輿屯南止車門，攻冏，殺之，幽其諸子於金墉城，廢冏弟北海王寔。大赦，改元。”齊王冏在大司馬位爲永寧元年（301）六月至次年十二月丁卯間。虞潭或在郗隆被害後，轉投齊王冏。

名稱：永嘉二年（308）虞將軍夫
人覽
時期：西晉
采集地：餘姚穴湖
圖一釋文：晉永嘉二年六月十五
日虞將軍夫人范氏卒年六十五
（側面）
字面：長32釐米，寬5釐米
圖二釋文：晉永嘉二年（端面）
字面：長15釐米，寬5釐米
圖三釋文：晉永嘉中（端面）
字面：長16釐米，寬5釐米
圖四釋文：虞（端面）
字面：長14釐米，寬5釐米

　　甓文"晉永嘉二年六月十五日虞將軍夫人范氏卒年六十五"，單行，隸書，二十二字。同坑有"永嘉七年七月一日癸酉歲餘姚虞督君墓良官作"（側面，隸書）、"晉永嘉二年"（端面，隸書）、"晉永嘉中"（端面，隸書）、"虞"（端面，篆書）。采集於餘姚城東穴湖。

　　永嘉元年三月，陳敏敗，虞潭領廬陵太守；[1] 司馬睿薦虞喜；[2] 懷帝徵虞喜。[3] 永嘉元年末或二年初，虞潭轉南康太守。[4]

　　是年，虞忠妻孫氏六十四歲，虞潭四十五歲。

[1]《晉書·虞潭傳》："廣州刺史王矩上潭領廬陵太守。綏撫荒餘，咸得其所。"又《晉書·懷帝紀》："永嘉元年三月己未朔，平東將軍周馥斬送陳敏首。"

[2]《晉書·虞喜傳》："元帝初鎮江左，上疏薦喜。"《晉書·虞喜傳》此句在"諸葛恢臨郡，屈爲功曹"後，恐誤。又《晉書·懷帝紀》："永嘉元年秋七月己未，以平東將軍、琅邪王睿爲安東將軍、都督揚州江南諸軍事、假節，鎮建鄴。"諸葛恢爲會稽太守在建興三年（315），"元帝初鎮江左"在永嘉元年（307）。

[3]《晉書·虞喜傳》："懷帝即位，公車徵拜博士，不就。"又《冊府元龜》卷九八："懷帝永嘉初，以公車徵杜夷、虞喜爲博士，皆不就。"元帝"上疏薦喜"與"公車徵拜博士"或爲前後。

[4]《晉書·虞潭傳》："又與諸軍共平陳恢，仍轉南康太守，進爵東鄉侯。"

名稱：永嘉七年（313）虞督君甓
時期：西晉
采集地：餘姚穴湖
圖一釋文：永嘉七年七月一日癸酉歲餘姚虞督君墓良官作（側面）
字面：長28.5釐米，寬2.5釐米
圖二釋文：永嘉六年太歲在任（壬）申八月庚亥作十月乙未造（側面）
字面：長30釐米，寬3釐米
圖三釋文：建興二年八月十六日造（側面）
字面：長32釐米，寬3.5釐米
圖四釋文：大吉詡宜侯王（側面）
字面：長33釐米，寬4釐米

甓文"永嘉七年七月一日癸酉歲餘姚虞督君墓良官作"，單行，二十字，隸書。采集於餘姚城東穴湖。

傳同坑有"晉永嘉二年六月十五日虞將軍夫人范氏卒年六十五"（見上）、"永嘉六年太歲在任（壬）申八月庚亥作十月乙未造"、"建興二年八月十六日造"及"大吉詡宜侯王"數種。墓主"虞督君"，疑與"虞將軍夫人范氏"異穴合葬。

又傳，"永嘉七年甓"僅一品，而"建興二年甓"及"大吉詡甓"數量頗多，且磚質粗糙。同坑"永嘉六年甓"或爲生壙磚甓。永嘉七年四月改元建興，因信息不通，故燒製"永嘉七年七月甓"。接着，於建興二年（314）八月七日重新改製"建興二年甓"。這樣就能解釋"建興二年甓"在字體、泥質等方面因時間倉促而出現的粗陋風格。而"永嘉七年七月甓"因模有塚主姓名而未被毀棄，隨之砌入墓室。

墓主或爲虞督。史載虞喜、虞預之父，爲吳征虜將軍虞察，活動於吳末晉初。未知虞督、虞察之間是否存在關聯。又，"督君"或是"督軍"誤刊。《通鑒》卷七十九載晉武帝泰始二年"罷山陽國督軍，除其禁制"，此督軍爲兩晉職官。

吉語"大吉詡"少見，多作"大吉羊"（大吉祥）。詡，有普遍、普及之意，如《禮記·禮器》："德發揚，詡萬物。"故"大吉詡"可釋作"大吉普遍"。

前一年，虞潭母孫氏變賣資產以作軍餉，支持虞潭平叛；[1]潭領兵救甘卓。[2]虞預時任會稽主簿，"上記陳時政所失"。[3]

是年，虞忠妻孫氏六十九歲，虞潭五十歲。

[1]《晉書·虞潭母孫氏傳》："永嘉末，潭爲南康太守，值杜弢構逆，率衆討之。孫氏勉潭以必死之義，俱傾其資產以餉戰士，潭遂克捷。"

[2]《晉書·虞潭傳》："時甘卓屯宜陽，爲賊所逼。潭進軍救卓，卓上潭領長沙太守，固辭不就。王敦版潭爲湘東太守，復以疾辭。"《晉書·甘卓傳》："元帝初渡江，授卓前鋒都督、揚威將軍、歷陽內史。其後討周馥，征杜弢，屢經苦戰，多所擒獲。"

[3]《晉書·虞預傳》："太守庾琛命爲主簿，預上記陳時政所失，曰：'軍寇以來，賦役繁數，兼值年荒，百姓失業，是輕徭薄斂，寬刑省役之時也……計今直兼三十餘人，人船吏侍皆當出官，益不堪命，宜復減損，嚴爲之防。'琛善之，即皆施行。"《晉書·庾琛傳》："琛永嘉初爲建威將軍，過江，爲會稽太守，徵爲丞相軍諮祭酒。"史載紀瞻替任庾琛在建興元年（313），故以虞預"上記陳時政所失"在是年或稍前。

名稱：建興二年（314）虞氏覽
時期：西晉
采集地：餘姚肖東
圖一釋文：晉建興二年八月虞氏
造（側面）
字面：長32釐米，寬5釐米
圖二釋文：晉建興二年八月造
（側面）
字面：長32釐米，寬5釐米

　　同坑兩種：一爲"晉建興二年八月虞氏造"，單行，十字，隸書；二爲"晉建興二年八月造"，單行，八字，隸書。采集於餘姚肖東。

　　是年，虞預任"丞相行參軍兼記室"。[1]虞忠妻孫氏七十歲；虞忠子虞潭五十一歲。

<hr>

[1]《晉書·虞預傳》："太守紀瞻到，預復爲主簿，轉功曹史。察孝廉，不行。安東從事中郎諸葛恢、參軍庾亮等薦預，召爲丞相行參軍兼記室。遭母憂，服竟，除佐著作郎。"又《晉書·元帝紀》："愍帝即位，加（司馬睿）左丞相。歲餘，進位丞相、大都督中外諸軍事。"虞預爲"丞相行參軍兼記室"，在建興二年司馬睿"進位丞相"以後。

名稱：建興三年（315）虞氏甓
時期：西晉
采集地：餘姚肖東
釋文：建興三年八月十三日冢主
姓虞（側面）
字面：長32釐米，寬4.5釐米

甎文"建興三年八月十三日冢主姓虞"，單行，十三字，隸書。采集於餘姚肖東。

漢晉南北朝期間，"建興"年號有四：一、蜀後主劉禪之建興（223—237），15 年；二、吳廢帝孫亮之建興（252—253），2 年；三、成漢武帝李雄之建興（304—306），3 年；四、晉愍帝司馬鄴之建興（313—317），5 年。以磚甎出土江左，又銘"三年八月"，當是愍帝之建興。

是年八月，杜弢平。《晉書·虞潭傳》："元帝召補丞相軍諮祭酒，轉琅邪國中尉。"[1]此甎以後兩年，晉元帝建武元年（317）三月，"帝爲晉王，（虞潭）除屯騎校尉，徙右衛將軍，遷宗正卿，以疾告歸"。[2]

至太寧二年（324），"王含、沈充等攻逼京都，潭遂於本縣招合宗人及郡中大姓，共起義軍，衆以萬數，自假明威將軍。乃進赴國難，至上虞。明帝手詔潭爲冠軍將軍，領會稽内史。潭即受命，義衆雲集。時有野鷹飛集屋樑，衆咸懼。潭曰：'起大義，而剛鷙之鳥來集，破賊必矣。'遣長史孔坦領前鋒過浙江，追躡充。潭次於西陵，爲坦後繼。會充已擒，罷兵。徵拜尚書，尋補右衛將軍，加散騎常侍"。[3]《資治通鑒》載："宗正卿虞潭以疾歸會稽，聞之，起兵餘姚以討充。帝以潭領會稽内史。"[4]

是年或稍後，諸葛恢以虞喜爲郡功曹。[5]

是年，虞忠妻孫氏七十一歲；虞忠子虞潭五十二歲。

[1]《晉書》卷七十六《虞潭傳》，第 2013 頁。

[2] 同注 [1]。又《資治通鑒》卷九十："（建武元年）三月，琅邪王素服出次，舉哀三日。於是西陽王羕及官屬等共上尊號，王不許。羕等固請不已，王慨然流涕曰：'孤，罪人也。諸賢見逼不已，當歸琅邪耳！'呼私奴，命駕將歸國。羕等乃請依魏、晉故事，稱晉王；許之。辛卯，即晉王位，大赦，改元；始備百官，立宗廟，建社稷。"

[3] 同注 [1]。

[4]《資治通鑒》卷九十三，中華書局 1956 年版，第 2927 頁。

[5]《晉書·虞喜傳》："虞喜字仲寧，會稽餘姚人，光禄潭之族也。父察，吳征虜將軍。喜少立操行，博學好古。諸葛恢臨郡，屈爲功曹。"案《晉書·諸葛恢傳》，太興初元帝詔有"諸葛恢茬官三年"之語，即其始任在建興三年（315）。

名稱：咸和三年（328）關中侯虞
季友甓
時期：東晉
采集地：餘姚梁輝
釋文：晉咸和三年七月廿六日關
中侯虞季友造作□（側面）
字面：長 29.5 釐米，寬 5 釐米

　　甍文"晉咸和三年七月廿六日關中侯虞季友造作□"，單行，可識十九字，隸書。采集於餘姚城南梁輝。

　　是年，虞忠妻孫氏八十四歲。虞忠子虞潭六十五歲，時爲吳興太守，與庾冰、王舒等起義兵於三吳；虞潭之子虞楚在軍中爲督護。虞潭伐蘇峻，爲管商所敗，遂自貶還節，尋而峻平，去官回餘姚。[1]

　　是年，虞喜隱居於餘姚大隱，研究天象，爲其《安天論》積累天文觀察資料。不久前的太寧三年（325），虞喜拒絕了朝廷的博士之徵；[2]五年以後的咸和八年，太常華恒舉虞喜爲賢良，虞喜以路途遙遠、國有戰亂爲由，推却了朝廷徵辟；[3]七年以後的咸康元年，虞喜又一次拒絕了會稽內史何充的薦舉。[4]

　　是年，西鄉侯虞預因蘇峻之亂而告假回家，被會稽太守王舒請爲諮議參軍。峻平，進爵平康縣侯，遷散騎常侍，著作如故。數年後，虞預"以年老歸，卒於家"。[5]

　　咸和三年的蘇峻之亂，幾乎摧毀了整個建康城，而數百里之外的會稽郡成了鄰近郡國官吏的避難所。是時，吳國內史庾冰棄郡奔會稽，作爲吳王師的虞潭兄子虞騑也在這一支避難大軍中。至五月，會稽內史王舒集合諸郡殘部，與虞潭、庾冰等渡錢塘，與陶侃會合，共伐蘇峻。《資治通鑒》載當時戰事：

　　　　初，蘇峻遣尚書張闓權督東軍，司徒導密令以太后詔諭三吳吏士，使起義兵救天子。會稽內史王舒以庾冰行奮武將軍，使將兵一萬，西渡浙江；於是吳興太守虞潭、吳國內史蔡謨、前義興太守顧衆等皆舉兵應之。潭母孫氏謂潭曰："汝當捨生取義，勿以吾老爲累！"盡遣其家僮從軍，鬻其環珮以爲軍資。謨以庾冰當還舊任，即去郡以讓冰。蘇峻聞東方兵起，遣其將管商、張健、弘徽等拒之；虞潭等與戰，互有勝負，未能得前……陶侃表王舒監浙東軍事，虞潭監浙西軍事，郗鑒都督揚州八郡諸軍事；令舒、潭皆受鑒節度。鑒帥衆渡江，與侃等會於茄子浦，雍州刺史魏該亦以兵會之……（五月丙辰）王舒、虞潭等數與峻兵戰，不利。（《資治通鑒》卷九十四）

　　九月，蘇峻敗死。甍文"七月廿八日"，戰爭雙方正處於膠着狀態。

[1]《晉書·虞潭傳》："蘇峻反，加潭督三吳、晉陵、宣城、義興五郡軍事。會王師敗績，大駕逼遷，潭勢弱，不能獨振，乃固守以俟四方之舉。會陶侃等下，潭與郗鑒、王舒協同義舉。侃等假潭節、監揚州浙江西軍事。潭率衆與諸軍并勢，東西掎角。遣督護沈伊距管商於吳縣，爲商所敗，潭自貶還節。尋而峻平，潭以母老，輒去官還餘姚。"虞潭子虞楚，見《晉書·虞潭母孫氏傳》："於時會稽內史王舒遣子允之爲督護，孫氏又謂潭曰：'王府君遣兒征，汝何爲獨不？'潭即以子楚爲督護，與允之合勢。"

[2]《晉書·元帝紀》："（太寧三年三月）癸巳，徵處士臨海任旭、會稽虞喜並爲博士。"

[3]《晉書·成帝紀》："（咸和八年夏四月）以束帛徵處士尋陽翟湯、會稽虞喜。"

[4]《晉書·虞喜傳》："咸康初，內史何充上疏曰：'臣聞二八舉而四門穆，十亂用而天下安，徵猷克闡，有自來矣。方今聖德欽明，思恢遐烈，旌興整駕，俟賢而動。伏見前賢良虞喜天挺貞素，高尚邈世，束脩立德，皓首不倦，加以傍綜廣深，博聞強識，鑽堅研微有弗及之勤，處靜味道無風塵之志，高枕柴門，怡然自足。宜使蒲輪紆衡，以旌殊操，一則翼贊大化，二則敦勵薄俗。'疏奏，詔曰：'尋陽翟湯、會稽虞喜並守道清貞，不營世務，耽學高尚，操擬古人。往雖徵命而不降屈，豈素絲難染而搜引禮簡乎！政道須賢，宜納諸廊廟，其並以散騎常侍徵之。'又不起。"

[5]《晉書·虞預傳》："從平王舍，賜爵西鄉侯。蘇峻作亂，預先假歸家，太守王舒請爲諮議參軍。峻平，進爵平康縣侯，遷散騎侍郎，著作如故。除散騎常侍，仍領著作。以年老歸，卒於家。"

名稱：咸和九年（334）虞日齊甓
時期：東晉
采集地：餘姚丈亭
釋文：晉咸和九年八月（側面），
虞日齊所作（端面）
字面：長31釐米，寬6釐米；長
15.5釐米，寬6釐米

　　磚甓側面“晉咸和九年八月”，端面“虞日齊所作”，共十二字，有隸風。采集於餘姚丈亭漁溪。

　　是年，虞忠妻孫氏九十歲。虞忠子虞潭七十一歲，時爲吳國内史，加爵武昌縣侯。是年前後，虞潭在今上海吳淞口修滬瀆壘以防海寇，百姓賴之。[1]是年五月，虞潭獻白麖、白鵝。[2]

　　“咸和九年虞日齊甓”爲餘姚丈亭（舊屬慈溪）所見第一枚紀元磚甓。

[1]《晉書·虞潭傳》：“（咸和四年）潭以母老，輒去官還餘姚。詔轉鎮軍將軍、吳國内史。復徙會稽内史，未發，還復吳郡。以前後功，進爵武昌縣侯，邑一千六百户。是時軍荒之後，百姓饑饉，死亡塗地，潭乃表出倉米振救之。又修滬瀆壘，以防海抄，百姓賴之。”

[2]《宋書》卷二十八：“晉成帝咸和九年五月癸酉，白麖見吳國吳縣，内史虞潭獲以獻。”

名稱：咸康四年（338）虞氏甓
時期：東晉
采集地：餘姚穴湖
釋文：晉咸康四年虞（側面）
殘甓字面：長19釐米，寬5釐米

斷甓。甓文“晉咸康四年虞”，單行，存六字。同坑另有“四年虞”殘甓。書體有
隸風。采集於餘姚城東穴湖。

咸康二年（336），虞潭進衛將軍。《晉書·虞潭傳》：“咸康中，進衛將軍。潭貌雖
和弱，而内堅明，有膽決，雖屢統軍旅，而趑有傾敗。”[1]又《晉書·成帝紀》：“（咸康）
二年春正月辛巳，彗星見於奎。以吳國内史虞潭爲衛將軍。”[2]是年，餘姚龍泉寺始建。[3]

咸康三年（337），虞潭嗣子卒。《通典·公除祭議》：“咸康三年十月二十七日，虞
潭有嗣子喪，既葬，依令文行喪三十日，至十二月十日公除，其日禘祭宗廟。”[4]虞潭嗣
子疑爲虞楚。《晉書·虞潭母孫氏傳》：“於時會稽内史王舒遣子允之爲督護，孫氏又謂
潭曰：‘王府君遣兒征，汝何爲獨不？’潭即以子楚爲督護，與允之合勢。”王允之爲王
舒長子，虞楚或亦虞潭長子。

是年，虞忠妻孫氏九十四歲，次年卒。虞忠子虞潭七十五歲。

[1]《晉書》卷七十六《虞潭傳》，第 2014 頁。

[2]《晉書》卷七《成帝紀》，第 180 頁。

[3] 嘉泰《會稽志》卷八：“龍泉寺，在縣西二百步，東晉咸康二年建。唐會昌五年廢，大中五年重建，咸通二年改今額。”

[4]《通典》卷五十二，中華書局 1988 年版，第 1446 頁。

名稱：建元元年（343）邵淮妻虞
氏甓
時期：東晉
采集地：餘姚鳳山
圖一釋文：邵淮妻虞氏之墓明 帝
時在位 （側面）
字面：長32釐米，寬3.5釐米
圖二釋文：建元元年八 月 （側
面）
字面：長19釐米，寬3.5釐米

同坑兩甓。一殘甓，"建元元年八 月 "，單行，"月"字殘，完整五字，隸書；一甓"邵淮妻虞氏之墓明 帝時在位 "，後四字損泐，可依稀辨識，完整八字，隸書。采集於餘姚風山。

本縣有"元康二年八月十日大（太）歲在壬子晉陽羨令邵君墓"甓，亦風山所出。

明清以來，餘姚邵氏人材輩出，爲江南士林公認。著名人物如康乾時期的邵廷寀、邵晉涵，晚清及民國的邵曰濂、邵友濂及邵洵美（友濂孫）。明代汪道昆云："世儒以明經升自邑，宜莫盛於浙之餘姚；餘姚故多世家，宜莫著於江南之邵氏。"而鄉賢陳有年亦云："嘗謂海內人文之盛，莫勝於兩浙。兩浙人文之盛，莫勝於餘姚。姚多著姓，而邵氏稱最。"

案，晉明帝有永昌（322）和太寧（323—326）兩個年號。而建元元年（343）則爲康帝時，距"明帝時"近二十年。當是明帝時虞氏先卒，而塼甓在"建元元年八 月 "重修時燒製。

建元元年（343），爲虞潭卒亡之次年。[1] 距虞潭母孫氏卒亡已有四年。

是年，晉廷又派員赴餘姚徵辟虞喜，不從。[2]

[1]《晉書·虞潭傳》："年七十九，卒於位。追贈左光禄大夫，開府、侍中如故，諡曰孝烈。子仡嗣，官至右將軍司馬。"又《康帝紀》："八月，以江州刺史王允之爲衛將軍。"虞潭當在是年秋卒於位，由王允之替任。

[2]《晉書·康帝紀》："（建元元年）六月壬午，又以束帛徵處士尋陽翟湯、會稽虞喜。"

名稱：永和三年（347）虞長治甓
時期：東晉
采集地：慈溪橫河
圖一釋文：永和三年□月廿六日作（側面），虞長治作（端面）
字面：長33.5釐米，寬5釐米；長15釐米，寬5釐米
圖二釋文：永和三年十月廿六日作（側面），虞長治（端面）
字面：長32釐米，寬5釐米；長15釐米，寬5釐米

甓文在側面及端面。側面"永和三年 $\boxed{十}$ 月廿六日作"，字面磨損嚴重，端面"虞長治作"，共十四字。同坑所出，側面字同，端面"虞長治"三字，書體稍不同，共十三字。皆隸書。磚甓采集於城東穴湖毗鄰的慈溪橫河（舊屬餘姚），具體情況未詳。

此甓以後六年，東晉諸名士以三月修禊名義，集於會稽蘭亭，曲觴流水，衣冠盛況，遂成萬世風流。參會的虞姓人士有鎮軍司馬虞説和山陰令虞谷。虞説詩云："神散宇宙內，形浪濠梁津。寄暢須臾歡，尚想味古人。"虞谷連同其他十五人，"詩不成罰酒三巨觥"。[1]

[1] 宋桑世昌《蘭亭考》卷一，前引詩同。

名稱：永和十一年（355）虞氏甓
時期：東晉
采集地：浙江紹興
釋文：永和十一年歲乙卯七月虞
氏（側面）
字面：長31釐米，寬5釐米

甓文"永和十一年歲乙卯七月虞氏"，單行，十二字，隸書。采集於浙江紹興。

據文獻記載，魏晉以來，餘姚虞氏宗人徙居山陰者頗衆。《世説新語·政事第三》劉孝標注引孫統《存誄敘》："虞存字道長，會稽山陰人也。"[1] 又，《世説新語·賞譽第八》："會稽孔沈、魏顗、虞球、虞存、謝奉，並是四族之儁，于時之桀。孫興公目之曰：'沈爲孔家金，顗爲魏家玉，虞爲長、琳宗，謝爲弘道伏。'"劉孝標注引《虞氏譜》："球字和琳，會稽餘姚人。祖授，吳廣州刺史。父基，右軍司馬。球仕至黃門侍郎。"[2] 案孫綽（興公）"虞爲長、琳宗"的説法，虞存、虞球當來自同一個虞氏宗族，即餘姚虞氏。可見對於遷居或寄籍者的身份，不只是後人説法不一，有時連同時代人也有矛盾之處，就像孫統視虞存爲山陰人，而孫綽則視之餘姚虞氏。

虞氏家族在東漢中後期開始了頻繁的遷徙活動，但到了梁武帝時期，餘姚縣城仍有"大姓虞氏千餘家"的規模。[3]

是年，虞喜、虞預應已卒亡數年。虞喜在史籍中最後一次露面，是在永和二年（346）。《晉書·虞喜傳》："永和初，有司奏稱十月殷祭，京兆府君當遷祧室，征西、豫章、穎川三府君初毀主，内外博議不能決。時喜在會稽，朝廷遣就喜諮訪焉。"[4] 又《禮儀志》："穆帝立，永和二年七月……遣禪至會稽，訪處士虞喜。喜答曰：'漢世韋玄成等以毀主瘞於園。魏朝議者云應埋兩階之間。且神主本在太廟，若今側室而祭，則不如永藏。又四君無追號之禮，益明應毀而無祭。'"[5]

[1] 余錫嘉《世説新語箋疏》卷上之下，中華書局2007年版，第213頁。

[2] 余錫嘉《世説新語箋疏》卷中之下，第556頁。

[3]《梁書》卷五十三《沈瑀傳》，中華書局1973年版，第768頁。

[4]《晉書》卷九十一《虞喜傳》，2349頁。

[5]《晉書》卷一十九，605頁。

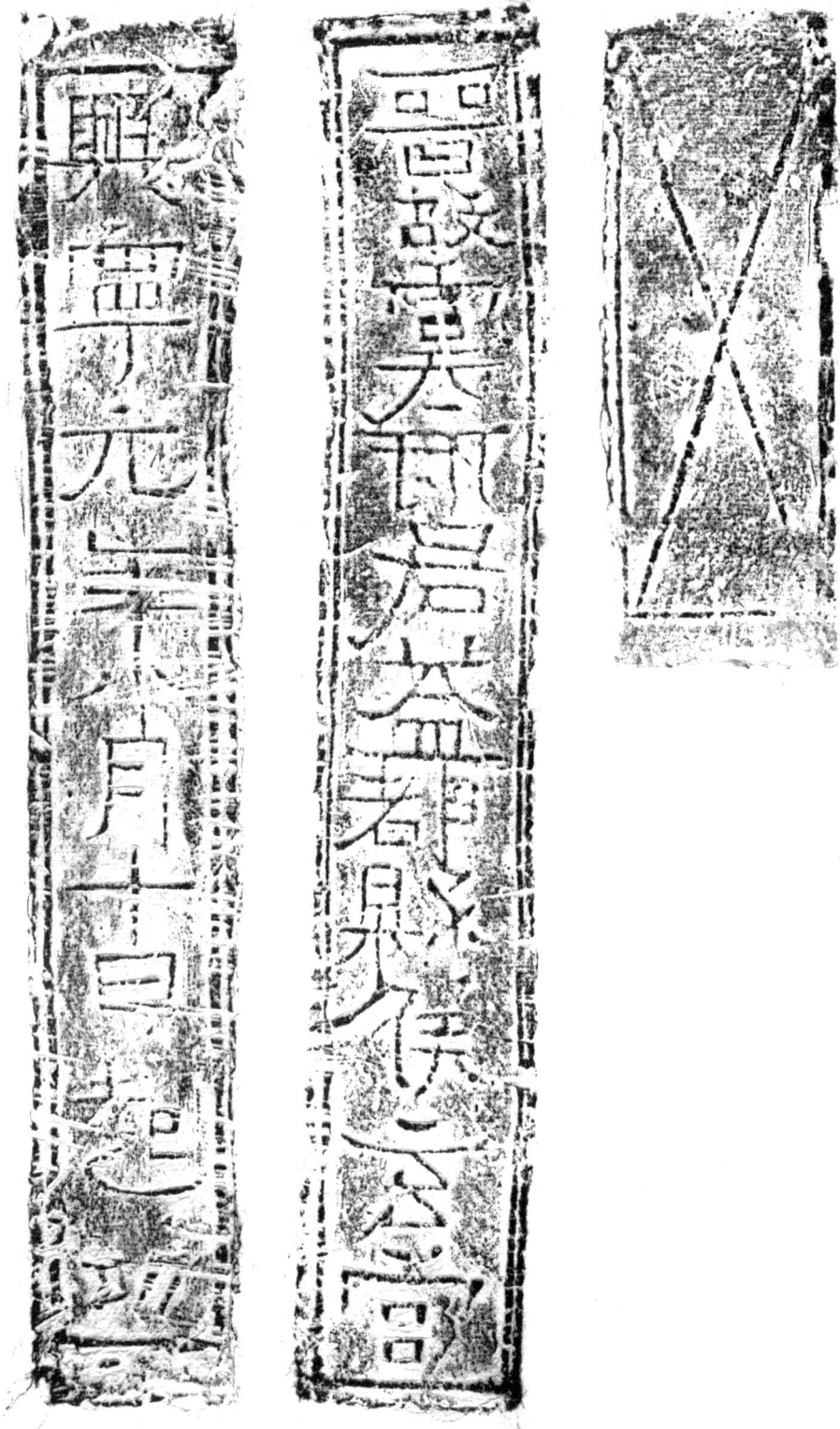

名稱：興寧元年（363）虞府君甓
時期：東晉
采集地：餘姚九里山
圖一釋文：晉故虞府君益都縣侯玄宮（側面）
字面：長30釐米，寬5釐米
圖二釋文：興寧元年八月十日起功（側面）
字面：長30釐米，寬5釐米

同坑兩種。一種"晉故虞府君益都縣侯玄宮"，單行，隸書，十一字。另一"興寧元年八月十日起功"，單行，隸書，十字。書體甚佳。采集於餘姚城東九里山，亦在穴湖範圍內。

益都縣在山東青州，舊爲青州附郭，今爲青州市益都街道。但自東晉以來，司馬氏政權並没有真正控制過青州，至劉宋時期才得以復置。[1]此"益都縣侯"或受封於西晉，或是虛封。

[1]《明一統志》卷二十四"青州府"條下："本漢廣縣地，東漢爲益都侯國。三國魏於壽光縣南置益都縣，屬齊國。晉時前趙築廣固城。宋復置益都縣。"

名稱：太和二年（367）北鄉虞翁覽

時期：東晉

采集地：餘姚肖東

圖一釋文：太和二年餘姚北鄉虞翁冢；翁兄沿所立是晉哀帝末（兩側有字）

字面：長35釐米，寬6釐米；長35釐米，寬6釐米

圖二釋文：晉成帝時（端面）；司徒掾章安建康令虞沿（側面）

字面：長16釐米，寬5.5釐米；長34.5釐米，寬5.5釐米

同坑磚甓兩種。一種兩側有字，一側"太和二年餘姚北鄉虞翁冢"，單行，十一字；另一側"翁兄沿所立是晉哀帝末"，單行，十字，書體在隸楷之間。另一種端面、側面有字，端面"晉成帝時"，單行，四字；側面"司徒掾章安建康令虞沿"，單行，十字，書體在隸楷之間。采集於餘姚肖東。

太和元年，餘姚城南平元寺始建。[1]

——見本書第三輯《古甓釋讀九種》

---

[1] 嘉泰《會稽志》卷八："建初寺，在縣南二百步。晉太和元年建，號平元寺。會昌廢。周顯德四年重建，吳越改興元寺。大中祥符元年改賜今額。"

名稱：太和三年（368）虞氏甓
時期：東晉
采集地：餘姚肖東
釋文：太和三年六月廿日虞作
（側面）
字面：長30釐米，寬4.5釐米

甎文"太和三年六月廿日虞作"，單行，隸書，十字。采集於餘姚肖東。

名稱：太元元年（376）虞氏覽
時期：東晉
采集地：餘姚穴湖
圖一釋文：晋太元元年歲丙子秋
八月己亥朔虞氏造（側面）
字面：長 32 釐米，寬 5 釐米
圖二釋文：晋太元元年歲丙子秋
八月己亥朔虞氏（側面）
字面：長 32 釐米，寬 5 釐米

二十八、東晉太元元年（376）虞氏甓

　　同坑兩種："晉太元元年歲丙子秋八月己亥朔虞氏造"，單行，十七字，隸書；"晉太元元年歲丙子秋八月己亥朔虞氏"，單行，十六字，隸書。書體甚佳。采集於餘姚城東穴湖。

名稱：太元二年（377）東海朐令
虞君甓

時期：東晉

采集地：餘姚同光

圖一釋文：晉故朐令虞君之 玄

□（側面）

字面：長21釐米，寬6釐米

圖二釋文：太元二年歲在丁丑晉

故東海朐令郎中虞君玄 宮 （側

面）

字面：長32釐米，寬5釐米

　　同坑兩種：一爲"晉故朐令虞君之 玄 囗"，單行，可識八字，隸書；另一爲"太元二年歲在丁丑晉故東海朐令郎中虞君玄 宮"，單行，可識二十字，隸書。書體甚美。采集於餘姚城東同光。

——見本書第三輯《古甓釋讀九種》

名稱：太元三年（378）虞氏覽
時期：東晉
采集地：餘姚穴湖
釋文：太元三年歲戊寅八月丙戌
朔虞氏（側面）
字面：長34釐米，寬5釐米

　　甓文"太元三年歲戊寅八月丙戌朔虞氏"，單行，十四字，隸書。采集於餘姚城東穴湖。

　　是年，虞潭孫虞嘯父已步入仕途。《晉書》載："嘯父少歷顯位，後至侍中，爲孝武帝所親愛。嘗侍飲宴，帝從容問曰：'卿在門下，初不聞有所獻替邪?'嘯父家近海，謂帝有所求，對曰：'天時尚温，鯯魚蝦鮓未可致，尋當有所上獻。'帝大笑。因飲大醉，出，拜不能起，帝顧曰：'扶虞侍中。'嘯父曰：'臣位未及扶，醉不及亂，非分之賜，所不敢當。'帝甚悦。"[1]

[1] 《晉書》卷七十六《虞嘯父傳》，第 2014 至 2015 頁。

名稱：隆安二年（398）虞氏甓

時期：東晉

采集地：餘姚肖東

釋文：隆安二年八月廿八日虞氏

　　　或治葬□（側面）

字面：長 31.5 釐米，寬 6.5 釐米

　　磚甓甚泐，可依稀識別。甓文"隆安二年八月廿八日虞氏 或 治 葬 □"，單行，可識者十四字，隸書。采集於餘姚肖東。

　　隆安元年初，虞嘯父爲吳國内史。五月，王廞反，以虞嘯父行吳興太守。是年稍後，王廞敗，虞嘯父以同謀當斬，以其祖虞潭舊勳，貶爲庶人。[1]

[1]《晉書·虞嘯父傳》："隆安初，爲吳國内史。徵補尚書，未發，而王廞舉兵叛，嘯父行吳興太守。嘯父即入吳興應廞。廞敗，有司奏嘯父與廞同謀，罪應斬。詔以祖潭舊勳，聽以疾贖爲庶人。"又《晉書·安帝紀》："隆安元年五月，前司徒長史王廞以吳郡反，王恭討平之。"

名稱：大亨二年（403）虞子造覽
時期：東晉
采集地：餘姚肖東
圖一釋文：太亨（大亨）二年虞
子造（側面）
字面：長 28 釐米，寬 4 釐米
圖二釋文：太亨（大亨）二年乙
卯八月（側面）
字面：長 29 釐米，寬 4 釐米

甓文"太享二年虞子造"，單行，七字，隸書；同坑"太享二年乙卯八月"，單行，八字，隸書。采集於餘姚肖東。

太享，即大亨，爲桓玄僞號，實是晉元興二年。《資治通鑒》載，元興元年（402）三月壬申，復隆安年號；是月，又改元大亨；元興二年"十二月，庚寅朔，玄築壇於九井山北，壬辰，即皇帝位。册文多非薄晉室，或諫之，玄曰：'揖讓之文，正可陳之於下民耳，豈可欺上帝乎！'大赦，改元永始。"[1]大亨二年爲癸卯，甓文"乙卯"當誤刊。

是年，虞嘯父任太尉左司馬，並於是年末遷會稽内史。[2]

本地同年有"晉太享二年荒亂始平吕氏作"磚甓。"荒亂始平"指元興元年平定孫恩起義。清代雲南曲靖出土《爨宝子碑》，落款晉"太享四年"，當是交通閉塞，不知改元所致。

[1]《資治通鑒》卷一百十三，第3555頁。

[2]《晉書·虞嘯父傳》："桓玄用事，以爲太尉左司馬。尋遷護軍將軍，出爲會稽内史。義熙初，去職，卒於家。"又《資治通鑒》卷一百十三："（元興二年）十二月，庚寅朔，玄築壇於九井山北，壬辰，即皇帝位……大赦，改元永始；以南康之平固縣封帝爲平固王，降何后爲零陵縣君，琅邪王德文爲石陽縣公，武陵王遵爲彭澤縣侯；追尊文温爲宣武皇帝，廟號太祖，南康公主爲宣皇后，封子昇爲豫章王；以會稽内史王愉爲尚書僕射，愉子相國左長史綏爲中書令。"虞嘯父當在是年末接替王愉爲會稽内史。

名稱：太中大夫虞康覽
時期：晉
采集地：餘姚陸埠
釋文：晉太中大夫餘姚虞康字欽祔（側面）
字面：長18釐米，寬4.5釐米

甎文"晉太中大夫餘姚虞康字欽袥",單行,十二字,書體在隸楷之間。采集於餘姚陸埠(原屬慈溪),具體發見地不明。在陸埠車廄、五馬兩地,《四明志》載有數處虞氏塚墓。

此爲相關地域出現的第三種虞氏磚甎。

名稱：元嘉二十三年（446）虞元
龍覽
時期：南朝宋
采集地：餘姚穴湖
釋文：宋元嘉廿三年大歲丙戌八
月朔十八日虞元龍建（側面）
字面：長16釐米，寬5釐米

甓文"宋元嘉廿三年大歲丙戌八月朔十八日虞元龍建"，單行，二十字，隸書。采集於餘姚城東穴湖。

是年前後，虞秀之爲黃門侍郎。[1]

是年，虞愿二十一歲，[2]虞悰十二歲。[3]

[1]《南史·虞悰傳》："父秀之，黃門郎。"《宋書·庾炳之傳》："何尚之乃備言炳之愆過，曰：'……虞秀之門生事之，累味珍肴，未嘗有乏，其外別貢，豈可具詳……論虞秀之作黃門，太尉不正答和，故得停。'"據《庾炳之傳》，"義康出藩"後，庾炳之"爲尚書吏部郎，與右衛將軍沈演之俱參機密。頃之，轉侍中，本州大中正。遷吏部尚書，領義陽王師"。史載"義康出藩"在元嘉二十二年（445），庾炳之吏部尚書止於元嘉二十五年。虞秀之以尚書"門生"遷黃門郎，當在元嘉二十三、四年間。

[2]《南齊書·虞愿傳》："建元元年卒，年五十四。"

[3]《南齊書·虞悰傳》："永元元年，卒。時年六十五。"

名稱：泰始五年（469）虞欽之甓
時期：南朝宋
采集地：餘姚穴湖
釋文：泰始五年虞欽之作（側面）
字面：長16釐米，寬5釐米

甓文"泰始五年虞欽之作"，單行，八字，書體在隸楷之間。采集於餘姚城東穴湖。

漢唐之際，泰始年號有兩：一是晉武帝司馬炎時（265—274），歷時十年；另一爲南朝宋明帝劉彧時（465—471），歷時七年。西晉泰始五年（269）實爲吳孫皓建衡元年，磚甓既出江左，當爲劉宋之泰始。

是年，虞悰三十五歲，虞愿四十四歲。《南齊書·虞悰傳》載："州辟主簿，建平王參軍，尚書儀曹郎，太子洗馬，領軍長史，正員郎，累至州治中，別駕，黄門郎。"這是虞悰在宋孝武帝至宋順帝時期的一段經歷，至順帝昇明中，"世祖爲中軍，引悰爲諮議參軍"。[1]《南齊書·虞愿傳》："明帝立，以愿儒吏學涉，兼蕃國舊恩，意遇甚厚。除太常丞，尚書祠部郎，通直散騎侍郎，領五郡中正，祠部郎如故。"[2]

後十年，齊建元元年（479），虞愿卒，年五十四歲。[3]

後三十年，齊永元元年（499），虞悰卒，時年六十五歲。[4]

後三十四年，梁天監二年（503），虞荔（虞世南父）出生。[5]

後四十一年，梁天監九年（510），虞寄出生。[6]

後五十三年，梁普通三年（522），廷尉虞權（虞荔父）陪梁武帝蕭衍、臨川王蕭宏、南平王蕭偉等人往茅山，聽陶弘景講經。[7]

後八十九年，陳永定二年（558），虞世南出生。[8]

——見本書第三輯《古甓釋讀九種》

[1]《南齊書》卷三十七《虞悰傳》，第654頁，中華書局1972年版。

[2]《南齊書》卷五十三《虞愿傳》，第915頁。

[3]《南齊書·虞愿傳》："愿嘗事宋明帝，齊初宋神主遷汝陰廟，愿拜辭流涕。建元元年，卒。年五十四。"

[4]《南齊書·虞悰傳》："永元元年，卒。時年六十五。"

[5]《陳書·虞荔傳》："天嘉二年卒，時年五十九。"上溯五十九歲，爲梁天監二年（503）。

[6]《陳書·虞寄傳》："（太建）十一年卒，時年七十。"上溯七十歲，爲梁天監九年（510）。

[7]《茅山志》卷二十《上清真人許長史舊館壇碑陰記》有廷尉卿虞權"，末題普通三年五月五日略記。"

[8]《舊唐書·虞世南傳》："（貞觀）十二年，又表請致仕，優制許之……尋卒，年八十一。"上溯八十一歲，爲陳永定二年（558）。

名稱：虞蕭之乳母冢覽
時期：不詳
采集地：餘姚肖東
釋文：虞蕭之乳母冢（側面）
字面：長 32 釐米，寬 4.5 釐米

甓文"虞蕭之乳母冢",單行,六字,書體在隸楷之間,甚美。采集於餘姚肖東。

是爲虞蕭之給乳母燒製的磚甓。甓文無紀元,據書體疑爲南朝磚甓,或與前"泰始五年虞欽之"同時代。據《兩浙金石志》,晉代王獻之也曾爲"保母"經營塚墓:

> 郎邪王獻之保母,姓李,名意如,廣漢人也。在母家,志行高秀,歸王氏,柔順恭勤。善屬文,能草書,解釋老旨趣。年七十,興寧三年歲在乙丑二月六日,無疾而終。仲冬既望,葬會稽山陰之黃閍岡下。殉以曲水小硯、交螭方壺。樹雙松於墓上,立貞石而志之。[1]

[1] 阮元《兩浙金石志》補遺卷《晉保母磚》,浙江古籍出版社2012年版,第452頁。

名稱：虞氏潼下之覽
時期：不詳
采集地：餘姚同光
釋文：虞氏葬于潼下之山（側面）
字面：長30釐米，寬3.5釐米

　　甓文"虞氏葬于潼下之山"，單行，八字，篆書。磚甓采集於餘姚城東同光。觀其書體風格，在三國、兩晉之間。有"太元二年東海朐令虞君之玄宮"，亦采集於此。

——見本書第三輯《古甓釋讀九種》

名稱：虞襲覽
時期：不詳
采集地：餘姚丈亭
釋文：虞襲（端面）
字面：長17.5釐米，寬6釐米

甓文“虞襲”，刊於端面，書體在隸楷之間。采集於餘姚丈亭漁溪一帶。

寶慶《四明志》記載：“梁建威將軍虞鷙墓，在漁溪山，（慈溪）縣西北五十里。”案《餘姚地名志》，漁溪村在今丈亭鎮政府駐地北2公里。

丈亭之虞氏塚墓，寶慶《四明志》一例，出土實物兩例（另一例爲“咸和九年八月虞日齊所作”）。

名稱：虞壽壁覽
時期：不詳
采集地：餘姚肖東
釋文：虞壽壁（端面）
字面：長 16 釐米，寬 5 釐米

三十九、虞壽壁甓

甓文"虞壽壁",三字,隸書。采集於餘姚肖東。

"壽壁"可釋作"墓壁","虞壽壁"即虞氏墓壁。"壽"字用法,尤如"墓域"作"壽域","棺材"作"壽材",死者衣衾作"壽衣"。

名稱：虞參覽
時期：不詳
采集地：餘姚穴湖
釋文：虞參（端面）
殘覽字面：長 8 釐米，寬 5 釐米

四十、虞參甓

殘甓。甓文"虞參",單行,兩字,書體在隸楷之間。采集於餘姚城東穴湖。

傳同坑有"宋元嘉十三年"甓,未詳。

第二輯：墓志圖録及釋讀

墓志綜述

　　本輯收録六種唐代餘姚虞氏墓志，按發見時間，分別是《唐虞遜墓志》、《唐虞秀姚墓志》（含《唐蕭鑒墓志》）、《唐虞照乘墓志》、《唐虞從道墓志》、《唐張夫人虞氏墓志》和《唐虞希喬墓志》。就拓片發見情況作如下説明：

　　《唐虞遜墓志》拓片，2009 年 6 月購得。此合志石品相完好，幾無損泐。志主虞遜，見《元和姓纂》卷二 "虞氏" 條；其曾祖虞荔，《陳書》有傳；其祖虞世基、父虞熙，《隋書》有傳。

　　《唐虞秀姚墓志》拓片（含《唐蕭鑒墓志》），流出地爲西安，與志文 "明堂縣少陵原" 合。志主虞秀姚之祖虞寄，《陳書》有傳；父虞世南，兩《唐書》有傳。

　　《唐虞照乘墓志》拓片，爲紹興市古越閣張笑榮先生寄贈。寧波天一閣博物館章國慶副館長近著《寧波歷代碑碣墓志彙編》（上海古籍出版社 2012 年出版）收録此志。相傳碑志出土於紹興。志主虞照乘之祖虞荷，見《隋書·煬帝紀》、嘉泰《會稽志》卷十六《虞荷碑》。

　　《唐虞從道墓志》拓片，承金石藏家董兄（端居室主）低價轉讓，給我研究之用。案志文，志石當出於河南洛陽近郊。《中國書法》2005 年第 4 期刊載杜少虎、趙文成的《唐〈虞從道墓志〉鉤沉》一文，對墓志的史料與書法價值進行了闡述，但有未盡之處。2010 年 11 月西泠印社出版的《新出唐志百種》收録該志，編者爲趙文成、趙君平。志主虞從道之曾祖虞荷，見《隋書·煬帝紀》、嘉泰《會稽志》卷十六《虞荷碑》；子虞當，見柳宗元《先君石表陰先友記》、王昶《金石萃編》卷七十九《華嶽題表》、《全唐文補遺》第八輯《唐故鄭居士液墓志銘》。

　　《唐張夫人虞氏墓志》爲北京劉剛兄無償贈予。案志文，志石出土於洛陽近郊邙山。志主張夫人虞氏，失其名諱。其高祖虞世基（志文誤作 "曾祖世南"）、曾祖虞熙，皆見《隋書》。

　　《唐虞希喬墓志》爲慈溪厲祖浩先生提供信息。碑志爲瓷質，插於瓷質龜趺中，今藏浙江省博物館，爲民間徵集所得。因碑志爲浙博之物，無法獲取拓片。相傳碑志出土於紹興。志主虞希喬爲虞荷一支，祖哲，父未詳。此志文存疑頗多。

以上六種墓志，三種出土於河南洛陽近郊，即唐代東都洛陽；一種出土於西安近郊，即唐代西京長安；兩種出土於原會稽郡地區。

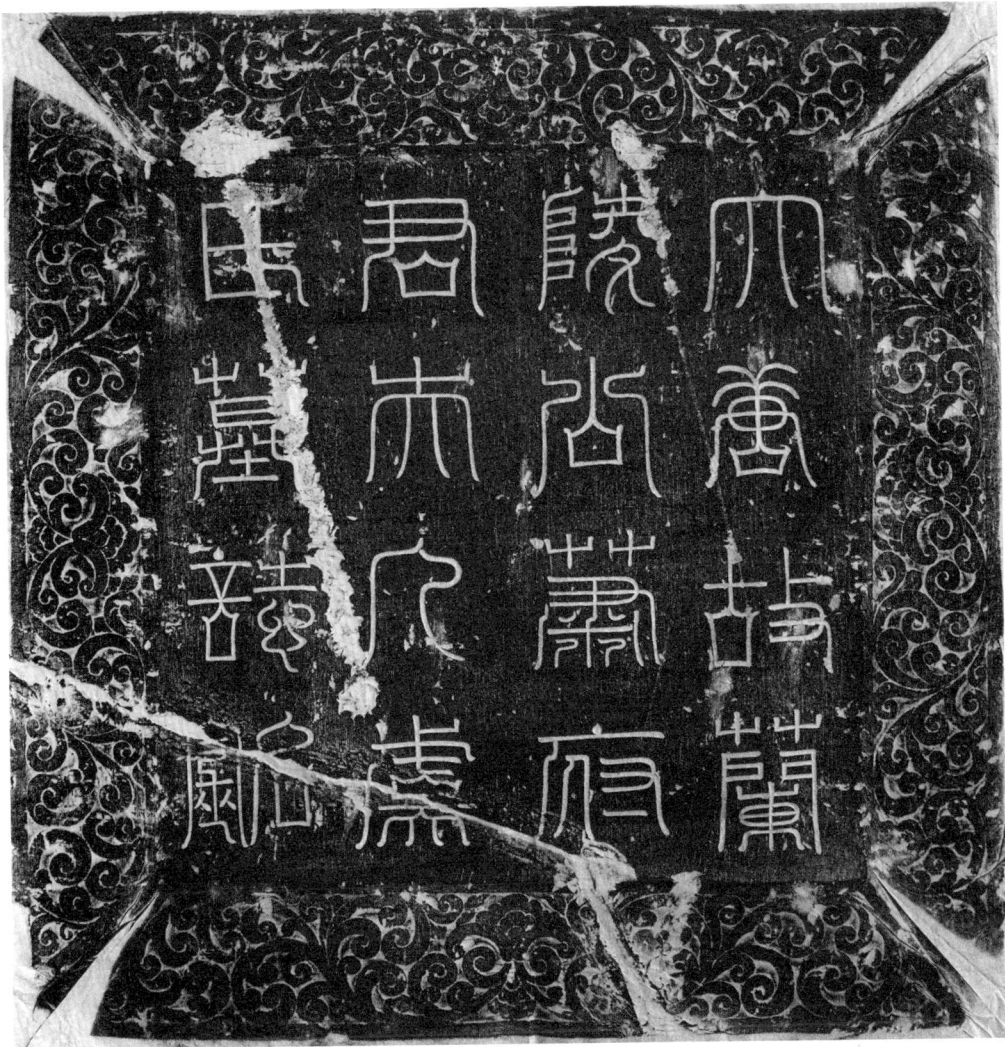

虞秀姚墓志蓋

虞秀姚墓志

一、《唐虞秀姚墓志》釋讀

——附《唐蕭鑒墓志釋讀》

　　《唐虞秀姚墓志》一合，墓志標題"大唐故行右衛長史蘭陵公夫人虞氏墓志銘並序"。志石高廣 49 釐米，志文連標題共 25 行，滿行 25 字，共 601 字，正書。碑石右上損泐，實際可識 568 字。有蓋，云"大唐故蘭陵公蕭府君夫人虞氏墓志銘"，16 字，篆書。

　　《唐虞秀姚墓志》與《唐蕭鑒墓志》（見附文）同出西安近郊。志主虞秀姚，初唐名臣虞世南之女。

（一）補闕

　　《舊唐書·虞世南傳》："世南子昶，官至工部侍郎。"[1]陶宗儀《書史會要》卷五："虞纂，世南子，工書，能世其家學。"又同卷："虞郁，纂子，雖能繼世而風格不迫。"又同卷："虞煥，纂子，亦能書而體多檢束。"[2]虞秀姚可補虞世南後裔之闕。

　　《陳書·虞荔傳》載："父檢，平北始興王諮議參軍。"[3]《舊唐書·虞世南傳》："祖檢，梁始興王諮議。"[4]據《唐虞秀姚墓志》，虞檢於蕭梁時期在尚書起部、中兵兩曹先後擔任侍郎，可補虞檢職官之闕。

（二）釋讀

"大唐故行右衛長史蘭陵公夫人虞氏墓志銘並序。"

　　墓志標題"大唐故行右衛長史蘭陵公夫人虞氏墓志銘並序"，包含志主丈夫蘭陵公信息：一是職事性質的"右衛（率府）長史"，用"行"，說明其散官銜高於職事官；二是蘭陵公爵次爲縣公。

"夫人 諱 秀姚字思禮，會稽餘姚人也。"

　　志石"諱"字泐，據文意補。虞世南爲女取名"秀姚"，有難忘故土之意。

"靈緒載繁，軒丘孕祉於樞電。白源克濬，姚澤隤慶於薰風。"

　　"靈緒"爲餘姚龍泉山舊名，或省稱"緒山"。光緒《餘姚縣志》引《名勝志》："龍泉山在秘圖山西一里許，舊名靈緒山，亦名嶼山。"[5]《水經注·沔水下》："江水又東逕緒山南。虞翻嘗登此山四望，誡子孫可居江北，世有禄位，居江南則不昌也。然住江北者，相繼代興；時在江南者，輒多淪替。仲翔之言爲有徵矣。江水又經官倉，倉即日南太守虞國舊宅，號曰西虞，以其兄光居縣東故也。"[6]虞翻登緒山告誡子孫之事，亦見嘉泰《會稽志》："昔虞翻嘗登此山，望四郭，誡子孫曰：'可留江北居，後世禄位當過於我，聲名不及爾，然相繼代興。居江南必不昌。'今諸虞氏由此悉居江北也。"[7]

　　"白源"指今餘姚梁弄白水沖，爲下句"姚澤"之源。光緒《餘姚縣志》引《會稽志》："白水山，在縣西南六十里。"又引元曾堅《丹山圖詠序》："有峯曰三臺山、曰屏風、曰石屋、曰雲根，石屋、雲根間有瀑布如懸河，旁曰潺湲洞，即白水宫。"[8]白水山，又作瀑布山，與虞氏亦有淵源。陸羽《茶經》引《神異記》："餘姚人虞洪入山采茗，遇一道士，牽三青牛，引洪至瀑布山，曰：'吾，丹丘子也。聞子善具飲，常思見惠。山中有大茗，可以相給，祈子他日有甌犧之餘，乞相遺也。'因立奠祀。後常令家人入山，獲大茗焉。"[9]白水諸峯，當是《水經注》之"車廂山"。《水經注·沔水下》："東與車箱

[1]《舊唐書》卷七十二，中華書局 1975 年版，第 2571 頁。據近代出土敦煌經卷，唐咸亨二年（671）至上元元年（674），虞昶和向義感、李德等人負責監造内府佛經寫本（史稱館本）。今人楊森《唐虞世南子虞昶傳略補》一文云："虞昶負責監製的寫經卷子中，時間最晚的一件爲上圖 053 號《妙法蓮花經》，其尾題爲'上元元年十月十日'，S456 號經卷尾題爲'咸亨五年八月二日'。據《舊唐書·高宗本紀》載：'（咸亨五年）秋八月壬辰……改咸亨五年爲上元元年。'虞昶的繼任者閻玄道最初負責監製的寫經卷子爲 P2195《妙法蓮花經第六》，尾題爲'上元二年'十月十五日。故虞昶可能是在上元元年十月十日以後至上元二年十月十五日以後的某月某日被免此任，但也可能卒於這段時間。"咸亨二年，虞昶奉旨監造《法華經》時，虞秀姚已去世七年。

[2]陶宗儀《書史會要》卷五，第 702 頁上，臺灣商務印書館 1986 年版影印文淵閣《四庫全書》本，第 814 册。

[3]《陳書》卷十九，中華書局 1972 年版，第 256 頁。

[4]《舊唐書》卷七十二，第 2565 頁。

[5] 光緒《餘姚縣志》卷二，臺灣成文出版社 1983 年影印光緒二十五年本，第 83 頁上。

[6] 陳橋驛《水經注校證》卷二十九，第 687—688 頁。

[7] 嘉泰《會稽志》卷九，臺灣商務印書館 1986 年影印文淵閣《四庫全書》本，第 486 冊，第 184 頁。

[8] 光緒《餘姚縣志》卷二，第 93 頁下至 94 頁上。

[9] 陸羽《茶經·七之事》，中國農業出版社 2006 年版，第 46 頁。

[10] 陳橋驛《水經注校證》卷二十九，第 687 頁。

[11] 光緒《餘姚縣志》卷二十三，第 519 頁下。《太平御覽》卷九百十七引《會稽典錄》："虞固字季鴻，少有孝行。爲日南太守，常有雙雁止宿事上。每出行縣，輒飛逐車。卒官，雁逐器還。至餘姚，住墓前，歷二年乃去。"

[12]《後漢書》卷八十二下，中華書局 1965 年版，第 2747 頁。

[13]《三國志》卷五十七，中華書局 1959 年版，第 1320 頁。

[14]《梁書》卷二，第 48 頁。

水合，水出車箱山，乘高瀑布，四十餘丈，雖有水旱而湍無增減。"[10] 綜上，志文"白源"是《水經注》記載的餘姚江源頭"車廂水"；而曾堅《丹山圖詠序》之"石屋峯"，即漢晉時期"車廂山"。三國時的車廂山，兩晉俗稱瀑布山，晉王浮《神異記》即用此名；宋代則是白水山；元代又稱石屋峯。漢唐之際，邑人以此爲姚江源頭，故稱"白源"。下句之"姚澤"，即今餘姚江。

"靈緒"、"白源"和"姚澤"，明確指向標志性的餘姚山水，並與虞氏家族相關。

因道德源頭的疏浚，家學的薪火相承，餘姚虞氏世族如姚江一般，平穩而又寬闊地行進於歷史深處。此志行文伊始，歌頌先祖功德，家族偉績，爲志文撰寫慣例。同時，也反映出作者對餘姚山水及虞氏掌故的瞭解程度。

"暨乎賢守飛英，蒼雁之嘉祥允集。內□騰茂，白烏之禎貺有歸。"

"賢守飛英"及"蒼雁之嘉祥"，指東漢虞國"雙雁送故"之傳說。光緒《餘姚縣志》卷二十三："虞國少有孝行，後爲日南太守，以化治稱。常有雙雁宿止廳事，每出行縣，輒飛逐車。國卒於官，雁逐喪至姚，棲墓上不去，至今呼其地曰雙雁。"[11]

"飛英"、"騰茂"兩句，典出司馬相如《封禪文》："俾萬世得激清流，揚微波，蜚英聲，騰茂實。"

"故得簪冕連華，掩廬江而啓神筭；貂蟬□□，冠長淮而劭靈策。"

"廬江"指漢末左慈。《後漢書·左慈傳》："左慈字元放，廬江人也。少有神道。"[12] "啓神筭"指同時代的餘姚虞翻。《三國志》載虞翻精於《易》，曾演算蜀將關羽授首之日，吳主孫權贊其"不及伏羲，可與東方朔爲比矣"。[13]

"曾祖檢，梁尚書起部、中兵二曹侍郎。"

"檢"，碑書作"撿"，爲"檢"俗書。

《陳書·虞荔傳》載虞檢爲"平北始興王諮議參軍"，即"平北（將軍）、始興王諮議參軍"。《梁書·武帝紀》載天監七年（508）冬十月，"詔大舉北伐。以護軍將軍始興王憺爲平北將軍，率衆入清；車騎將軍王茂率衆向宿預。丁丑，魏懸瓠鎮軍主白早生、豫州刺史胡遜以城內屬。以早生爲鎮北將軍、司州刺史，遜爲平北將軍、豫州刺史"。[14] 至天監八年春四月，"戊申，以護軍將軍始興王憺爲中衛將軍，司徒、行太子太傅臨川王宏爲司空、揚州刺史，車騎將軍、領太子詹事王茂即本號開府儀同三司"。[15]

始興王蕭憺之"平北將軍"任期甚短，天監七年十月始任此職，至天監八年四月，當蕭憺再度出現時，已爲"護軍將軍"。故虞檢任平北（將軍）始興王諮議參軍的時間，在天監七年十月。虞檢作爲"始興王諮議參軍"的具體工作，大概是輔佐蕭憺謀劃北伐。蕭憺字僧達，梁文帝蕭順之第十一子。

"梁尚書起部、中兵二曹侍郎"，即虞檢先後擔任起部和中兵侍郎，而非蕭梁尚書省下設"起部中兵二曹"。據《隋書·百官志》，梁代"起部"爲二十三曹常設機構，而"起部尚書"不常有。"起部尚書"根據需要臨時設置，負責營建、修繕宗廟宮室。

虞檢在起部和中兵的職務爲"侍郎"，高於尚書省部曹"郎（中）"。《隋書》云，"視通直郎"，其祿秩相當於"通直散騎侍郎"。天監三年，梁武帝"詔尚書郎在職清能或人才高妙者爲侍郎"，擢選條件爲"在職勤能，滿二歲者"。[16] 梁制"尚書侍郎"與"太子洗馬"、"通直散騎侍郎"列在第六班，低於第九班"皇弟皇子府諮議"。[17]

既然虞檢"始興王諮議參軍"高於"起部中兵二曹侍郎"，爲何虞氏後人僅書"侍郎"而不提"諮議參軍"？因唐代觀念，尚書各曹侍郎比王府諮議參軍的品階來得高，也要清貴，像《唐六典》載尚書各曹侍郎多在正四品下，而親王府諮議僅正五品上，官品也是一清一濁。

"祖寄， 梁中 書侍郎，陳本州別駕、太中大夫、戎昭將軍。並稱時望，俱号國□。□□□□隆，而道無昇降。"

"祖寄"，虞世南叔父虞寄。《陳書·虞荔傳》："子世基、世南，並少知名。"[18]《舊唐書·虞世南傳》："祖檢，梁始興王諮議。父荔，陳太子中庶子，俱有重名。叔父寄，陳中書侍郎，無子，以世南繼後，故字曰伯施。"[19]志文"並稱"和"俱號"，當指虞檢、虞寄父子。

虞荔把虞世南過繼其弟虞寄，於是世南取字"伯施"，這是一段史實。但《陳書》及新、舊《唐書》，皆以虞荔爲虞世南之父。大概在撰史者眼裏，虞世南與虞寄之間，不過是一層過繼關係，僅在解釋"伯施"時被提起。據《唐虞秀姚墓志》，知虞世南後嗣以虞寄爲祖，這與史載虞寄"以世南繼後"相合。

"梁中書侍郎"屬中書省，梁制官品第九班。《陳書·虞寄傳》："起家梁宣城王國左常侍……岳陽王爲會稽太守，引寄爲行參軍，遷記室參軍，領郡五官掾。又轉中記室，掾如故……侯景之亂，寄隨兄荔入臺，除鎮南湘東王諮議參軍，加貞威將軍……承聖元年，除和戎將軍、中書侍郎。"[20]

"陳本州別駕"爲東揚州刺史屬官，陳制官品第六；"太中大夫"爲散職，陳制官品第四；"戎昭將軍"，雜號，陳制官品第八。虞寄被拘閩中十數年，還朝"尋兼散騎常侍，聘齊，寄辭老疾，不行，除國子博士。頃之，又表求解職歸鄉里，文帝優旨報答，許其東還。仍除東揚州別駕，寄又以疾辭。高宗即位，徵授揚州治中及尚書左丞，並不就。乃除東中郎建安王諮議，加戎昭將軍，又辭以疾，不任旦夕陪列……太建八年，加太中大夫，將軍如故。十一年卒，時年七十"。[21]志文"本州別駕"，《陳書·虞寄傳》作"東揚州別駕"。會稽郡屬揚州，故稱"本州"。志文所列，"本州別駕"屬職事，"太中大夫"及"戎昭將軍"爲加官散職。

志文記載的職官、將軍號，與《陳書》本傳合，只是次序略有不同。

以虞寄卒年，距志主虞秀姚出生還有三十二年。

"父南，皇朝弘文館學士、秘書大 監、永興 縣開國公，贈禮部尚書，諡文懿。"

"父南"，即初唐名臣虞世南，避諱省稱"南"。太宗在世時，並無避諱之舉，至高宗朝始去"世"字。如虞世南作虞南，李世勣作李勣。

虞世南之"弘文館學士、秘書大監、永興縣開國公"爲生前職官和爵位。"贈禮部尚書，諡文懿"爲卒後贈銜及追諡。

弘文館，初唐時期最高學術機構。《唐會要》載："武德四年正月，於門下省置修文館。至九年三月，改爲弘文館。至其年九月，太宗初即位，大闡文教。於弘文殿聚四部羣書二十餘萬卷，於殿側置弘文館。精選天下賢良文學之士，虞世南、褚亮、姚思廉、歐陽詢、蔡允恭、蕭德言等，以本官兼學士，令更宿直。聽朝之隙，引入內殿，講論文

[15]《梁書》卷二，第48頁。

[16]《梁書》卷四十九，第686頁。

[17] 始興王蕭憺爲梁文帝第十一子，梁武帝同父異母弟，故"始興王諮議參軍"高於兩曹侍郎。

[18]《陳書》卷十九，第258頁。

[19]《舊唐書》卷七十二，第2565頁。

[20]《陳書》卷十九，第258至259頁。

[21]《陳書》卷十九，第263頁。

義，商量政事，或至夜分方罷。"[22]《舊唐書·職官志》："弘文館學士掌詳正圖籍，教授生徒。凡朝廷有制度沿革，禮儀輕重，得參議焉。"[23]

弘文館屬門下省，學士無定員，多爲他官兼之。《唐六典》卷八："自武德、貞觀已來，皆妙簡賢良爲學士。故事：五品已上，稱爲學士；六品已下，爲直學士。"[24]初唐亦設文學館。《唐會要》載："武德四年十月，秦王既平天下，乃銳意經籍，於宮城之西，開文學館，以待四方之士，於是以……記室參軍虞世南……等，並以本官兼文學館學士。"[25]

初唐入選弘文館者，皆高德大儒。入選資格不在官品而在學問。只要學問好，無論五品以上大員，還是六品以下中低層官員，都有入選機會，其差別在"學士"與"直學士"之分。

如果説弘文館學士只是虞世南的兼職，體現了一個知識分子的清貴與尊榮，那麼"秘書大監"則是他的第一職業。《舊唐書·虞世南傳》載其履歷："太宗滅建德，引爲秦府參軍。尋轉記室，仍授弘文館學士，與房玄齡對掌文翰……太宗升春宮，遷太子中舍人。及即位，轉著作郎，兼弘文館學士。時世南年已衰老，抗表乞骸骨，詔不許。遷太子右庶子，固辭不拜，除秘書少監。上《聖德論》，辭多不載。七年，轉秘書監，賜爵永興縣子……十二年，又表請致仕，優制許之，仍授銀青光禄大夫、弘文館學士，禄賜、防閤並同京官職事。尋卒，年八十一。"[26]

秘書大監，秘書監之俗稱，爲秘書省首席行政官。唐制官階從三品，屬職事官。

貞觀三年二月至七年正月，秘書監爲魏徵。《舊唐書·太宗紀上》："貞觀三年二月戊寅，右丞魏徵爲守秘書監，參預朝政。"[27]貞觀四年十一月，虞世南以著作郎遷太子右庶子，固辭不拜，遂除秘書少監。但這時候的秘書省無"少監"這個崗位，所以太宗特別爲虞世南恢復"少監"員額。又"貞觀七年春正月庚寅，秘書監、檢校侍中魏徵爲侍中"。[28]是時，虞世南由秘書少監升至秘書監，官品從"從四品上"升至"從三品"，這是他生前的最後一個官職。

"永興縣開國公"爲爵位，唐制從二品。《舊唐書·虞世南傳》有"賜爵永興縣子"，未載進封"縣公"事。《新唐書·虞世南傳》載："貞觀八年，進封縣公。"[29]會稽郡永興縣，即今杭州蕭山。[30]《舊唐書·職官一》以"開國子"爲"正第五品上階"，"開國縣公"爲"從第二品"。《唐六典》載縣子、縣公食邑區別："司封郎中、員外郎掌邦之封爵。凡有九等……五曰縣公，從二品，食邑一千五百户……八曰縣子，正五品，食邑五百户。"[31]據上，貞觀七年虞世南"縣子"爵品爲正五品，低於秘書監從三品。至貞觀八年，朝廷對他的爵品進行了調整，進至縣公，以與官品相當。

"禮部尚書"屬尚書省，唐制官階正三品，此爲卒後贈官，高於生前"秘書監"（從三品）一階。《舊唐書》本傳載贈封及追諡之事："太宗舉哀於别次，哭之甚慟。賜東園秘器，陪葬昭陵，贈禮部尚書，諡曰文懿。"[32]這與《唐蕭鑒墓志》（見下）記載蕭璟卒後以國子祭酒（從三品）贈禮部尚書是同一道理。蕭璟與虞世南同卒於貞觀十二年，同贈禮部尚書，可見這類"禮部尚書"無名額限止，只要資歷、官品達到一定級別，便有贈官可能。

"公金火秀氣，轥天宇而無□；□□英靈，掩寰斗而莫二。学高羣玉，堯舜資其琢

[22]《唐會要》卷六十四，中華書局1955年版，第1114頁。

[23]《舊唐書》卷四十三，第1848頁。

[24]《唐六典》卷八，中華書局1992年版，第254頁。

[25]《唐會要》卷六十四，第1117頁。

[26]《舊唐書》卷七十二，第2566—2570頁。

[27]《舊唐書》卷二，第36頁。

[28]《舊唐書》卷三，第43頁。

[29]《新唐書》卷一百二，中華書局1975年版，第3970頁。

[30]《新唐書·地理志五》："蕭山，緊。本永興，儀鳳二年置，天寶元年更名。"

[31]《唐六典》卷二，第37頁。

[32]《舊唐書》卷七十二，第2570頁。

磨；文擅□□，廊廟階其潤色。"

"金火"或與虞世南生辰有關。"金"屬乾，乾主南，故其名有"南"字。以上數語是對志主之父虞世南的贊語。

"夫人毓彩瓊柯，疏芳桂浦，蹈仁成性，率□□違。識洞朱弦，蔡門慙其敏悟；詞高白雪，謝室讓其 神 聰。"

此四句贊揚志主虞秀姚自小聰慧，識仁義，有出色的音樂與文學天賦。

"□□二八，出嬪蕭氏，養諧中饋，義叶移天。至乃擇鄰誡□，□□貽訓。固已囊 括 孟母，跨 躡 曹妻，加以藝揔羣微，思□玄賾。苑臺夕敞，辯空有於三番；蔗菀晨開，澡心靈於 二 解。笥無珠玉，體□芬華。金石可流，精誠無變。"

此句前兩字已泐，但可知虞秀姚在十六歲時出嫁蕭氏，時在武德九年（626）。是年其父虞世南六十九歲；是年六月戊午，詔遷太子中舍人。[33]

以上數句，贊虞秀姚有相夫教子、營造和諧等諸多優點。這一時期，虞秀姚信佛教甚篤，遂有"辯空有於三番"、"澡心靈於二解"之說。於是，志文又歎其信佛之心，守節之志，"金石可流，精誠無變"。

"以麟德元年六月廿六日遘疾，卒於長安 崇賢 里第，春秋五十有四。即以其月三十日，權殯於長安縣界畢原。"

麟德元年，虞秀姚卒時，距虞世南亡故已有二十六載。以麟德元年（664）上推五十四歲，虞秀姚生於煬帝大業七年（611）。是年，虞世南五十三歲，任隋秘書郎及起居舍人。

"崇賢"之"賢"，上殘，下存"貝"部，釋作"賢"。崇賢里，即崇賢坊，據《增訂唐兩京城坊考》圖錄，崇賢坊位於長安城朱雀門街之西第二街、街西自北向南之第八坊。其東爲崇德，南爲延福，西爲長壽，北爲延康，永安渠自南向北穿過該坊西部。

《增訂唐兩京城坊考》"崇賢坊"下："隋有緣覺、融覺、賢覺三寺，並大業、武德中廢。"又："南門之西，海覺寺。十字街北之西，大覺寺。西門之南，法明尼寺。十字街東之南，崇業尼寺。西南隅，秘書監嗣虢王邕宅。西門之北，黃門監盧懷慎宅、太子少師崔景晊宅。"[34]

按，麟德元年（664）虞秀姚卒於長安城崇賢里。又《唐蕭鍇墓志》載永徽四年（653）蕭鍇卒於"雍州長安縣之歸德鄉義安里"，此"歸德鄉"爲長安城外諸鄉之一，非長安城內"歸德坊"（楊鴻年先生《隋唐兩京坊里譜》有詳細論述）。而且"鄉"的建制級別，要高於"坊"（里）。這就是說，在蕭鍇在世時，他們夫婦定居於長安城郊歸德鄉義安里。在蕭鍇亡故以後，虞秀姚遷居到城內崇賢坊——這大概是爲了方便進出寺院，更多地親近佛門法音。何況崇賢坊有一處適合女性居士修行的"法明尼寺"。

虞秀姚在嫁入蕭門之前，又居住在哪裏呢？筆者爬梳不少史料，未曾發現虞世南在長安的居處。《增訂唐兩京城坊考》卷三"永嘉坊"條下，記"西南隅，申王撝宅"，"宅南，贈禮部尚書、永興公虞世南廟"，下注："廟北近慶宮。及廣宮地，明皇以世南盛德之祠，特敕不許毀廢。"在唐代，永嘉坊從來都是一塊福地，"自武德、貞觀以後，公卿王主居之多於衆坊"。[35]永嘉坊"虞世南廟"也許是虞世南故宅的一部分，在虞世南

[33]《舊唐書·虞世南傳》："太宗升春宮，遷太子中舍人。"又《資治通鑒》卷一百九十一："武德九年六月戊辰，以宇文士及爲太子詹事，長孫無忌、杜如晦爲左庶子，高士廉、房玄齡爲右庶子，尉遲敬德爲左衛率，程知節爲右衛率，虞世南爲中舍人，褚亮爲舍人，姚思廉爲洗馬。"

[34] 李健超《增訂唐兩京城坊考》卷三，三秦出版社2006年版，第213頁。

[35] 同上，第146頁。

去世後，被辟爲祭祀場所。捨宅爲寺廟的做法，在中古頗爲常見。

"長安縣界畢原"，又名畢陌、畢郢原、咸陽原，在今渭水南北兩岸，境域範圍很廣。《讀史方輿紀要》載："畢原，在縣北五里，亦謂之咸陽原。《詩》注：'畢，終南山之道名也。'《書》注：'周公葬於畢原。'南北數十里，東西二三百里，亦謂之畢陌。縣志云：'亦謂之咸陽北阪。漢武又更名爲渭城北阪。'志云：今長安縣西南二十八里有畢原。又云：畢原，在涇陽縣南十里。"[36]其地望，大致在今西安西南，咸陽西北。

"粵以上元三年歲次景子七月乙未朔三日丁酉，合祔於明堂縣少陵原蘭陵公之舊塋。"

"粵"，發語詞，他碑亦作"越"、"聿"、"曰"。

志文"上元三年歲次景子七月乙未朔三日丁酉"，即上元三年（676）農曆七月初三，爲虞秀姚遺骸遷出畢原、合祔於蕭鑒舊塋的時間。"景子"即"丙子"，唐高祖李淵父名昺，唐人兼諱"丙"字，避作"景"。

"明堂縣少陵原蘭陵公舊塋"是蘭陵蕭氏家族墓區，也是永徽四年（653）蕭鑒下葬時的"萬年縣洪固鄉胄貴里"。

乾封三年（668）高宗改元總章，分京師萬年縣置明堂縣。[37]《全唐文》有高宗詔書《置乾封明堂縣制》："其長安縣宜置乾封縣，萬年縣析置明堂縣，並於京城內近南安置。其戶口即於兩縣逐便割隸，應須官寮並公廨等，一事以上，並準長安、萬年兩縣，各令所司處分奏聞。"[38]所以說，麟德元年（664）虞秀姚卒時，尚無明堂縣；至高宗乾封三年（668），分萬年縣置明堂縣；經蕭、虞夫妻合葬的"上元三年（676）"；至長安二年（702）廢明堂入萬年，歷時三十五年。

少陵原，位於滻水、潏水間，漢稱鴻固原。《類編長安志》："少陵原，在今咸寧縣南四十里，南接終南，北至滻水，西屈曲六十里，入長安縣界，即鴻固原也，宣帝許后葬司馬村，冢比杜陵差小，號曰小陵，以杜陵大故也，語訛爲少陵。"[39]《類編長安志》所說的咸寧縣，唐天寶七年由萬年縣改稱。

唐高宗上元三年（676）蕭、虞夫婦合葬時，已距虞秀姚卒亡十二年，距蕭鑒卒亡二十三年。

蘭陵公，即虞秀姚之夫蕭鑒，爵位縣公，從二品，唐制食邑一千五百戶。蕭鑒事蹟，詳見附文《唐蕭鑒墓志釋讀》。

"嗣子朝議郎行晉州冀氏縣令襲蘭陵公憺，對風樹而馳感，慟[冢]泉以增擗。悲回極於昊天，寄徽猷於貞石。"

"朝議郎"，文散官，官階正六品上。

"行"，與唐代結銜常見的"守"，同是官吏任用方式之一。《舊唐書·職官志》："《貞觀令》，以職事高者爲守，職事卑者爲行，仍各帶散位。"[40]唐代采用的是一套文散官與職事官並行的官階系統，一個官員的本品（即文散官品位），經常與其職事官的品階不一致。當其散官銜高於職事官時，曰"行"；散官銜低於職事官時，曰"守"。

"晉州冀氏縣"，今山西安澤縣南冀氏鎮北。據《新唐書·地理三》"晉州"條，冀氏屬中縣。又《唐六典》："諸州中縣，令一人，正七品上。"[41]蕭憺爲散官階正六品上的朝議郎，高於中縣令正七品上，故云"行"。

[36] 顧祖禹《讀史方輿紀要》卷五十三，中華書局 2005 年版，第 2542 頁。

[37]《舊唐書·禮儀志二》："至乾封（二）[三]年二月，詳宜略定，乃下詔曰……於是大赦天下，改元爲總章，分萬年置明堂縣。"

[38] 董浩等《全唐文》卷十一，中華書局 1983 年影印本，第 1 冊，第 139 頁上。

[39] 駱天驤《類編長安志》卷七，中華書局 1990 年版，第 205—206 頁。

[40]《舊唐書》卷四十二，第 1785 頁。

[41]《唐六典》卷三十，第 752 頁。

此"蘭陵公"爲蕭憎，子襲父爵。

"其詞曰：嬀川積水，吳岫騰雲。懷珠襲慶，錫楛楊芬。珪璋遞美，蘭桂交薰。[聲]高宇宙，道盛丘墳。其一。爰挺英淑，克彰柔令。孝悌□裏，溫恭成性。□瘴因果，深明染淨。秋菊題銘，春椒發詠。其二。標梅云及，作嬪君[子]。禮縟溫姬，人高蕭史。潘楊秦晉，□□□美。通[德]之門，高陽之里。其三。良人夙背，夜哭傷哉。神□□□，靈隧還開。青□佇□，白驥徘徊。亏愴[摽悢]，此痛難裁！其四。"

誄銘四節，爲韻文。起始"嬀川積水"，《説文》："嬀，虞舜居嬀汭，因以爲氏。"虞氏以虞舜爲祖，故云"嬀川積水"。"吳岫騰雲"指《史記·吳太伯世家》"太伯之奔荆蠻自號句吳。荆蠻義之，從而歸之千餘家，立爲吳太伯。太伯卒，無子，弟仲雍立，是爲吳仲雍"之事。仲雍即《周本紀》中"虞仲"，有虞姓亦以虞仲爲始祖。

誄銘其一，述虞姓來歷，頌先祖功業；其二，頌志主知孝悌，性溫恭，又好文學書法，深明因果之道；其三，述志主婦德；其四，寄託了生者的哀悼之情。

文中"楊芬"爲"揚芬"，"標梅"爲"摽梅"，爲俗書。"亏"同"于"，亦俗書。

（三）小結

志文涉及人物，連志主共六人：曾祖檢、祖寄、父世南、志主虞秀姚、夫蕭鑒、子憎。

《唐虞秀姚墓志》是虞世南子女出土文獻之首見，可填補初唐時期餘姚虞氏家族，特別是虞世南之後的史料空白，也可幫助我們瞭解這一歷史時期的虞氏宗人徙居、宦遊、姻親狀況，其文獻價值不言而喻。

（《唐虞秀姚墓志》釋文詳見本書第 4 輯《金石文獻彙編》）

萧鉴墓志

《唐蕭鑒墓志》一合，志石高廣 43．5 釐米，志文連標題共 26 行，滿行 26 字，共 660 字，正書。碑石左下泐，可識 625 字。墓志標題"大唐故右衛長史騎都尉蘭陵縣公蕭君墓志銘並序"。蓋失。

志主蕭鑒，蕭璟之子，虞世南之婿，虞秀姚之夫。

（一）補闕

志文記載的蕭鑒生平履歷及職官，可補史闕。

蕭鑒父蕭璟，散見於《北史》、《隋書》及新舊《唐書》。志文載其"隋宕渠太 守"、謚號"康"，又"十有二年，康公薨"，可補史闕。

（二）釋讀

"大唐故右衛長史騎都尉蘭陵縣公蕭君墓志銘並序。"

墓志標題"大唐故右衛長史騎都尉蘭陵縣公蕭君墓志銘並序"，明其職事爲"（太子府）右衛（率府）長史"，勳銜"騎都尉"，爵位"蘭陵縣公"。

"公諱鑒字玄明，南徐州蘭陵郡縣人也。"

蕭公名鑒，字玄明。"南徐州蘭陵郡"爲其郡望。

南朝四姓"王、謝、袁、蕭"，至隋唐僅蕭氏一支獨秀。清人李慈銘評價："唐之世家，自以鄭氏及河東裴氏、京兆韋氏、趙郡李氏、蘭陵蕭氏、博陵崔氏六族爲最。"[1] 以上唐代六大世家，惟蕭氏爲南朝以來著姓。故《新唐書》贊曰："梁蕭氏興江左，實有功在民，厥終無大惡，以寖微而亡，故餘祉及其後裔。自瑀逮遘，凡八葉宰相，名德相望，與唐盛衰。世家之盛，古未有也。"[2]

"殷商□祚既終，享茅社□周室。齊梁之祀云替，列槐棘於聖朝。積德垂慶，蟬聯不絕，可略而言。"

鄭樵《通志》："蕭氏，子姓。杜預曰：'古之蕭國也。'其地即徐州蕭縣是也，後爲宋所併，微子之支孫大心平南宮長萬有功，封於蕭，以爲附庸，宣十二年楚滅之，子孫因以爲氏。"[3] 宋爲子姓，故志稱"殷商"。"商"下疑爲"之"字。

春秋時期，微子之後大心封於蕭，其子孫以國爲氏，故志云"享茅社□周室"。"社"下疑爲"於"字。"茅社"，亦作"苗社"。古時，天子分封諸侯，授茅、土使歸國立社，稱作茅社。

"齊梁之祀云替"，指南朝齊、梁兩朝帝王皆爲蘭陵蕭姓。

"曾祖梁中宗宣皇帝，撥亂反正，紹開中興。"

"曾祖梁中宗宣皇帝"即蕭詧。蕭詧字理孫，梁武帝之孫，昭明太子蕭統第三子。《隋書·蕭巋傳》："父詧，初封岳陽王，鎮襄陽。侯景之亂，其兄河東王譽與其叔父湘東王繹不協，爲繹所害。及繹嗣位，詧稱藩於西魏，乞師請討繹。周太祖以詧爲梁主，遣柱國于謹等率騎五萬襲繹，滅之。詧遂都江陵，有荊郡，其西平州延袤三百里之地，稱皇帝於其國，車服節文一同王者。仍置江陵總管，以兵戍之。"[4] 史稱其國"西梁"，以其稱藩於西魏，別於南朝蕭梁。

《周書·蕭詧傳》載："詧在位八載，年四十四，保定二年二月，薨。其羣臣等葬之

[1] 李慈銘《越縵堂讀書記·史部》之《新唐書》"七月十三日"條，上海書店 2000 年版，第 330 頁。

[2]《新唐書》卷一百一，中華書局 1975 年版，第 3963 頁。

[3] 鄭樵《通志》氏族二，志四五二下，中華書局 1987 年版。

[4]《隋書》卷七十九，中華書局 1973 年版，第 1791—1792 頁。

於平陵，謚曰宣皇帝，廟號中宗。"[5]

"撥亂反正，紹開中興"，蓋粉飾之言。蕭詧以一已私仇，乞魏師攻弒梁元帝蕭繹，顛覆梁朝正統，此舉難言"反正"；事後稱帝於三百里之地，"中興"又何來。

"祖梁世宗明皇帝，化行江漢，道濟荊吳，居戰國之秋，洽隆平之政。"

"祖梁世宗明皇帝"即蕭巋，志主蕭鑒祖父。《隋書·蕭巋傳》："蕭巋字仁遠，梁昭明太子統之孫也……詧薨，巋嗣位，年號天保……巋在位二十三年，年四十四薨，梁之臣子謚曰孝明皇帝，廟號世宗。子琮嗣。"[6]

此數語贊其出色的外交能力。史載北周宇文邕滅北齊，蕭巋親赴長安祝賀，深得宇文邕信任。隋文帝登基，蕭巋再赴長安祝賀。後蕭、楊通婚，蕭巋把女兒嫁給了楊廣，成爲了日後的煬帝皇后。因蕭氏諸王的外交努力，使這一微型小國偏安於南朝末期的政治亂局達百年之久，算得上一個奇跡了。

"父璟，梁臨海王，隨宕渠太守，大唐太府卿、國子祭酒、禮部尚書蘭陵康公，忠孝兼資，道德具美，學窮數象，識洞幾處，朝野之間，室迩人遠。"

"父璟"即蕭璟，蕭巋之子。（見本書第3輯《初唐名臣蕭璟傳略補》）

"公稟靈承祚，聞禮聞詩，符采幼彰，岐嶷早著。始登庠序，即於弘文館學生，敬慎無闕，文史足用。"

"庠序"指啓蒙意義的學校。《孟子·滕文公上》："夏曰校，殷曰序，周曰庠。"此指蕭鑒入弘文館爲學子。

《唐六典》載："補弘文、崇文學生例：皇宗緦麻以上親，皇太后、皇后大功以上親，散官一品、中書門下三品、同中書門下平章事、六尚書、功臣身食實封者，京官職事正三品、供奉官三品子·孫，京官職事從三品、中書·黃門侍郎子，並聽預簡，選性識聰敏充。"[7]蕭璟在武德中即爲黃門侍郎，其子蕭鑒自然已具備了入學弘文館的資格。

貞觀元年（627），弘文館特別招收了一批愛好書法的高官子弟："勅見任京官文武職事五品已上子有性愛學書及有書性者，聽於館內學書，其法書內出。"[8]這一年，共有二十四個學生入館，虞鑒或是其中之一。是時，朝廷派遣了虞世南、歐陽詢等書壇名家，教示學生楷法。對於弘文館學生，政府補貼少量薪俸作爲基本生活保障，待遇似日後國子監生。[9]雖然"弘文館學生"距離真正的仕途還有些距離，卻已有了寒門學子羨慕的清貴出身。

"貞觀八年，以嫡子屬皇孫載誕，授飛騎。"

貞觀八年（634）太子爲李承乾，至十七年廢。《舊唐書·太宗紀上》："武德九年冬十月癸亥，立中山王承乾爲皇太子。"[10]又"太宗即位，爲皇太子。時年八歲，性聰敏，太宗甚愛之"。[11]是年，李承乾十六歲。

此"皇孫"是否李象，未詳。《舊唐書·李承乾傳》："二子象、厥。象官至懷州別駕，厥至鄂州別駕。"[12]《舊唐書·太宗紀下》載貞觀八年"九月丁丑，皇太子來朝"，[13]但未載"來朝"原因。

"飛騎"屬宮廷宿衛。《舊唐書·姜行本傳》："時太宗選趫捷之士，衣五色袍，乘六閑馬，直屯營以充仗內宿衛，名爲'飛騎'，每遊幸，即騎以從，分隸於行本。"[14]但蕭鑒之"飛騎"，似不同於通常的宮廷宿衛，更像臨時設置的"皇孫載誕"儀仗，隸屬於

[5]《周書》卷四十八，中華書局1971年版，第862頁。

[6]《隋書》卷七十九，第1792—1793頁。

[7]《唐六典》卷八，第255頁。

[8] 同上。

[9]《舊唐書·禮儀志》："舊例，兩京國子監生二千餘人，弘文館、崇文館、崇玄館學生，皆廩飼之。"

[10]《舊唐書》卷二，第31頁。

[11]《舊唐書》卷七十六，第2648頁。

[12] 同上，第2649頁。

[13]《舊唐書》卷三，第44頁。

[14]《舊唐書》卷五十九，第2333頁。

"親、勳、翊" 三衛。《舊唐書·職官志》載 "親、勳、翊" 三衛統轄的五軍府，每府置一中郎將，"中郎將領本府之屬以宿衛。左右郎將貳之。若大朝會、巡幸，以鹵簿之法以領其儀仗。"[15]

"飛騎" 有 "親勳翊衛" 之用，故是門資入仕的起點之一。《舊唐書·職官志》載："若以門資入仕，則先授親勳翊衛，六番隨文武簡入選例。又有齋郎、品子、勳官及五等封爵、屯官之屬，亦有番第，許同揀選。"[16]次年，蕭鑒選充 "太穆皇后挽郎"，同 "飛騎" 及上引 "齋郎" 一樣，都是門資入仕的途徑。

"九年，以德門之胤，挺賢良之質，選充太穆皇后挽郎。"

蕭鑒的仕途，是從 "太穆皇后挽郎" 開始的，儘管 "挽郎" 並非真正意義上的職事官。"挽郎" 一詞，按字義，是出殯時的靈柩牽引人。蘇軾《艾子雜說》："挽郎，乃死者之導也。" 關於 "挽郎" 的入仕方式，詳見本書《從〈唐蕭鑒墓志〉管窺 "挽郎" 制度》一文。

"十年，授越王府兵曹參軍。越王以帝子之重，幕府之盛，獲曳長裾，非才莫可。"

"越王府兵曹參軍"，屬親王府，唐制正七品上。就官品來看，解褐以後能有正七品上的職事官，已相當不錯了。蕭鑒在貞觀九年選充太穆皇后挽郎，次年即授越王府兵曹參軍，可算是門資入仕的經典案例。

貞觀十年（636），越王爲李貞。《舊唐書·越王貞傳》："越王貞，太宗第八子也。貞觀五年，封漢王。七年，授徐州都督。十年，改封原王，尋徙封越王，拜揚州都督，賜實封八百戶。十七年，轉相州刺史。"[17]又《舊唐書·太宗紀》："（貞觀）十年春正月癸丑，漢王貞爲越王。"[18]武則天垂拱中，李貞與韓王元嘉等謀劃恢復李唐政權，事敗，李貞服藥亡（見下文《唐虞從道墓志釋讀》）。

"十有二年，康公薨。背公泣血三年，杖而後起，雖外除喪服，而内懷哀疚。"

貞觀十二年（638），蕭璟卒，贈禮部尚書。"康" 是其諡號，史傳不載。

是年夏五月壬申，虞世南亦卒。

"十六年，授太子右虞候率府長史。"

蕭鑒在越王府任兵曹參軍達六年之久（含服喪時間），直到貞觀十六年才轉授太子右虞候率府長史。

"太子右虞候率府"，《唐六典》作 "太子右清道率府"。機構人員除正、副率之外，設置有 "（左右）長史各一人，正七品上"。《唐六典》注："隋文帝置左、右虞候，各開府一人，掌斥候非違，職擬左、右金吾將軍；煬帝改爲左、右虞候率，又各置副率二人。皇朝因之。龍朔二年改爲左、右清道衛，神龍初又爲虞候率府，開元初復爲清道率府。"[19]

貞觀十六年（642），太子仍爲李承乾。次年廢。

"十七年，授驍騎尉，太子右監門率府長史。"

《舊唐書·太宗紀》："（貞觀十七年）夏四月庚辰朔，皇太子有罪，廢爲庶人。漢王元昌、吏部尚書侯君集並坐與連謀，伏誅。丙戌，立晉王治爲皇太子，大赦，賜酺三日。"[20]

蕭鑒以貞觀十六年任太子右虞候率府長史，次年即遭遇了 "承乾案"。唐太宗命諸臣審理李承乾案，蕭鑒叔父蕭瑀也在其中，並於是年四月己丑結案，加 "宋國公蕭瑀太

[15]《舊唐書》卷四十四，第 1899 頁。

[16]《舊唐書》卷四十二，第 1804 頁。

[17]《舊唐書》卷七十六，第 2661 頁。

[18]《舊唐書》卷三，第 46 頁。

[19]《唐六典》卷二十八，第 719 頁。

[20]《舊唐書》卷三，第 55 頁。

子太保"。[21]

貞觀十七年（643）四月丙戌，李治（日後的唐高宗）爲皇太子。蕭鑒被授"驍騎尉"。"驍騎尉"爲勳官，唐制比正六品。這時候，他的"太子右監門率府長史"比原先"太子右虞候率府長史"低了一級，降至了從七品上。

"廿年，襲封蘭陵縣開國公。"

貞觀二十年（646），蕭鑒襲封蘭陵縣開國公。蕭鑒受襲封爵費時八年，不算太長。像李鍊襲封嗣道王，差不多用了二十七年。[22]

"永徽元年，授騎都尉、奉義郎，仍行右監門率府長史。"

永徽（650—655）爲高宗李治第一個年號。李治爲大唐帝國第三位皇帝。蕭鑒仍在太子府，他的職官依舊是從七品上的"右監門率府長史"。接下來的二三年間，太子府無太子，一直等到永徽三年（652），新太子李忠入府。

"騎都尉"爲勳官十二轉之第五轉，比從五品上。這比貞觀十七年之"驍騎尉"，又提高一品。"奉義郎"爲文散官名，隋及唐武德作通議郎，貞觀十一年改奉議郎，官階從六品上。[23]

蕭鑒被授騎都尉、奉議郎，勳官、散官階有所提高，當與前一年高宗李治即位有關。《舊唐書·高宗紀》："六月甲戌朔，皇太子即皇帝位，時年二十二……内外文武賜勳官一級。諸年八十以上資以粟帛。雍州及諸州比年供軍勞役尤甚之處，並給復一年。'"[24]疑蕭鑒"奉議郎"前的散官爲"通直郎"。

"三年，遷承議郎行右衛府長史。"

永徽三年（652），蕭鑒遷承議郎，行右衛府長史。《舊唐書·高宗紀》："秋七月丁巳，立陳王忠爲皇太子，大赦天下，五品已上子爲父後者賜勳一轉，大酺三日。"[25]蕭鑒或因新太子到府，以"奉議郎"升"承議郎"。若按《高宗紀》"五品已上子爲父後者賜勳一轉"，蕭鑒的"騎都尉"將六轉爲"上騎都尉"。

李忠雖高宗長子，卻是庶出，所以他注定命運多舛。李忠的太子身份只保留了六年，至顯慶元年（656），被武則天的兒子李弘所替，被貶梁州，轉而爲房州刺史。至顯慶六年（661）又貶爲庶人，幽禁在前廢太子李承乾流所。

"承議郎"，散官階正六品下。"右衛府長史"全稱"右衛率府長史"，《唐六典》列正七品上，比"右監門率府長史"略高一級。

"惟公事親摽竭力之譽，事君弘致身之道，居職有幹蠱之用，探賾有覿奧之明。加以洞曉釋教，深明因果。見生惡□，□仁者之心；見賢思齊，崇好善之志。皇天輔德，方臻遐壽，降福多□，□殞壯年。"

此數語，對蕭鑒在事親、事君、居職方面進行了褒揚，並提及了蕭鑒在這一時期的佛教信仰。

志文"惡"後字泐，疑"死"字。"仁者"前字疑"有"。

蕭鑒與虞秀姚，有着相同的志趣與愛好——"洞曉釋教，深明因果"。蕭鑒好佛，與其家族信仰傳統有關，唐臨《冥報記》對此有生動描述（見本書第三輯《初唐名臣蕭璟傳略補》）。蕭梁一支，自武帝蕭衍始，即是狂熱的佛教擁躉者。蕭衍在位時，曾在首都建康大興寺院，杜牧詩句"南朝四百八十寺"即與此有關。

[21] 《舊唐書·太宗紀》："（貞觀十七年四月）己丑，加司徒、趙國公長孫無忌太子太師，司空、梁國公房玄齡太子太傅；特進、宋國公蕭瑀太子太保，兵部尚書、英國公李勣爲太子詹事，仍同中書門下三品。"

[22] 《舊唐書·道王元慶傳》："詢子微，神龍初，封爲嗣道王。景龍四年，加銀青光祿大夫。景雲元年，宗正卿，卒。子鍊，開元二十五年，襲封嗣道王。"

[23] 《舊唐書·職官一》："（貞觀）十一年，改令置太師、太傅、太保爲三師……改通議郎爲奉議郎，自餘依舊。"

[24] 《舊唐書》卷四，第66頁。

[25] 《舊唐書》卷四，第70頁。

"以永徽四年歲次壬子二月癸未朔十三日乙未春□□□薨於雍州長安縣之歸德鄉義安里第。"

蕭鑒死於"永徽四年歲次壬子二月癸未朔十三日乙未","春"下疑"秋"字。後數字或刊享年,已泐。參考《唐虞秀姚墓志》,是年虞秀姚四十三歲。

"歸德鄉義安里"爲虞秀姚遷居"崇賢里"之前的居宅,也是與蕭鑒共同生活的居所。唐臨《冥報記》記載的蕭璟故事,也許就發生在這裏。

北宋宋敏求《長安志》載長安縣有五十九鄉。至元代,駱天驤《類編長安志》僅錄長安縣六鄉,蓋是宋代建制。近人武伯綸在出土墓志中爬梳得三十個鄉名,但無"歸德"之名(見其《唐萬年、長安縣鄉里考》,載於《考古學報》1963第2期)。又程義《隋唐長安轄縣鄉里考新補》(《中國歷史地理論叢》第二十一卷第4輯)也未見此鄉里。"歸德鄉義安里"可補此闕。

"臨終遺命幼子,以孝□□□爲先,以恭儉薄葬爲次,其餘無所云也。即以其月廿日壬寅□□□萬年縣洪固鄉胄貴里。式旌休烈,乃作銘云。"

"幼子"不能確定是否爲《唐虞秀姚墓志》中的蕭愔。而虞秀姚要遲至十二年以後才得與蕭鑒合祔,是否與其子尚幼有關?

"萬年縣洪固鄉胄貴里"爲蕭鑒下葬之處。案《唐虞秀姚墓志》"合祔於明堂縣少陵原蘭陵公之舊塋",這兩處葬地似乎有出入。這是因爲蕭鑒下葬的永徽四年(653)尚無明堂縣,直至總章元年(668)從萬年縣析出明堂縣。

萬年縣洪固鄉貴胄里,爲長安城外主要墓葬區域。《唐代墓志彙編》及《續集》多見此名,武伯綸《唐萬年、長安鄉里考》也有詳細論述。

"玉筐乘睍,天命攸在。福善有徵,輔仁無殆。殷周既滅,皇漢是□。□□之胄,聖朝元凱。猗歟才子,承祉降靈。聞詩夤塾,稟德趨庭。若□□寶,忠孝是經。外堂覩奧,探幽洞徵。亦既登朝,鴻漸未翔。逸翮搏□,□衝騁□,□掌在公,逶迤退食。半岳峯摧,中年□息。龜筮既襲,安□□□。□□□□,□野塗□,蒼芒隴日,瑟飀松風,百年已矣。万古方同。"

以上誄銘,首句至"聖朝元凱",爲首節,述蘭陵蕭氏起源,贊揚父祖偉績;"猗歟才子"至"探幽洞徵"爲次節,頌志主才能品德;"亦既登朝"至"中年□息",表達了對蕭鑒中年早逝的惋惜。後文殘缺過甚,不可釋讀,多哀悼套語。

(三) 小結

因志石損泐,志主蕭鑒享年不明。

志文對蕭鑒生平記錄詳盡:蕭鑒早年入學弘文館,授飛騎,這是平民和下級官吏子弟所不能奢望的;隨後選充挽郎,並於次年釋褐"越王府兵曹參軍",亦是非常理想的"門蔭入仕"方式;作爲初唐從三品職事京官的嗣子,他世襲蘭陵縣公;在貞觀十二年以前,蕭鑒身後有太府卿、國子祭酒的父親,秘書監的丈人。

志文涉及人物,共五人:曾祖蕭誉、祖蕭歸、父蕭璟、志主蕭鑒、志主幼子。

墓主蕭鑒,作爲唐代名臣蕭璟嗣子、虞世南之婿,其生平及家族資料可補充歷史文獻之不足,亦可幫助我們瞭解初唐時期虞、蕭家族的姻親狀況。

(《唐蕭鑒墓志》釋文詳見本書第四輯《金石文獻彙編》)

虞逊墓志

《唐虞忞墓志》一合，墓志標題"大唐故中散大夫使持節簡州諸軍事簡州刺史虞公墓志銘並序"。志石高 55 釐米，廣 56 釐米，凡 36 行，滿行 35 字，連標題 1198 字，正書。

志主虞忞，爲隋虞世基之孫，虞熙之子；唐虞世南之侄孫，前文虞秀姚之堂侄。

（一）補闕

補虞世基後裔之闕。《隋書·虞世基傳》載："長子肅，好學多才藝，時人稱有家風。弱冠早沒。肅弟熙，大業末爲符璽郎。次子柔、晦，並宣義郎。"又"及難作，兄弟競請先死，行刑人於是先世基殺之"。[1] 據《唐虞忞墓志》知世基有嫡孫存世，及江都之難，年僅九歲。[2]

補虞熙職官。《隋書》："肅弟熙，大業末爲符璽郎。"《唐虞忞墓志》："父熙，隋歷陽郡功曹，霍邑縣令，符璽郎。"

可修訂《元和姓纂》之"虞姓"條："荔子世南，唐秦府學士、秘書監、永興公；生昶，工部侍郎；生茂世。孫遜，郎中、歷沔州刺史，云荔之後。"[3] 此句多爲後世誤讀，或以爲脫文，或以爲"孫遜"即柳宗元《先君石表陰先友記》中的虞當。[4]

據《唐虞忞墓志》，可廓清《元和姓纂》"虞姓條"："荔子世南，唐秦府學士、秘書監、永興公；（世南）生昶，工部侍郎。（荔）生茂世，（茂世）孫忞，（工部）郎中，歷沔州刺史【誤】，云荔之後。"

（二）釋讀

"大唐故中散大夫使持節簡州諸軍事簡州刺史虞公墓志銘並序。"

墓志標題"大唐故中散大夫使持節簡州諸軍事簡州刺史虞公墓志銘並序"。其結銜之"中散大夫"，散官正五品上；"使持節簡州諸軍事"爲唐代刺史加號慣例，並無實際節度權；[5] "簡州刺史"，職事官下州刺史正四品下。

"公諱忞字叔孫，會稽餘姚人也。"

志文"忞"，俗字多作"遜"，《元和姓纂》亦作"遜"。曾良《隋唐出土墓志研究及整理》專門論及此字。

"賓門演化，登大麓以開虞；匡主立功，崇少康而構夏。盛德無沬，明祀不渝，垂範賁乎千古，象賢照乎百代。"

"賓門演化，登大麓以開虞"。《尚書·舜典》："賓於四門，四門穆穆。納於大麓，烈風雷雨弗迷。"又《史記·五帝本紀》："舜賓於四門，乃流四凶族，遷於四裔，以御螭魅，於是四門辟，言毋凶人也。舜入於大麓，烈風雷雨不迷，堯乃知舜之足授天下。"舜受禪，國號"有虞"，史稱"虞舜"。後世虞氏以舜爲始祖，故用"賓於四門"及"大麓"之典。

"匡主立功，崇少康而構夏"，與有虞族庇護少康，夏代中興傳說有關。《今本竹書紀年》："后緡生少康。既長，爲仍牧正，惎澆，能戒之。澆使椒求之，將至仍，少康逃奔有虞，爲之庖正，以除其害。虞思於是妻之以二姚，而邑諸綸。"故有"匡主立功"和"構夏"之説。

[1]《隋書》卷六十七，第 1574 頁。

[2] 志文作六歲，疑刊誤，詳見下文。

[3] 林寶《元和姓纂》卷二，中華書局 1994 年版，第 228 頁。

[4] 柳宗元《先友記》："虞當，會稽人，爲郭尚父從事，終沔州刺史。以信聞。"

[5]《舊唐書·職官志三》："初，漢代奉使者皆持節，故刺史臨部，皆持節。至魏、晉，刺史任重者，爲使持節都督，輕者爲持節。後魏、北齊，總管、刺史，則加使持節諸軍事，以此爲常。隋開皇三年罷郡，以州統縣，刺史之名存而職廢。而于刺史太守官位中，不落持節之名，至今不改，有名無實也。至德之後，中原用兵，大將爲刺史者，兼治軍旅，遂依天寶邊將故事，加節度使之號，連制數郡。"

"制盤根而緝政，漢表其能；韞精義以入神，吳稱其儁。羽儀聯暎，珪紱相輝，邈彼聲華，獨冠人倫者矣。"

"制盤根而緝政，漢表其能"，指東漢名臣虞詡。虞詡字升卿，東漢陳國武平人。《後漢書・虞詡傳》："故舊皆弔詡曰：'得朝歌何衰！'詡笑曰：'志不求易，事不避難，臣之職也。不遇槃根錯節，何以別利器乎？'"[6]

"韞精義以入神，吳稱其儁"，指三國吳學者虞翻。虞翻字仲翔，會稽餘姚人，吳騎都尉，善《易》。

柳宗元《鳴鶴誄》也提及東漢虞詡和三國吳虞翻："延、詡輔漢，恢定封疆。東徙之賢，時惟仲翔。"[7]以柳氏誄文與《唐虞愻墓志》比較，可以發現兩者對於虞氏先祖的認識相似，都以東漢虞詡爲餘姚虞氏先祖之一，這在《元和姓纂》及其他文獻中都未提及。

志文"紱"，右部作"天"，爲"紱"之別字，秦公《碑別字新編》有録。[8]

"曾祖山根披，梁士林館学士、中書舍人、戎威將軍、散騎常侍、太子中庶子贈侍中，諡德子，孝友忠貞之業，星辰河嶽之精，忝彼鳳闈，有光龍翰。"

志文"山根披"，"根"字衍。《陳書・虞荔傳》："虞荔字山披，會稽餘姚人也。"[9]

"士林館"爲蕭梁學術機構，類似隋世文學館、唐代弘文館。《梁書・武帝紀》："大同七年十二月丙辰，於宮城西立士林館，延集學者。"[10]《陳書・虞荔傳》："梁武帝於城西置士林館，荔乃製碑，奏上，帝命勒之於館，仍用荔爲士林學士。"

"中書舍人"屬中書省，梁制官品第四班，爲虞荔在蕭梁時的官職。《陳書・虞荔傳》："尋爲司文郎，遷通直散騎侍郎，兼中書舍人。"

"戎威將軍"爲雜號將軍。《梁書》無"戎威將軍"，《隋書・百官志》載梁有"威戎將軍"，《陳書》載周炅在南陳初期曾授此軍號。[11]虞荔本傳亦無"戎威將軍"經歷。又，《陳書・虞寄傳》記載："侯景之亂，寄隨兄荔入臺，除鎮南湘東王諮議參軍，加貞威將軍……承聖元年，除和戎將軍、中書侍郎。"[12]虞荔之"戎威將軍"或後人誤記，或史書失載。

"散騎常侍"屬中書省，陳制官品第三，爲虞荔在南朝陳時的官職。據虞荔本傳，蕭梁時曾"遷通直散騎侍郎，兼中書舍人"，不見南朝陳有"散騎常侍"經歷。

"太子中庶子"爲太子屬官，陳制官品第四，禄秩二千石，爲虞荔在南朝陳時的官職。《陳書・虞荔傳》："高祖崩，文帝嗣位，除太子中庶子，仍侍太子讀書。"陳武帝崩於永定三年六月丙午，文帝遂即位，疑虞荔於此時或稍後"除太子中庶子"。又，陳制散騎常侍官品第三，而太子中庶子官品第四，疑志文"散騎常侍"爲"通直散騎侍郎"（官品第五）之誤。

"侍中"爲卒後贈銜，陳制官品第三，"德子"爲諡號。《陳書・虞荔傳》："天嘉二年卒，時年五十九。文帝甚傷惜之，贈侍中，諡曰德子。"

"孝友忠貞之業，星辰河嶽之精。忝彼鳳闈，有光龍翰"爲贊語，也是虞荔一生概括。

"祖基，陳尚書左丞，隋内史舍人、内史侍郎、金紫光禄大夫，器斯萬夫之傑，文爲九變之宗，思動高飆，氣清雄偉。漢歷方謝，廊廟求荀爽之材；晉德已衰，社稷豈張華

[6]《後漢書》卷五十八，第1867頁。

[7]《柳宗元集》卷十一，中華書局1979年版，第284頁。

[8]秦公輯《碑別字新編》，文物出版社1985年版，第179頁。

[9]《陳書》卷十九，第256頁。

[10]《梁書》卷三，第87頁。

[11]《陳書・周炅傳》："世祖釋炅，授戎威將軍、定州刺史，帶西陽、武昌二郡太守。"

[12]《陳書》卷十九，第258—259頁。

之寄?"

"祖基"即虞世基,避太宗諱作"基",例"虞世南"避諱作"虞南"。《隋書·虞世基傳》:"虞世基字茂世,會稽餘姚人也。父荔,陳太子中庶子。世基幼沉靜,喜慍不形於色,博學有高才,兼善草隸……宇文化及殺逆也,世基乃見害焉。"[13]

"陳尚書左丞"屬尚書省,陳制官品第四,禄秩六百石,爲虞世基在南朝陳時的官職。《隋書·虞世基傳》:"仕陳,釋褐建安王法曹參軍事,歷祠部殿中二曹郎、太子中舍人。遷中庶子、散騎常侍、尚書左丞。"尚書左丞爲虞世基在南朝陳時的最後一個官職。

"隋内史舍人"屬内史省,隋制正六品,爲虞世基在隋朝時的官職。《隋書·虞世基傳》:"及陳滅歸國,爲通直郎,直内史省。貧無産業,每傭書養親,怏怏不平。嘗爲五言詩以見意,情理悽切,世以爲工,作者莫不吟詠。未幾,拜内史舍人。"

"内史侍郎"亦屬内史省,隋制正四品。《隋書·虞世基傳》:"煬帝即位,顧遇彌隆……俄遷内史侍郎,以母憂去職,哀毀骨立。"

"金紫光禄大夫"散官名,隋文帝時從二品,煬帝降爲正三品。《隋書·虞世基傳》:"遼東之役,進位金紫光禄大夫。"

"器廼萬夫之傑"至"張華之寄"屬贊語,並引"荀爽"、"張華"典故。志文把虞世基的才華與荀爽並論,又把虞世基的命運和張華等同了起來,有較爲明顯的美化意圖。這兩句可看作對虞世基一生功過的辯解。

"父熙,隋歷陽郡功曹、霍邑縣令、符璽郎。德祖名公之胤,泰初人望之先,國既麟趾俱傾,家亦鳳巢同覆,瞰室之灾靡救,鑿楹之訓有歸。"

"父熙"即虞世基子虞熙。《隋書·虞世基傳》:"長子肅,好學多才藝,時人稱有家風。弱冠早没。肅弟熙,大業末爲符璽郎。次子柔、晦,並宣義郎。"《隋書·李文博傳》:"初,文博在内校書,虞世基子亦在其内,盛飾容服,而未有所卻。文博因從容問之年紀,答云:'十八。'文博乃謂之曰:'昔賈誼當此之年,議論何事?君今徒事儀容,故何爲者!'"[14]疑此"虞世基子"即虞熙。

"歷陽郡功曹",隋制爲流内官,視正九品。歷陽,在今安徽和縣。

"霍邑縣令",唐制霍邑上縣,隋制上縣令爲從六品。隋縣令亦分上、中、下三等,與唐代區別較多,其《地理志》於諸縣等級不明。隋制上縣令從六品,中縣令從七品,下縣令正八品。

"符璽郎"屬門下省,隋制官品從六品,屬職事官(其弟柔、晦之"宣義郎"爲散職)。隋大業前作"符璽監"。煬帝即位"改符璽監爲郎,置員二人,爲從六品"。[15]

《隋書·虞世基傳》描述了虞熙的最後時刻:"化及將亂之夕,宗人虞伋知而告熙曰:'事勢以然,吾將濟卿南渡,且得免禍,同死何益!'熙謂伋曰:'棄父背君,求生何地?感尊之懷,自此訣矣。'及難作,兄弟競請先死,行刑人於是先世基殺之。"

"公希代生德,非常誕粹。搏風逸翰,託彼樊林之餘;照廡奇姿,迥出炎崐之燼。年甫六歲,遽嬰家禍。至性之威,事切人祇,苴枲之哀,老成斯屬。明以居用,靈臺爲照,物之區智,以乘機神府,開濟時之略。鈎深源於意遠,博期識於自然,提領摽强學之資,體要踐多能之地。納緗墳於遠度,不以志業高人;包雅頌於玄闕,不以英奇累物。激揚

[13]《隋書》卷六十七,第1569—1574頁。

[14]《隋書》卷五十八,第1432頁。

[15]《隋書》卷二十八,第795頁。

黼藻，振動宮商。翰以爲林，蟠木跨三千之境；藝亦成圃，雲夢開九百之田。有正始之音，有建安之律。苗賁皇漢南餘彥，價重汾川；陸士衡江左遺材，聲雄海甸。先達光其聞望，後進仰其風徽，台衡之器有憑，端揆之圖何遠？"

以上志主贊語，爲敍述志主生平作鋪墊。

"年甫六歲"恐誤。案下文"以儀鳳四年（679）三月廿六日，終於公館，春秋七十"，其生年爲隋大業六年（610）。至大業十四年（618）江都之亂，志主九歲。"六"、"九"形近，恐是書誤。

"苗賁皇"與"陸士衡"屬對文。"苗賁皇"春秋楚國人，晉國八良臣之一；"陸士衡"即陸機，吳亡入晉，被譽"太康之英"。兩者都生於南方，仕於北方。

"貞觀七年，奉勅以忠孝兼著令直秘書省著作局。芸閣不刊之奧，瞬息稽疑；蓬山未辨之文，一言咸暢。"

貞觀七年（633），虞愻以"忠孝兼著"進入秘書省著作局。此或唐代制科之一。制科又稱制舉，《新唐書·選舉志上》："其天子自詔者曰制舉，所以待非常之才焉。"[16] 又《封氏聞見記·制科》："國朝於常舉取人之外，又有制科，搜揚拔擢，名目甚衆。"[17]

制科之科目衆多，徐松《登科記考》："《困學紀聞》云：'唐制舉之名多至八十有六，凡七十六科。'《玉海》亦言：'自志烈秋霜而下凡五十九科，自顯慶三年至大和二年，及第者二百七十人。'今以《舊唐書》、《唐會要》、《册府元龜》、《文苑英華》、《雲麓漫鈔》諸書參考之，其設科之名已無慮百數……科目之名遺佚者多矣。"[18]

今人吳宗國在《唐代科舉制度研究》對制舉之後的官職授受，這樣歸納："制舉及第，原本沒有出身和官職的，多授以從九品下階或上階的縣尉……亦有授正九品下階的秘書省正字、太子校書的。"又"按照唐朝的敍階之法，進士甲第，從九品上敍階，乙第降一等。而在具體執行時，進士唯有乙第，故一般均由從九品下敍。而制科出身者，成績稍佳即可由從九品上敍，成績好的還可由正九品下敍，起家即可比進士高兩階"。[19]

由於行文不明，我們也可以把"忠孝兼著"看作"舉薦"理由。唐初人才選拔，主要還是着眼於"舉薦"，如武德五年（622）三月曾下詔舉人："京官五品已上，及諸州總管刺史，各舉一人。其有志行可録，才用未申，亦許聽自己具陳藝能，當加顯擢，授以不次。"[20]《貞觀政要》及《唐大詔令集》也收録了貞觀時期太宗要求大臣和地方舉薦賢才的詔令。

"秘書省著作局"爲唐代學術機構。虞愻入職著作局，大概是正九品上的校書或正九品下的正字，屬相當清要的釋褐官。案，貞觀七年正月，虞世南"轉秘書監，賜爵永興縣子"。虞愻進入秘書省著作局時，秘書省長官即叔祖虞世南。

關於虞世基和虞世南，有一件舊事值得重提。《舊唐書·虞世南傳》："及至隋滅，宇文化及弒逆之際，世基爲内史侍郎，將被誅，世南抱持號泣，請以身代，化及不納，因哀毁骨立，時人稱焉。"[21] 從中，我們可以聯想到虞愻一生如何坦蕩，與他的叔祖虞世南不無關係。而從虞世南的角度去看待，虞愻是他兄長的唯一血脈（從現有文獻來看）。

兄弟友愛，是這一個家族的傳統美德。如虞荔因弟弟虞寄無子，把世南過繼給了虞寄，而虞寄給世南取字"伯施"。在儒學的諸多觀念中，"孝悌"是社會對一個普通人進行道德判斷的首要條件，"悌"的重要性僅次於"孝"。"悌"之兄弟友愛，是每一個讀

[16]《新唐書》卷三十四，第1159頁。

[17] 封演《封氏聞見記》卷三，中華書局2005年版，第18頁。

[18] 徐松《登科記考》凡例，中華書局1984年版，第6頁。

[19] 吳宗國《唐代科舉制度研究》第四章《制舉》，北京大學出版社2010年版，第81頁。

[20]《唐會要》卷二十六，第490頁。

[21]《舊唐書》卷七十二，第2566頁。

書人甚至是每一個士宦家族要求自己必須嚴格實踐的行爲准則之一。

"芸閣"、"蓬山"皆秘書省別稱。《舊唐書·劉子玄傳》："蓬山之下，良直差肩；芸閣之中，英奇接武。"

"遷右衛率府録事參軍，又轉左監門率府長史，智劾惟允，官次有功。"

"右衛率府録事參軍"爲太子掾屬，唐制從八品上，職事官。唐代太子、親王及府州一級曹、司參軍，常被合稱"判司"，通常是士人釋褐後的第二、三任官。《舊唐書》中以秘書省正字遷官爲判司者有兩例：王無競"歷秘書省正字，轉右武衛倉曹、洛陽縣尉"；[22] 吳通玄"幼應神童舉，釋褐秘書正字、左驍衛兵曹、大理評事"。[23] "左監門率府長史"亦太子掾屬，唐制從七品上，職事官。

唐代以校書或正書遷"右衛率府録事參軍"，被認爲是相當理想的遷轉模式。這裏所説的"理想"，一是太子諸率府掾屬，唐代都屬清官之流，爲日後遷轉省部級高官的階梯；二是虞惷第三任官，即得從七品上，每一次遷轉都高於原先官品，並保持了"清官"特色；三、當虞惷"又轉左監門率府長史"時，差不多接近中層文官行列了。

以唐代官員平均任期四年計，[24] 虞世南去世那年，虞惷或在太子府任右衛率府録事參軍。

"遷趙州司功參軍，又遷荆州兵曹參軍。趙國寶之地，務實殷繁，荆人玉璞之鄉，俗多趍競，揮毫察訟，咸各有神。"

"趙州司功參軍"，爲州刺史屬官，唐制以上、中州分別爲從七品下、正八品下，下州不設"司功參軍"。據《新唐書·地理志三》，趙州爲望郡，《唐六典》定爲從七品下。

"荆州兵曹參軍"，爲都督府都督屬官，唐制以大、中、下都督分別爲正七品下、從七品上和從七品下。《舊唐書·地理志二》："荆州江陵府……（貞觀）二年，降爲都督府，惟督前七州而已……龍朔二年，升爲大都督，督硤、岳、復、郢四州。"[25] 以唐代官員任期四年計，虞惷"遷荆州兵曹參軍"約在龍朔二年前，時荆州未升至"大都督府"，其兵曹參軍爲從七品下階，同上州司功參軍。

虞惷以從七品上左監門率府長史，遷官從七品下州司功參軍，似乎不太順妥。賴瑞和先生這句話，可解釋這個異常："衛率府的各判司仍屬下層職位，常用作釋褐官。州府的各判司大體卻稍高一等，雖有時用作釋褐官，但多爲士人遷轉的再任官。"[26] 又"判司則一般只有京城衛府和太子率府的判司才用作釋褐官。州府的判司有些達到七品，一般不用作初任官，多用作士人的遷轉官。"[27]

也就是説，虞惷的州府判司稍高一等，已不同先前太子率府判司。更主要一點，是太子率府官職的設置，其文官性質的"率"及"副率"爲正四品上及從四品上，往下只有從七品上或正七品上的長史了，中間沒有合適過渡。所以，太子率府只適合在釋褐或釋褐後的早期遷轉，一般升至七品以後，就需要跳出太子率府，以獲得更大遷轉空間了。

"趙國寶之地"或脱"邑"字，此句與下"荆人玉璞之鄉"當屬對文。

"累遷詹事丞、恒州司馬、幽州長史，又遷奉輦大夫、尚書工部郎中，入便侍輦，出則題輿。司會俟材，載虛清覽之觀；禮闈塡務，大啓文昌之宮。惟帝其難，惟賢是擇，乾心有睠，博訪時英。"

"詹事丞"，屬東宮詹事府，唐制官品正六品上職事官。

[22]《舊唐書》卷一百九十中，第5026頁。

[23]《舊唐書》卷一百九十下，第5057頁。

[24]《資治通鑒》卷二百一："凡居官以年爲考，六品以下，四考爲滿。"

[25]《舊唐書》卷三十九，第1552頁。

[26] 賴瑞和《唐代基層文官》第四章，中華書局2008年版，第178頁。

[27] 同上，第202頁。

“恒州司馬”，爲州刺史之上佐，從五品下職事官。

“幽州長史”，爲州刺史之上佐，從五品上職事官。

“奉輦大夫”，屬殿中省尚輦局，唐制從五品上職事官。《唐六典》：“尚輦局：奉御二人，從五品上。”其注：“煬帝置殿内省尚輦局奉御二人，正五品。皇朝因之，龍朔二年改爲奉輦大夫，咸亨元年復舊。”[28]故虞愻遷奉輦大夫在龍朔二年（662）以後，但不晚於咸亨元年（670）。

“尚書工部郎中”屬尚書省，唐制從五品上職事官。工部尚書下轄工部、屯田、虞部、水部四部。《唐六典》“郎中”下注：“武德三年改爲工部郎中，龍朔二年改爲司平大夫，咸亨元年復爲工部郎中。”[29]虞愻遷工部郎中，當在咸亨元年後。

虞愻以從七品上荆州兵曹參軍，直遷正六品上的詹事丞，有些匪夷所思，這中間應有若干次遷轉被省略了。他以州府判司回遷京官，官階至少與正六品上相當，甚至高於正六品上。志文在“詹事丞”之前，強調了“累遷”這個詞，大概省略了荆州兵曹參軍之後無關緊要的幾次任官。

志文對於虞愻的生平職官，敘述清晰。他在基層文官的經歷：以校書郎或正字的身份“直秘書省著作局”，既而“遷右衛率府録事參軍，又轉左監門率府長史”，“遷趙州司功參軍，又遷荆州兵曹參軍”。

在“累遷”以後，虞愻躋身唐代中層文官之列了，即“詹事丞、恒州司馬、幽州長史，又遷奉輦大夫，尚書工部郎中”。

“公即偉材，允膺明試，含香所寄，朝聽攸歸，露冕百城，是稱邦牧，建旗千里，必在惟良是用。授公陳州刺史，遷澤州刺史，甿俗難化，歷代罕工，刑政易舛，其來自昔。公虛舟獨運，革弊於無累之心，靈策潛通，息訟於未萌之際，三藩具理，頻聞帝心。”

“陳州刺史”和“澤州刺史”，唐制上州刺史，從三品。在唐代，以郎中出爲刺史，或以刺史入爲郎中的現象非常普遍。賴瑞和先生說：

> 據孫國棟的研究，唐代有十一位刺史入爲員外郎，三十四位刺史入爲郎中，而從員外郎出爲刺史者則多達五十位，從郎中出爲刺史的也高達四十五位。這是孫氏單就兩《唐書》資料所得的研究結果。劉詩平後來擴大研究範圍，除了兩《唐書》之外，還利用石刻和其他材料，得出的統計是：唐前期有二十八位郎中出爲刺史，五位刺史入爲郎中；唐後期則有九十四位郎中出爲刺史，五十五位刺史入爲郎中……從這些數字看，郎官出爲刺史的案例，遠多於刺史入爲郎官。[30]

志主虞愻，便是郎中出爲刺史大軍中的一員。當他從工部郎中遷往陳州刺史時，看似官品上升了，但就唐人所看重的官本清濁而言，反而下降了。

所以說，以郎官出爲刺史，大多是不情願的。畢竟好的州府就那麽幾個，一旦外放，其中風險難以控制。如果運氣不好，落腳到下州，就是官階虛胖，永無出頭之日。就像賴瑞和先生說的：“唐代任官不能單看官品，這裏又是一個好例子，因爲外州刺史不乏入朝爲員外郎或郎中的實例。若單從官品看，他們入朝等於是降級。但唐代刺史入爲郎官卻不是貶或左遷，反而是升遷或正常的遷轉……‘貶’幾乎都指從朝中出爲外地州縣官，特別是偏遠小州的刺史、司馬或縣尉等。”[31]白居易有《初除尚書郎脫刺史緋》詩，書寫他以忠州刺史入爲司門員外郎的狂喜，很能説明這種情況。

[28]《唐六典》卷第十一，第331頁。

[29]《唐六典》卷七，第216頁。

[30] 賴瑞和《唐代中層文官》第三章第六節《郎官和刺史》，中華書局2011年版，第153頁。

[31] 同上。

"遷簡州刺史，途系赤里之街，壤對白華之水，程羅僭溢，卓鄭兼併，纔及下車，擁豪斂跡。"

簡州，新《唐志》明確標以"下州"。唐制下州刺史，正四品下。儘管在唐代版圖上，簡州算不得最荒遠的州府，但就其陳州、澤州刺史的經歷，似乎距離帝國中心越來越遠了。

理想一點的遷轉路線，是在陳州刺史之後，像白居易那樣返京入郎，以年資勞功，漸漸地磨到四品上下的京城職事。運氣好些，甚至像他叔祖虞世南那樣以三品京官致仕，這也是諸多刺史們的人生理想。

"穎川循吏，未登朝宰之榮；京兆神途，奄絕人間之事。殲良遂往，何痛如之。以儀鳳四年三月廿六日終于公館，春秋七十。詔賜物卌，叚令州司爲造靈轝，家口並給，傳乘發遣。隨軒之鷹，指歸路以迴翔；舞塋之鶴，對荒郊以鳴慕。"

儀鳳四年（679）三月二十六日，虞孨卒於簡州陽安之公館，春秋七十。是年六月，改元調露。

《舊唐書·職官志二》："年七十已上，應致仕，若齒力未衰，亦聽釐務。"[32] 儀鳳四年時，虞孨已到退休年齡，不及致仕，就在他鄉病故了。

貞觀七年，虞孨釋褐爲秘書省著作局的校書郎或正字，時年二十四歲。至儀鳳四年，有記載的總共有十三任官職。以唐代官員平均任期四年計，約五十二年。兩者相加，已過其"春秋七十"。可以看到，虞孨仕途遷轉的節奏緊湊，幾乎沒甚麽守選（候官）時間。

志主一生結銜是"中散大夫使持節簡州諸軍事簡州刺史"。"中散大夫"爲虞孨生前最高散官階，正五品上，低於下州刺史的正四品下。這與前文蕭鑒的結銜相反，虞孨的散官階低於職事官，這個現象可稱之爲"守"。

"詔賜物卌"，屬朝廷對官員死後贈賻。《通典·凶禮八》："大唐制，諸職事官薨卒……三品物百段，粟百石；正四品物七十段，粟七十石；從四品物六十段，粟六十石；正五品物五十段，粟五十石；從五品物四十段，粟四十石。"並注："行者守從高。"[33]

如此看來，朝廷對待虞孨的贈賻，放到了從五品的位置，低於下州刺史的正四品下。這是虞孨卒亡時，已達致仕年齡，而使贈賻減半了？還是《通典》所載唐制爲中晚唐所有？《唐代墓志續編》錄《大唐故沙州刺史李府君墓志銘並序》："以長安四年七月十日卒於沙州刺史之官舍，春秋六十有三。恩敕賜物一百段、粟一百石，靈柩還京所須官給。"[34] 時距虞孨卒年不過三十餘歲，其贈賻及粟數量，符合《通典》所載唐制三品官員。我想，贈賻制度之實施時間並非問題所在。

最有可能的情況，是虞孨在到達致仕年齡以後，上表致仕，未及朝廷回復，卒於官舍；另一方面，朝廷同意了他的致仕請求，並遣使送文，但信使未達。故朝廷日後以致仕官的待遇贈賻，即唐制"五品以上，給半"，按"賜物四十"，可折爲正四品官階。

"以永淳元年十月廿六日，遷厝于邙山之北原，禮也。夫人吳興沈氏，同歸祔於使君之塋。嗣子思貞等，嬰集慕而崩心，懷匭我而殞魂。方慟裂於泉壤，幾攀號於窀穸。痛羇旅之窮阡，思故鄉之遠陌。松楸搖響，柳軒迴跡。山含秋而樹黃，野乘朝而霜白。懼葭莩之遄從，畏桑田之屢易。圖盛烈與英風，並紛綸於幽石。其銘曰。"

[32]《舊唐書》卷四十三，第 1820 頁。

[33]《通典》卷十六，第 2333 頁。

[34]《唐代墓志續編》神龍002，《大唐故沙州刺史李府君墓志銘並序》，上海古籍出版社 2001 年版，第 407 頁。

永淳元年（682）十月，距虞恩去世三年。

"思貞"爲虞恩嗣子。又《唐張夫人虞氏墓誌》中有"考敏，皇濟州平陰縣令"，此虞敏亦是虞恩之子。不知兩人是否爲同一人，即虞敏字思貞？

"邈矣姚丘，神圖叶帝。道全虞國，功匡夏裔。益地無滅，鈞天有契。藹藹昌輝，綿綿遠系。明德之祀，代有英人。三爻誕粹，七輝窮神。惟祖惟考，榮高搢紳。降靈汲屬，家聲有鄰。橐器惟明，鉤深則妙。宅心惟遠，乘機則照。聲實載融，志業兼劭，材包衆草，理該羣要。藝優楊歷，道茂登朝。躍鱗溟海，憖翰扶搖。化化漸方牧，譽動天曹。亭亭峻峙，奕奕孤標。千月不留，四選交謝。人事紛糺，生涯戀化。木落高秋，舟沈厚夜。縞馴方遠，素軒俄駕。落照蒼茫，平蕪超忽。野煙伍舉，山雲出没。鳥思臨風，松悲對月。激揚終古，聲方靡歇。"

以上誄文，按韻可分六個部分：一、"邈矣姚丘"至"綿綿遠系"，敘虞姓及先祖之來歷；二、"明德之祀"至"家聲有鄰"，述説餘姚虞氏代有英人，贊祖考之光榮；三、"橐器惟明"至"理該羣要"，贊頌志主材質、品德；四、"藝優楊歷"至"奕奕孤標"，贊頌志主生前功績；五、"千月不留"至"素軒俄駕"，描摹遷葬情形；六、末四句，情景互補，感歎人間蒼茫，爲誄文慣用。

誄文"化化漸方牧"，一"化"字衍。

（三）小結

墓主虞恩，見於《元和姓纂》，其父、祖都能在史籍得到落實。據志文，虞恩一族定居東都洛陽，虞恩卒後葬於洛陽邙山。

志文涉及人物，連志主共六人：曾祖荔、祖世基、父熙、志主虞恩、夫人吳興沈氏、子思貞。其世系描述完整。

《唐虞恩墓誌》是虞世基後嗣資料之首見，有助於我們弄清《元和姓纂》"虞氏條"中存在的問題，並彌補我們對於虞世基一脈的認識不足。

（《唐虞恩墓誌》釋文詳見本書第四輯《金石文獻彙編》）

虞希喬墓志

虞希喬墓志

《唐虞希喬墓志》一合，碑體通高 50 釐米，瓷質。碑額有穿，穿孔左右有"虞君墓記"四字。志文凡 12 行，滿行 10 字，加碑額共 124 字，行書。下有青瓷龜趺，碑體插於龜趺，形式較少見。碑今藏浙江博物館，爲民間徵集所得，相傳碑志出土於紹興。

志主虞希喬，爲虞哲之孫，與虞照乘（見下文《唐虞照乘墓志釋讀》）爲父子或叔侄關係。

（一）釋文

整通志文僅一百二十字，不作逐條釋讀。釋文如下：

碑額：虞君丨墓記

志文：大唐故會稽虞君志銘。府丨君諱希喬，字抱陪，餘。北郡丨刺史。祖哲，醴陵。會稽之西，丨惟緒玉食錦衣盈臨體鞠丨躬爭肅勤承履，英豪颯爽，丨嶽孕靈，允膺侍奉，悉理之丨烈。夔州長史譙公，許青緣丨息女，願執箕箒，曾未兼顧。丨戲！以證聖元年六月三日丨亡。昔在弱齡，好尚泉石，赴丨於詠歌，平生樂稽秦宛如丨《集》五卷行於代。泉扃一明。丨

志文標題"大唐故會稽虞君志銘"。首行末字"府"，屬下句，甚怪異。一般來説，志文標題單獨首行。

"府君諱希喬，字抱陪，餘"。"喬"字形近"高"，例同《隋段模墓志》。"餘"字當不屬下句"北郡刺史"。《唐虞照乘墓志》："君諱照乘，字賓輝，餘姚人也。"或缺"姚人也"三字。

"北郡刺史"在"祖哲"之前。"北郡刺史"或指其曾祖虞荷職官。《唐虞照乘墓志》："祖荷，銀青光禄大夫、綿州刺史。"兩《唐書》有"濟北郡"而無"北郡"。據史籍與出土文獻記録，虞荷在隋任上谷太守，[1] 在唐爲綿州刺史。

"祖哲，醴陵"後闕"縣令"兩字。《唐虞照乘墓志》："父哲，通議大夫，醴陵縣令。"志文載"祖"而不載"父"，文法有失體統。

"會稽之西，惟緒玉食錦衣盈臨體鞠躬爭肅勤承履，英豪颯爽，嶽孕靈，允膺侍奉，悉理之烈"。"會稽之西"可理解爲"會稽西郊"，或"會稽之西虞"。[2] 以上文義多不通，難以句讀。其中"嶽孕靈"當有脱文。

"青緣息女"爲同義連用。"願執箕箒，曾未兼顧"當指虞、譙兩家已有媒妁之言，卻未行婚禮。

"戲！以證聖元年六月三日亡"，志主虞希喬卒年爲證聖元年（695）六月三日，時在則天朝。是年九月，改元天册萬歲。

"昔在弱齡，好尚泉石，赴于詠歌，平生樂稽秦宛如《集》五卷行於代"，説志主生前不求功名，與二三詩友徜徉泉石之間，生前有五卷作品行於世。"秦宛如"前後或有脱文，未詳。《全唐詩》有"虞世南"、"虞有賢"、"虞羽客"、"虞構"、"虞皋"等，未見"虞希喬"。

[1] 《隋書·煬帝紀》："（大業九年九月）甲午，車駕次上谷，以供費不給，上大怒，免太守虞荷等官。"

[2] 《水經注·沔水下》："江水又逕官倉，倉即日南太守虞國舊宅，號曰西虞，以其兄光居縣東故也。"

（二）志主身份猜測

志文"祖哲，醴陵"。《唐虞照乘墓志》："父哲，通議大夫，醴陵縣令。"又"嗣子希莊、光寓等，煢煢靡託，了然在疚。"虞照乘、虞希喬之間，爲父子或叔侄的關係。而虞希喬、虞希莊，字行一致，當是兄弟或從兄弟關係。

志文語句零亂，不堪卒讀，疑其不是出土原物，其中迷團待日後有識之士去揭開了。

大唐故安州雲夢縣令虞府君墓誌

君諱昭乘字賓輝餘昭俗祖荷銀青光禄大夫綿州刺史父怙通謙大夫體才世城令也高門景族庶史人也量天資雄韓長城丞廉靖州司戶雲夢令雄君雄行事無可擇解褐英賢令雄人字物明之若睿惟言與行事無可擇解褐台州司法轉長史規孝親韓武英賢令雄君葭歸來超然外物天終於代里第委運奚言以景龍三年十二月九日終於代里第春秋六十有二是夫人河間劉武州刺史玄暉之女以景雲則禮訓成偕老遂征卹羅先逝粵以景雲年咸次庚戌十一月戊申朔十九日同遷空於山山禮也棺周於身壤而於櫚嗣子希庄光窆等煢煢靡託子然在茲敢遵遺訓刊阮注於泉扃外墓有碣

虞照乘墓志（局部）

《唐虞照乘墓志》一合，墓志標題"大唐故安州雲夢縣令虞府君墓志"。志石高 38 釐米，廣 39 釐米，凡 17 行，滿行 17 字，連標題 249 字，正書。該志爲瓷質，傳出土於紹興。

志主虞照乘，生於貞觀末，卒於景龍。其祖虞荷，見《隋書·煬帝紀》、嘉泰《會稽志》所録《虞荷碑》，並見於《唐虞從道墓志》（見下文）；父虞哲，見《唐虞希喬墓志》（見前文）。

（一）釋讀

"大唐故安州雲夢縣令虞府君墓志。"

墓志標題"大唐故安州雲夢縣令虞府君墓志"，標題及志文没有志主散官銜記載，僅標注生前職事官爲雲夢縣令。

"君諱照乘字賓輝，餘姚人也。"

志主虞照乘，字賓輝。"餘姚人"爲籍貫，同前《唐虞秀姚墓志》及《唐虞愻墓志》。

"高門景族，歷史昭備。祖荷，銀青光禄大夫、綿州刺史。"

"祖荷"即虞荷，見《隋書·煬帝紀》："（大業九年九月）甲午，車駕次上谷，以供費不給，上大怒，免太守虞荷等官。"[1] 又見《唐虞從道墓志》："儀同生太中大夫綿州刺史荷。"又見嘉泰《會稽志》："虞荷碑，永興公世南撰，釋某書。貞觀六年大中大夫致仕，其年卒於會稽。石不存。"[2] 虞荷仕於隋，爲上谷太守，以供費不給免官。入唐，爲綿州刺史。

"銀青光禄大夫"，唐從三品散官階。嘉泰《會稽志》作"貞觀六年大中大夫致仕"，《唐虞從道墓志》作"太中大夫綿州刺史荷"。惟《唐虞照乘墓志》作"銀青光禄大夫"，或卒後贈銜。

"綿州刺史"與《唐虞從道墓志》合。唐制，上州刺史爲從三品，以"銀青光禄大夫"爲卒後贈銜也在情理中。

虞荷生年不詳，按上引《會稽志》，其卒於貞觀六年，虞世南撰文或也在此年。

"父哲，通議大夫、醴陵縣令，忠規孝範，踵武英賢。"

"父哲"即虞哲。《唐虞從道墓志》："儀同生太中大夫綿州刺史荷，荷生廊州長史玄操。"知虞荷有虞哲和虞玄操兩子。

"通議大夫"，唐散官階，正四品下。

"醴陵縣令"爲虞哲生前職官。醴陵縣，屬潭州長沙郡，其縣令爲正第七品上階。

"雅量天資，雄才世著，惟言與行，事無可擇。解褐台州司法，轉長城丞，歷滑州司户、雲夢令。莅人字物，明之若神，晏默敦謹，尋之罕際。"

"解褐台州司法（參軍）"，意味着"台州司法（參軍）"爲虞照乘的釋褐官。台州屬江南東道，上州"司法（參軍事）"從七品下。唐代州府司法（參軍）的職責是掌律、令、格式，鞠獄定刑，督捕盜賊，糾逖姦非。此類各司、曹的參軍，唐代通稱爲"判司"。一般來説，州府判司不是士人釋褐之官，而是第二任甚至第三任官。所以，志文對

[1]《隋書》卷四，第 85 頁。

[2] 嘉泰《會稽志》卷十六，第 352 頁。

於虞照乘的"解褐"記載，令人困惑。疑虞照乘之釋褐官爲州府之"參軍"，而非"司法參軍"。

"長城丞"，上縣縣丞從八品下。"滑州司户"，上州司户（參軍事）從七品下。"雲夢令"，唐制雲夢爲中縣，縣令正七品上。

以虞照乘一生職官看，性質皆屬"濁流"。這類官員又稱"流外官"。唐廷不斷有詔令禁止"流外官"以各種方式混入"流内官"中。如大曆十四年（779）七月十九日敕："流外出身人，今後勿授刺史、縣令、録事參軍，諸軍諸使亦不得奏請。"[3] 所以，虞照乘的一生，注定要在判司或縣丞之間交替沉浮。其仕途之終點，至多是一個中下級縣令。

"辭位歸來，超然外物，天長代短，委運奚言。以景龍三年十二月九日終於里第，春秋六十有二。"

虞照乘卒於景龍三年（709），春秋六十有二。推其生年爲貞觀二十二年（648）。

"夫人河間劉氏，武州刺史玄惲之女，閨門是則，禮訓成師，偕老遂愆，附蘿先逝。粤以景雲□年歲次庚戌十一月戊申朔十九日景寅同遷窆於此山禮也。"

據志文，虞夫人劉氏先於虞照乘故去。武州刺史劉玄惲，史籍不見。

"景雲"以下，一字損沏。睿宗景雲紀元共四年，唯元年（710）爲庚戌。志文未刊葬處，故"此山"不知是何山。文中"丙寅"，避高祖諱作"景寅"。

"棺周於身，壤帀於櫬。嗣子希莊、光寓等，煢煢靡託，了然在疚，敢遵遺訓，刊既往於泉扃。墓甲向外有碣。"

"希莊、光寓"爲虞照乘兩子。"甲向"，爲風水術語，即"東向"。據志文，墓之東面另有碣，即墓碑。

（二）《唐虞照乘墓志》的意義

志主虞照乘，與本書所録虞愻、虞從道相比，人生經歷相對簡單，生平最高官階僅"雲夢令"，但志文所含史料信息，同樣難得。如"曾祖荷"可與《隋書》、嘉泰《會稽志》及《唐虞從道墓志》互證，虞荷之散官銜"銀青光禄大夫"可補史闕。以志文"父哲"參考《唐虞從道墓志》，説明虞荷至少有兩子。

從虞世南撰《虞荷碑》來看，至少在初唐時期，這一支定居於會稽郡的虞氏族人與虞世南家族仍保持着緊密關係。

（《唐虞照乘墓志》釋文詳見本書第四輯《金石文獻彙編》）

---

[3]《唐會要》卷五十八，第1178頁。

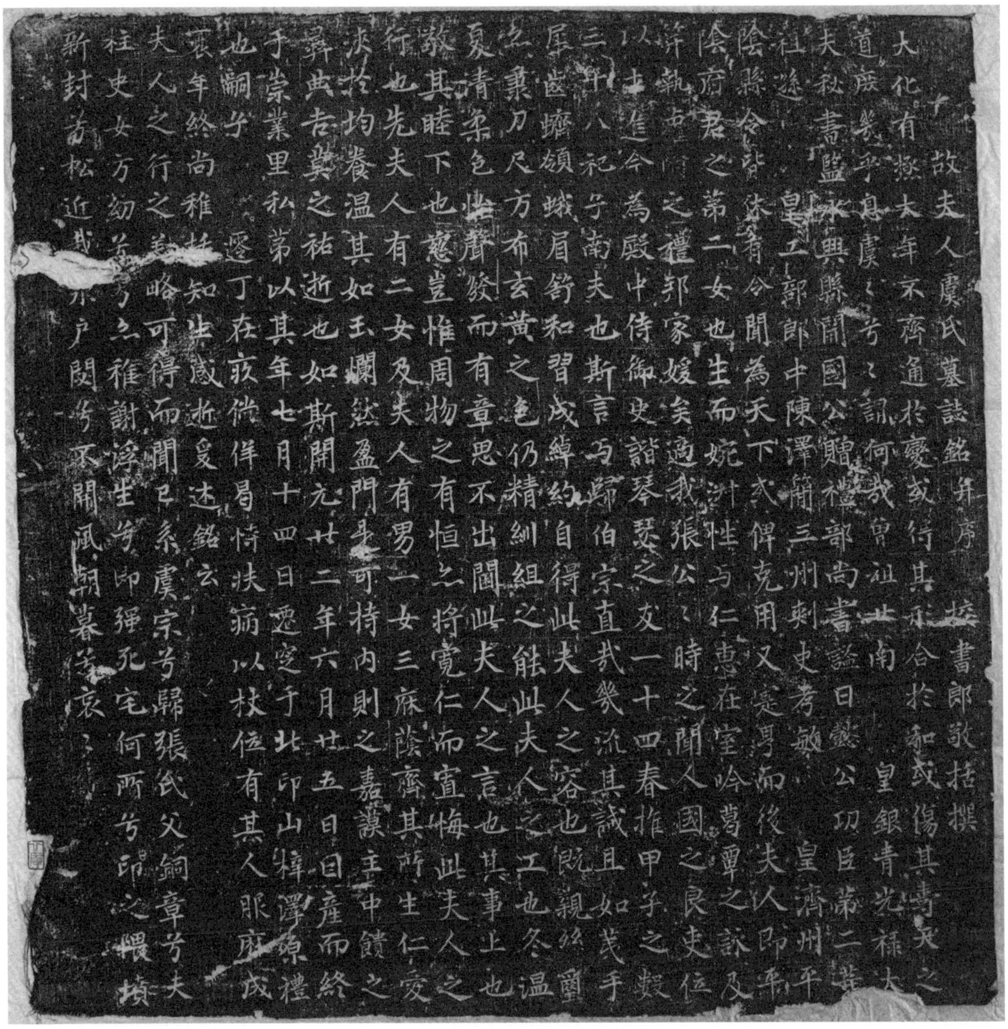

张夫人虞氏墓志

《唐張夫人虞氏墓志》一合，墓志標題"故夫人虞氏墓志銘並序"。志石高 52 釐米，廣 53 釐米，凡 23 行，滿行 24 字，連標題共 520 字，正書。

志主張夫人虞氏，祖虞慆，父虞敏。據志文，志石出土於洛陽北邙山。

（一）釋文

"故夫人虞氏墓志銘並序　校書郎敬括撰。"

墓志標題"故夫人虞氏墓志銘並序"，下具"校書郎敬括撰"。敬括，《舊唐書》有傳：

> 敬括，河東人也。少以文詞稱。鄉舉進士，又應制登科，再遷右拾遺、内供奉、殿中侍御史。天寶末，宰臣楊國忠出不附己者，括以例爲果州刺史。累遷給事中、兵部侍郎、大理卿。性深厚。志尚簡淡，在職不務求名，因循而已。大曆初，叛臣周智光伏誅，詔選循良爲近輔，以括爲同州刺史。歲餘，入爲御史大夫。遲重推誠於下，未嘗以私害公，士頗稱焉；而從容養望，不舉綱紀，士亦以此少之。大曆六年三月卒。[1]

志文記載"開元廿二年六月廿五日"虞氏難産而亡，並於"七月十四日"下葬，敬括撰文當在這一時間内。

是時敬括在秘書省任校書郎，當在"應制登科"後不久，可補史料之闕。

是年，張公爲"殿中侍御史"。據敬括本傳，他在天寶末亦任"殿中侍御史"，時距開元二十二年（734）有二十年左右。故張公與敬括之間並非同僚關係。

"大化有拯，大年不齊。通於變或得其形，合於和或傷其壽。天之道，庶幾乎息，虞々兮々謂何哉？"

"虞々兮々"爲重文，讀若"虞兮虞兮"。借虞姬之典，歎虞夫人早逝。

"曾祖廿南，皇銀青光禄大夫、秘書監、永興縣開國公贈禮部尚書，諡曰懿公，功臣第二等。"

"廿南"即"世南"，避諱作省筆。

志文"曾祖世南……祖慆"，說明中唐時期已有了以虞慆爲虞世南子的說法。這一說法應當來自虞慆家族内部，比如說虞慆的孫女張夫人虞氏。同時，這可以從側面印證虞世南和虞慆之間，有着非同一般的親密關係。據現有史料來看，虞慆是虞世基一支的唯一血脈。

隋末之際，虞世基及諸子死於江都之亂，當時的輿論，包括日後魏徵的《隋書》，皆以虞世基爲亂隋之奸佞。如此，在入唐以後，可能造成了虞慆家族内部的主動"禁聲"。而"禁聲"這一行爲又默認或助長了錯誤認識（以虞慆爲虞世南之子）的進一步傳播。

《唐顔府君墓志》記載顔夫人虞氏，爲虞慆之女（見本書第四輯《其他虞氏宗人金石文獻彙編》）。顔夫人虞氏以世基爲祖，漏掉了虞熙一代，我們也可視之爲"禁聲"所致。到了張夫人虞氏（爲虞慆孫女），不但漏掉了虞熙一代，而且把從高祖虞世南當成自己的曾祖。

[1]《舊唐書》卷一百十五，第 3375—3376 頁。

"功臣第二等"爲唐廷對武德、貞觀功臣的按勳分等，事始於總章元年（668）前後。虞世南爲"功臣第二等"，見建中元年（780）九月五日史館奏。當時，館臣把"武德已來，實封陪葬配饗功臣"第一、二、三等統計資料上報朝廷，"禮部尚書、永興縣公虞世南"與"開府儀同三司、鄂國公尉遲敬德"、"右領軍大將軍、盧國公程知節"等三十四人，列在第二等。[2]

"祖遜，皇工部郎中、陳·澤·簡三州刺史。"

"祖遜"即"虞愻"。此句與《唐虞愻墓志》"又遷奉輦大夫，尚書工部郎中"及"授公陳州刺史，遷澤州刺史……遷簡州刺史"合。

"考敏，皇濟州平陰縣令。皆休有令聞，爲天下式，俾克用又，寔亨而後。"

"考敏"爲張夫人虞氏之父虞敏。用"考"字，當已卒。《唐虞愻墓志》有"嗣子思貞"，兩者不知是否爲同一人。

"濟州平陰縣令"，爲虞敏生前職官。新《唐志》"平陰"爲緊縣，唐制從六品上。

"夫人即平陰府君之第二女也，生而婉淑，性与仁惠。在室吟葛覃之詠，及笄執蘋蘩附之禮，邦家媛矣。適我張公，々時之聞人，國之良吏，位以十進，今爲殿中侍御史。諧琴瑟之友，一十四春；推甲子之數，三十八祀。子南夫也，斯言與歸；伯宗直哉，幾流其誠。"

據志文，張夫人虞氏爲虞敏的第二個女兒。"諧琴瑟之友，一十四春；推甲子之數，三十八祀"，可推算志主張夫人出生於神功元年（697），開元八年（720）嫁給張公時二十四歲，至開元二十二年（734）即婚後十四年虞氏卒，時三十八歲。

文中"々"，爲前字"公"之重文。

"今爲殿中侍御史"，指開元二十二年時張公任殿中侍御史。殿中侍御史屬御史臺，唐制從七品上。《唐六典》："殿中侍御史六人，從七品上……殿中侍御史掌殿廷供奉之儀式。凡冬至、元正大朝會，則具服升殿。若皇帝郊祀、巡省，則具服從，於旌門往來檢察，視其文物之有虧闕則糾之。"[3]

"子南"、"伯宗"皆用典故，指代"殿中侍御史"張公。子南，楚國令尹，諫臣；伯宗，晉國大夫，亦諫臣。

"位以十進"，言張公前後經歷了十個官職，才遷轉今職。唐代基層文官的平均任期爲四年，若以張公二十歲左右釋褐從仕，這時候差不多六十歲左右了。像前引《舊唐書·敬括傳》，若沒有省略其起家及遷轉過程，至"殿中侍御史"只用了"四進"——即釋褐爲秘書省校書郎，"遷右拾遺、内供奉、殿中侍御史。"[4]《新唐書》載"（麻）察者，河東人，由明經第五遷殿中侍御史"，[5]也是神速。

殿中侍御史，官階從七品上，與諸州中下縣令相當，但因職位清貴，常被視作難得之官，有唐一代，這算得上中層文官了。賴瑞和《唐代中層文官》有這樣論述：

> 唐人任官絕不能單看官品。這三種御史（商略按：監察御史、殿中侍御史、侍御史）官品雖不高，卻都是很清貴的職位，而且在整個唐代官署組織中，算是中層的官職……御史之所以清貴，最主要的原因在於他們都是"皇帝的耳目"，專替皇室監督中外百官的行爲和整個國家幾乎所有大大小小的事務。換句話說，這些都是很接近權力核心的職位。[6]

[2]《唐會要》卷四十五，第805頁。

[3]《唐六典》卷十三，第381頁。

[4]"鄉舉進士"和"應制登科"算不上官職，是朝廷對士子進行舉試及制科的選拔方式。制科選拔出來的士子，其解褐的官職通常較清貴，也能有較快遷轉。

[5]《新唐書》卷一百二十八，第4471頁。

[6] 賴瑞和《唐代中層文官》第一章第二節《御史的官品和清要地位》，第54頁。

在唐代，吏部負責選拔六品或六品以下的官員，六品以上則由皇帝親授。"殿中侍御史"雖是從七品上，卻常由皇帝親自除授，可見這個官職的重要。

"且如黃手犀齒，蛾領蛾眉，舒和習成，綽約自得，此夫人之容也。既親絲壼，亦秉刀尺，方布玄黃之色，仍精紃組之能，此夫人之工也。冬溫夏清，柔色怡聲，發而有章，思不出閫，此夫人之言也。其事上也敬，其睦下也慈，豈惟周物之有恒，亦將寬仁而真悔，此夫人之行也。"

以上數行，從張夫人虞氏生平的"容、工、言、行"四個方面作了褒揚。首句用《衛風·碩人》之典。

"先夫人有二女，及夫人有男一女三，麻蔭齊其所生，仁愛浹於均養，溫其如玉，爛然盈門，是可持內則之嘉謨，主中饋之彝典，吉莫之祐，逝也如斯。"

據志文，張夫人虞氏二十四歲嫁張公時，張公已育有二女。既云"先夫人"說明前妻早卒，虞氏為續弦。

"開元廿二年六月廿五日因產而終於崇業里私第，以其年七月十四日遷窆於北邙山梓澤原。禮也。"

據志文，虞氏卒於開元二十二年（734），前文有"推甲子之數，三十八祀"，可推定虞氏生於神功元年（697），時距祖父虞遜卒亡已十八年。

崇業里，在洛陽洛水之南。據徐松《洛陽城圖》，在定鼎門街之東第一街、街東自南向北第四坊，其東鄰恭安、宣范里，南有行修里，西有安業里，北有修業里。李健超《增訂唐兩京城坊考》："（行修坊）次北崇業坊。"有"福唐觀，申王撝宅，守司徒、同平章事、充東都留守裴度宅"，李氏增訂"隋故內承奉劉則宅"和"通直郎行杭州司士參軍事上騎都尉趙越寶宅"。[7] 今殿中侍御史張公"崇業里私第"，亦可補闕。

北邙山梓澤原，在今洛陽孟津。酈道元《水經注·瀍水》"瀍水出河南穀城縣北山"條下："梓澤，地名也。澤北對原阜，即裴氏墓塋所在，碑闕存焉。"[8] 酈氏云"澤北對原阜"，此"原阜"即梓澤原。

"嗣子零丁在疚，徬徨曷恃，扶病以杖，位有其人，服麻成衰，年終尚稚。括知上感逝，爰述銘云。"

"嗣子"即上文"男一女三"之男。張府君前妻育兩女，此男當虞氏所出。文中"括"，敬括也。

"夫人之行之美，略可得而聞已。系虞宗兮歸張氏，父銅章兮夫柱史，女方幼兮男亦稚，謝浮生兮即强死，宅何所兮即之隈，墳親封兮松近栽。泉戶閟兮不開，風朝暮兮哀々。"

"銅章"，應劭《漢官儀》："千石至三百石銅印，六百石銅章墨綬。"後多指郡、縣長官，如岑參《送宇文舍人出宰元城》："縣花迎墨綬，關柳拂銅章。"此指虞夫人父虞敏。

"柱史"為"柱下史"省稱。嚴維《剡中贈張卿侍御》："早列月卿位，新參柱史班。"又韓翃《送李侍御赴徐州行營》："少年兼柱史，東至舊徐州。"此指張公。

末字"々"，為"哀"之重文。

[7] 李健超《增訂唐兩京城坊考》卷五，第269頁。

[8] 陳橋驛《水經注校證》卷十五，第379頁。

（二）《唐張夫人虞氏墓志》的信息價值

志主張夫人虞氏生於神功元年（697），卒於開元二十二年（734），享年三十八歲。

張夫人虞氏爲隋虞世基之後，其高祖虞世基，曾祖虞熙，祖虞慆，父虞敏。志文"曾祖世南"並非誤刊，而是反映了這一支虞氏族人對於家族世系的錯誤認識。

虞慆葬於邙山，其女顔夫人虞氏（居東都興藝坊顔府）葬於"河南縣界之北邙山"，[9]其孫女張夫人虞氏（居東都崇業里張府）葬於北邙梓澤源，反映出開元時期虞慆一族生活於東都洛陽一帶。

《唐虞慆墓志》、《唐故銀青光禄大夫和州刺史上柱國琅琊縣開國伯顔府君墓志銘》及《唐張夫人虞氏墓志》，這祖孫三代史料信息，可互爲佐證，補充了唐代虞氏家族，特別是虞世基後裔的史料缺失，使得這一支虞氏後嗣的脈絡更加清晰。

（《唐張夫人虞氏墓志》釋文詳見本書第四輯《金石文獻彙編》）

[9] 周紹良《唐代墓志彙編》開元123，《唐故銀青光禄大夫和州刺史上柱國琅琊縣開國伯顔府君墓志銘》，上海古籍出版社1992年版，第1239頁。

虞從道墓志

　　《唐虞從道墓志》一合，墓志標題"唐故南平郡司馬贈秘書少監虞公墓志銘並序"。志石高 58 釐米，廣 59 釐米，凡 28 行，滿行 31 字，全文 674 字，隸書。

　　志主虞從道。曾祖虞荷，見嘉泰《會稽志》卷十六《虞荷碑》；又見《唐虞照乘墓志》（見前文）。

　　其祖虞玄操，見《大唐故中大夫寧州諸軍事守寧州刺史李府君墓銘》（見本書《金石文獻彙編》）。

　　其子虞當，見柳宗元《先君石表陰先友記》、《華嶽題表》（王昶《金石萃編》）、《唐故鄭居士液墓志銘》（《全唐文補遺》第八輯）。

（一）補闕

　　《唐虞從道墓志》2002 年出土於河南省伊川縣城關鎮。2005 年《中國書法》曾刊載杜少虎、趙文成《唐〈虞從道墓志〉鉤沉》[1]，文章對墓志的史料及書法價值進行了闡述。2010 年 11 月西泠印社《新出唐志百種》（編者趙文成、趙君平）收錄該志。

　　《鉤沉》對《唐虞從道墓志》史料價值例舉三點：一是補虞從道家族史料的缺失，認爲墓主曾祖虞荷職官可補《隋書》與《北史》之闕；二是據《唐虞從道墓志》所載"時天后稱制，敬王懼及，乃傳檄郡縣，議復明辟，衆未成旅，卒已掊兵，司戶從王皆遇害"，認爲與唐代"天后稱制"時期宮廷鬥爭有關；三是墓志撰文者嚴郢職官可補史闕。

　　筆者有幸購得《唐虞從道墓志》拓片，發現了一些被《鉤沉》作者忽視的重要信息。尤其是志文關於餘姚虞氏始遷祖的記載，與《元和姓纂》有出入。

　　《元和姓纂》以虞意爲餘姚虞氏始祖："秦有虞香，香十四代孫意，自東郡徙餘姚。"[2] 這是一千二百年以來，關於餘姚虞氏始遷祖的唯一信息。今志文："處士之十四世孫東漢定侯竟，避地於餘姚，子孫因家焉。"據秦公《碑別字新編》，"竞"爲"竟"別字，並見《唐大智禪師碑》。[3]

　　《唐虞從道墓志》"始祖虞竟説"出於唐代家藏譜牒，年代早於《姓纂》。又，今傳世諸暨《暨陽虞氏宗譜》，亦以始遷祖爲漢代虞竟，這大概是最接近唐代的虞氏宗譜了。另有義烏《華溪虞氏宗譜》以始遷祖爲東漢"虞簡"，金華《湯溪虞氏宗譜》以始遷祖爲漢代"虞境"。"境"、"竟"當同音之訛，"簡"、"竟"爲一音之轉。以《唐虞從道墓志》與以上諸譜參考，以爲餘姚始遷祖應作東漢"虞竟"，可修正《姓纂》記載。另，東漢虞竟的定侯爵位，及秦代虞香的處士身份，都可填補餘姚虞氏早期史料的空白。

　　志文關於墓主嗣子虞當的記載，可豐富我們對於柳宗元《虞鳴鶴誄》與《先友記》中虞鳴鶴及其父親虞當的認識，幫助我們釐清虞鳴鶴是否爲虞世南後裔的懸疑，這也是《鉤沉》所未及的。

（二）釋讀

"唐故南平郡司馬贈秘書少監虞公墓志銘並序。"

　　墓志標題含志主生前職官及贈銜。"南平郡司馬"，唐制下州司馬從六品下，屬職事官；"秘書少監"，從四品上，爲贈銜。

"朝散大夫守河中少尹兼御史中丞知府事仍充朔方節度行軍司馬賜紫金魚袋嚴郢撰，

[1] 《中國書法》2005 年第 4 期，第 38—39 頁，以下省稱《鉤沉》。

[2] 林寶《元和姓纂》卷二，第 228 頁。

[3] 秦公輯《碑別字新編》，第 178 頁。

太中大夫前行國子司業上柱國趙慜書。"

撰文者嚴郢，《新唐書》有傳：

> 嚴郢字叔敖，華州華陰人……代宗初，追還承鼎官，召郢爲監察御史，連署帥府司馬。郭子儀表爲關内、河東副元帥府判官，遷行軍司馬。子儀鎮邠州，檄郢主留務。河中士卒不樂戍邠，多逃還。郢取渠首尸之，乃定。歲餘，召至京師，元載薦之帝，時載得罪，不見用。御史大夫李栖筠亦薦郢，帝曰：“是元載所厚，可乎？”答曰：“如郢材力，陛下不自取，而留爲姦人用邪？”即日拜河南尹、水陸運使。大曆末，進拜京兆尹。[4]

志文中的嚴郢結銜十分冗長，但屬職事性質的僅“河中少尹知府事”兼“朔方節度行軍司馬”，前者爲地方官身份，後者爲軍方的幕府僚屬身份。嚴郢“朔方節度行軍司馬”，與志文中虞當“朔方節度判官”一樣，屬郭子儀朔方幕府。

嚴郢撰寫志文的時間，與“郭子儀表爲關内、河東副元帥府判官”相近，其結銜與本傳“遷行軍司馬。子儀鎮邠州，檄郢主留務”基本相合。

書丹者趙慜，兩《唐書》無傳，僅見《舊唐書·常袞傳》、[5]《金石録》、[6]《唐尚書省郎官石柱題名考》。[7]據志文，大曆四年趙慜散銜“太中大夫”爲正四品，職事官“國子司業”爲從四品下，故云“行”。“上柱國”屬勳官，視正第二品。

"公諱從道字之恒，會稽餘姚人也。"

志主虞從道，字之恒，“會稽餘姚人”説明其鄉籍。

"昔舜以天下禪禹，禹封舜子商均於虞，以奉其祀，厥後因地爲姓，則虞氏之世祀也。遠哉若有趙相卿者，顯名於六國；有若處士香者，嘉遯於暴秦。"

此述虞姓來歷，所舉趙相虞卿及秦代處士虞香，兩者並見《元和姓纂》：“【會稽餘姚】人趙相虞卿。秦有虞香。香十四代孫意，自東郡徙餘姚。”[8]

趙相虞卿，《史記》有傳：“虞卿者，遊説之士也，躡蹻擔簦説趙孝成王。一見，賜黃金百鎰，白璧一雙；再見，爲趙上卿，故號爲虞卿。”[9]虞卿或趙國邯鄲人。《虞氏譜》以虞卿爲始祖，大概與虞卿晚年避亂大梁有關：“虞卿既以魏齊之故，不重萬户侯卿相之印，與魏齊間行，卒去趙，困於梁。魏齊已死，不得意，乃著書，上采《春秋》，下觀近世，曰《節義》、《稱號》、《揣摩》、《政謀》，凡八篇。以刺譏國家得失，世傳之曰《虞氏春秋》。”[10]又《史記》索隱：“魏都大梁，濮陽、黎陽並是魏之東地，故立郡名東郡也。”[11]《虞氏譜》以大梁虞卿爲東郡虞氏始祖，從而把餘姚虞氏的經學傳統，上溯到了戰國虞卿。

對於虞香的記載，志文比《姓纂》多“處士”身份。虞香入秦而不仕，爲布衣之身，故云“處士”。“嘉遯”謂合乎正道的隱居，語出《周易·遯卦》：“嘉遯貞吉，以正志也。”

"處士之十四世孫東漢定侯竟，避地於餘姚，子孫因家焉。"

《元和姓纂》：“（虞）香十四代孫意，自東郡徙餘姚。五代孫歆。歆生翻。”[12]志文作“東漢定侯竟”。

《三國志·虞翻傳》注引《翻別傳》：“臣高祖父故零陵太守光，少治孟氏《易》，曾祖父故平輿令成，纘述其業，至臣祖父鳳爲之最密。臣亡考故日南太守歆，受本於鳳，

[4]《新唐書》卷一百四十五，第4727頁。

[5]《舊唐書》卷一百十九：“先是，百官俸料寡薄，縮與袞奏請加之。時韓滉判度支，袞與滉各騁私懷，所加俸料，厚薄由己。時少列各定月俸爲三十五千，滉怒司業張參，唯止給三十千；袞惡少詹事趙慜，遂給二十五千。”時爲代宗朝。

[6] 趙明誠《金石録》卷八：“第一千四百二，《唐令暉令皎二禪師塔銘》趙慜撰並正書，大曆元年二月。”

[7] 勞格等《唐尚書省郎官石柱題名考》卷二十六：“石刻《唐故朔方河東河西隴右節度御史大夫贈兵部尚書太子太師清源公王府君（忠嗣）神道碑銘》，前列太中大夫行少府少監集賢殿學士趙慜篆額，碑大曆十年立。”

[8] 林寶《元和姓纂》卷二，第228頁。

[9]《史記》卷七十六，中華書局1959年版，第2370頁。

[10]《史記》卷七十六，第2375頁。

[11]《史記·衛康叔世家》索隱，第1604頁。

[12] 林寶《元和姓纂》卷二，第228頁。

最有舊書，世傳其業，至臣五世。"[13] 又《水經注·沔水》："（餘姚）江水又經官倉，倉即曰南太守虞國舊宅，號曰西虞，以其兄光居縣東故也。"[14] 虞竟兩子虞光和虞國，皆官至二千石，故以爲虞竟之"定侯"恐非族譜飾詞。後漢"定侯"僅見漢末張繡："從征烏丸於柳城，未至，薨，謚曰定侯。"[15]

"陳儀同三司諱仲卿者，即定侯之裔孫也。"

《隋書》載南陳官班，有"開府儀同三司"而無"儀同三司"，此"儀同三司"或省稱。陳制以"開府儀同三司"爲第一品官階。

"仲卿"當是其字，下文以"儀同"替之。

"儀同生太中大夫綿州刺史荷，荷生鄜州長史玄操，玄操生蔡州司户思隱，思隱生公焉。"

曾祖虞荷，見《隋書·煬帝紀》："（大業九年九月）甲午，車駕次上谷，以供費不給，上大怒，免太守虞荷等官。"[16] 又《唐虞照乘墓志》："祖荷，銀青光禄大夫、綿州刺史。"又嘉泰《會稽志》："虞荷碑，永興公世南撰，釋某書。貞觀六年大中大夫致仕，其年卒於會稽。石不存。"[17] 虞荷仕隋，爲上谷太守，以供費不給免官；入唐，爲綿州刺史，散官階太中大夫，從四品上。《唐虞照乘墓志》載虞荷"銀青光禄大夫"，爲散官從三品，恐卒後封贈。

"荷生鄜州長史玄操"[18]，即虞從道祖父。又《唐虞照乘墓志》云"祖荷，銀青光禄大夫、綿州刺史。父哲，通議大夫，醴陵縣令"。説明虞荷有兩子：虞玄操、虞哲。

"玄操生蔡州司户思隱"，即虞從道之父虞思隱。豫州，寶應元年（762）避代宗諱改爲蔡州，故虞思隱職官實爲"豫州司户參軍"。雖然虞思隱卒於垂拱四年（688），但《唐虞從道墓志》撰於代宗大曆四年（769），時已改蔡州，故志文作"蔡州司户"。

《唐寧州刺史李府君墓志》載李夫人虞氏爲"故綿州刺史荷之孫，鄜州長史操之女"，及下文"叔父思忠"，説明虞玄操有兩子一女：虞思隱、虞思忠，與李夫人虞氏。

"公羈貫以至行聞。司户在蔡州也，越敬王爲蔡州牧。時天后稱制，敬王懼及，乃傳檄郡縣，議復明辟。衆未成旅，卒已掊兵，司户從王皆遇害，隱之故不地也。"

"越敬王"，太宗第八子李貞，"敬"爲謚號。《舊唐書·越王貞傳》載其舉事經過：

> 則天臨朝，加太子太傅，除蔡州刺史。自則天稱制，貞與韓王元嘉、魯王靈夔、霍王元軌及元嘉子黄國公譔、靈夔子范陽王藹、元軌子江都王緒並貞長子博州刺史、琅邪王沖等，密有匡復之志。垂拱四年七月，譔作謬書與貞云："内人病漸重，恐須早療；若至今冬，恐成痼疾，宜早下手，仍速相報。"是歲，則天以明堂成，將行大享之禮，追皇宗赴集。元嘉因遞相語云："大享之際，神皇必遣人告諸王密，因大行誅戮，皇家子弟無遺種矣。"譔遂詐爲皇帝璽書與沖云："朕被幽縶，王等宜各救拔我也。"沖在博州，又僞爲皇帝璽書云："神皇欲傾李家之社稷，移國祚於武氏。"遂命長史蕭德琮等召募士卒，分報韓、魯、霍、越、紀等五王，各令起兵應接，以赴神都……則天命左豹韜衛大將軍麴崇裕爲中軍大總管，夏官尚書岑長倩爲後軍大總管，率兵十萬討之，仍令鳳閣侍郎張光輔爲諸軍節度。於是制削貞及沖屬籍，改姓虺氏。崇裕等軍至蔡州城東四十里，貞命少子規及裴守德拒戰。規等兵潰而歸，貞大懼，閉門自守。裴守德排閤入，問王安在，意欲殺貞以自贖也。官軍進逼州城，

[13]《三國志》卷五十七，第1322頁。

[14] 陳橋驛《水經注校證》卷二十九，第687頁。

[15]《三國志》卷八，第263頁。

[16]《隋書》卷四，第85頁。

[17] 嘉泰《會稽志》卷十六，第352頁。

[18]《鉤沉》誤釋"廊州"。

貞家僮悉力衛，貞曰："事既如此，豈得受戮辱，當須自爲計。"貞乃飲藥而死。家僮方始一時散，捨仗就擒。規亦縊其母自殺，守德攜良鄉縣主亦同縊於別所。鞠崇裕斬貞父子及裴守德等，傳首東都，梟於闕下。貞起兵凡二十日而敗。[19]

《舊唐書·則天皇后傳》載垂拱四年八月壬寅李貞起兵，至九月"丙寅，斬貞及沖等，傳首神都，改姓爲虺氏"。[20] 九月十一日（丙寅），李貞僚屬"從王皆遇害"時，虞思隱亦在其中。又《唐故太子少保豫州刺史越敬王墓志銘》："以垂拱二年九月十一日遇害，薨於州館，春秋六十二。"《越敬王墓志銘》載李貞卒年有誤。

開元四年（716）年，李貞被平反，"詔追復爵土，令備禮改葬。太常奏諡議曰：'故越王貞，往者願匡宗社，夙懷誅呂之謀；乃心王國，用擊非劉之議。以茲獲戾，上悼聖心。謹按諡法死不忘君曰敬，請諡曰敬。'從之"。[21]《唐故太子少保豫州刺史越敬王墓志銘》："以開元五年五月廿日舊封建，諡曰敬王，以開元六年正月廿六日詔陪葬於昭陵，禮也。"

"公時年十六，與叔父思忠同謫白州，泣血即路，見者莫不哀悼。頃之，思忠早世，或勸公逃歸，公以叔殯在遠，不可委去。居數年，乃一便時，私發旅櫬，或負或戴，置於褚中，間行而反。爲盜所逼，公中矢不去，伏死而爭，盜發篋見柩，錯愕大駭，公具以情告，盜義而釋之。既至周南，匿名隱市，用漢祖贓。"

虞從道十六歲時與叔父思忠流放白州。以下文"天寶五載八月十日薨於位，春秋七十有三矣"，可知虞從道與叔父思忠的流放時間在永昌元年（689），也就是越敬王兵敗之次年。

這一年，因李貞事件株連的貴戚、官員甚衆。白州在今廣西博白，隋屬合浦郡合浦縣地，是個不足萬戶的邊遠小郡。兩《唐書》中，白州是謫徙官員的主要流放地之一。

數年以後，虞從道攜叔父骨殖潛回中原，其過程精彩複雜，幾乎夠得上一部唐代傳奇。虞從道"逃歸"時間，或在武后如意元年（692）前後。"周南"是個模糊的地域概念，就《詩經》的"周南"來説，爲洛邑南面，包括江漢流域。

一個二十歲左右的男孩子，如何在逃亡的惡劣環境中生存下來，又怎樣計劃和安排着自己的未來呢？到了神龍年間（705—707），虞從道以"明經高第"，説明他在十數年的逃亡生涯中並没有放棄科舉的努力。可以這樣認爲，在虞從道的逃亡生涯中，他擁有一個較爲舒適的生活環境，勿以衣食爲憂，可以騰出時間進行科舉的學習準備。

《唐寧州刺史李府君墓志》（全文見本書第四輯《其他虞氏宗人金石文獻彙編》）之志主爲虞從道之姑父。其志云："以長安四年九月十九日遇疾，終於寧州官舍，春秋六十有四。嗚呼哀哉。夫人會稽郡君虞氏，故綿州刺史荷之孫，鄜州長史操之女，克柔厥德，允宜爾家，故以琴瑟以諧，蠡斯繁衍，以開元廿一年寢疾，終於鞏縣河濱里之私第，春秋八十有三。"

目前所見，李夫人虞氏和虞從道兩人，是虞玄操一支在越敬王李貞復辟失敗後的幸存者；"長安"是"神龍"前的一個年號，當時虞從道姑父李孟德位居三品寧州刺史；鞏縣，亦是"周南"的境域。以上三點，雖然不能證明虞從道"明經高第"，得到了姑母李夫人虞氏的幫助。但在兩者之間，或許存在某種關聯。

另一件有意思的事，是虞從道父從越王李貞遇害時，《唐寧州刺史李府君墓志》記

[19]《舊唐書》卷七十六，第 2661—2662 頁。

[20]《舊唐書》卷六，第 119 頁。

[21]《舊唐書》卷七十六，第 2664 頁。

載他的姑父李孟德："以功授滄州樂陵縣令。屬越王以皇子之重謀反，博州地壓海瀛，境鄰聯攝，郡縣已擾，緊公以安。敕書慰勞，遷北郡清源縣令，尋遷洛州鞏縣令，賜雜綵五十疋，馳驛赴任。"是時，虞思隱作爲罪臣被誅，其弟、其子流放白州；而李孟德作爲功臣得到了"敕書慰勞，遷北郡清源縣令"的獎賞。

當李府君在"長安四年九月十九日遇疾，終於寧州官舍"後不久，虞從道在神龍年間"以明經高第，解巾授揚州六合縣尉"。兩者之人生起伏，似乎處在不同的，甚至是反向的軌迹上。當然，這僅僅是命運的巧合而已。

"神龍中興，天下文明，幽枉必申，公乃以明經高第，解巾授揚州六合縣尉。秩滿授徐州彭城縣丞，以清白尤異聞。遷海州沭陽縣令，轉南平郡司馬，所莅之職，章文揚和，理有能名。"

"神龍"爲恢復李唐國號的第一個紀元，歷時三年。神龍年間，虞從道獲得了朝廷赦免，繼而參加朝廷的明經考試，並獲中高第。

虞從道能夠參加科舉，與神龍元年的幾道赦令有關。《舊唐書·則天皇后紀》："神龍元年春正月，大赦，改元。上不豫，制自文明元年已後得罪人，除揚、豫、博三州及諸逆魁首，咸赦除之。"[22]又《中宗紀》："（神龍元年三月）甲申，制文明已來破家臣僚所有子孫，並還資蔭。"[23]虞思隱並非詔書所説的"魁首"，所以，虞從道被依法赦除前罪，獲得了應試科舉的機會。

明經，爲唐代常舉六科之一。在當時士子心目中，明經地位僅次於秀才，在進士、明法、明書、明算諸科之上。虞從道在明經高第以後，釋褐揚州六合縣尉。六合屬緊縣，官階從九品上。秩滿，又除徐州彭城縣丞。彭城屬望縣，官階從八品下。

虞從道的第三個職官是沭陽縣令。[24]沭陽爲中縣，官階正七品上。

虞從道最後一個職官爲南平郡司馬。南平郡即《舊唐書》之渝州，天寶元年（742）改南平郡，乾元初又復爲渝州。南平爲下州，司馬官階從六品上。

"天寶五載八月十日薨于位，春秋七十有三矣。"

天寶五載（746），虞從道亡於任上。推其生年爲上元元年（674）。

《唐六典》卷二："年七十以上應致仕，若齒力未衰，亦聽釐務。"[25]天寶初，虞從道遷南平司馬時，已近古稀，應該考慮退休的事情了。如果一切順利，他在天寶初就可以衣錦返鄉，安度晚年了。但天寶五載，虞從道仍在南平司馬任上，並在是年八月去世，時七十三歲。我們對此可以理解爲虞從道"齒力未衰"而發揮餘熱。

"公言有物而行有恒，溫良謹素，達練事體，有孝德以奉親，有恭德以從政，有文學以成名，馴行光於當時，義方貽於後昆。雖無貴仕，君子謂之貴矣，亦何必趨踐官薄，乘堅驅良，致位三九，然後爲達也。"

以上數句贊語，從虞從道的德行、文學諸方面進行了頌揚。"雖無貴仕"，《鉤沉》誤作"雖有貴仕"。

"夫人滎陽鄭氏，故馮翊主簿整仁之孫，處士璵之女，婦德母儀，六姻惟師，以天寶十二載正月十二日終于伊闕之私第，春秋五十九。"

據志文，夫人鄭氏出生於證聖元年（695）。至神龍元年（705）大赦，虞從道明經高第時，鄭氏十一歲。至天寶五載（746）虞從道病故時，鄭氏五十二歲。天寶十二載

[22]《舊唐書》卷六，第132頁。

[23]《舊唐書》卷七，第138頁。

[24]沭陽，《鉤沉》釋作"沐陽"，誤。

[25]《唐六典》卷二，第34頁。

（753）卒，春秋五十九。

虞從道與夫人鄭氏年齡差距二十一歲，這和虞從道早年的流亡生涯有關。隱姓埋名的流亡生涯，使其打消了組建家庭的念頭。直到神龍大赦，虞從道在明經高第後，他才着眼於自己的婚姻生活。鄭氏嫁入虞門時，虞從道已年近四十。

"伊闕之私第"，是虞從道一族在東都洛陽的定居點。伊闕縣，即今天墓志出土的洛陽伊川縣，唐時屬京畿諸縣之一。

"大曆四年，嗣子當，拜朝散大夫檢校尚書主客員外郎兼侍御史，充朔方節度判官，與季弟絳州正平縣尉郢客等，悉其家器，以奉宅兆。"

大曆四年（769），虞當結銜"朝散大夫檢校尚書主客員外郎兼侍御史，充朔方節度判官"。其朝散大夫屬散官階，從五品下；檢校尚書主客員外郎屬檢校郎官，無實職，從六品上；兼侍御史爲憲官銜，無實職，從六品下；（充）朔方節度判官，爲幕府職官，無品秩。

下引賴瑞和《唐代中層文官》的一段話，以便我們理解虞當的這一連串結銜：

> 判官本身並無品秩，因此任判官者照例都會帶有一個京官或御史臺官的頭銜，無實職，只是用以秩品階，寄俸禄，並作爲他們任官的一種資歷憑證……（《唐代中層文官》第六章《判官》，第 440 頁）

> 應當指出的是，憲銜前面照例有一個"兼"（或"攝"字）。此"兼"並非現在所說"兼任"意思，而是憲銜的一個標志，或可説是憲銜的"首碼詞"。（第 442 頁）

> 朝銜的"首碼詞"則是"檢校"或"試"。如果是郎官，則標以"檢校"……判官通常都帶郎官銜，所以常是"檢校"。（第 442 頁）

可以看到，虞當的一連串結銜，差不多是唐代節度判官、乃至幕府僚屬的典型形式。

是年，虞郢客任正平縣尉。絳州正平，屬望縣，縣尉官階從九品上。又，絳州在唐代屬河中府，在郭子儀朔方節度之下。虞郢客的正平縣尉，正處於長兄虞當的視野範圍內。

大曆四年（769），距虞從道卒亡已有二十三年，距母鄭氏卒亡也有十四年。

"天子聞而嘉之，詔贈秘書少監，夫人贈滎陽郡太君，餘慶故也。秋八月，克葬我公於景李原，夫人祔焉。傳不云乎子服氏有子哉。松銘紀德，尚旌事實，數句成言，不敢厭煩也。銘曰：於穆君子，孝友庸祇。理邑佐郡，受禄咸宜。郡邑信向，敬如天時。大位未躋，哲人其萎。猗歟嘉偶，遺美無數。昔比琴瑟，今向窀穸。天地之間，累石爲山。連崗鬱膇，賢人之阡。窅窅玄夜，蒼蒼新隴。宿草初陳，移松未拱。於嗟南平，詔贈哀榮。大隧之中，光垂休銘。"

志文稱其母"贈滎陽郡太君"，稱其父之死爲"薨"，都是虞從道在"詔贈秘書少監"之後的延伸。[26]

"秋八月，克葬我公於景李原，夫人祔焉"，據墓志出土於今伊川縣城關鎮，蓋唐代景李原。

"河南府户曹參軍李陽冰篆額。"

李陽冰，唐代最負盛名的篆書家，詩人李白從叔，曾爲李白撰寫《草堂集序》。《宣和書譜》："唐李陽冰，字少溫，趙郡人，官至將作少監。善詞章，留心小篆迨三十年，

[26]《新唐書》卷四十六："凡喪，三品以上稱薨，五品以上稱卒，自六品達於庶人稱死。"

初見李斯《嶧山碑》，與仲尼‘延陵季子’字，遂得其法，乃能變化開合，自名一家。"[27]又《新唐書·李白傳》："時宋若思將吳兵三千赴河南，道尋陽，釋因辟爲參謀，未幾辭職。李陽冰爲當塗令，白依之。代宗立，以左拾遺召，而白已卒，年六十餘。"[28]知李陽冰任當塗令在代宗前不久，約上元元年（760）前後。

大曆二年（767），李陽冰及李季卿等作《三墳記》及《遷先塋記碑》，碑文未刊刻職官。

大曆四年（769），篆額《虞從道神道碑》時，李陽冰爲河南府户曹參軍。

大曆九年（774），李陽冰篆書《滑臺新驛記》，職官不明。

建中元年（780），李陽冰爲國子丞。[29]

這是李陽冰在上元元年至建中元年的大致遷轉情況，其"河南府户曹參軍"未見史料和石刻，可補史闕。

志文"篆額"，應指神道碑或墓志蓋，已佚。

（三）結語

志文關於餘姚虞氏始祖爲虞竟的記載，可糾正《元和姓纂》"虞氏條"存在的問題。其次，志文從根本上否定了虞鳴鶴（虞當子）爲虞世南後裔的説法。

志文涉及的虞氏家族人物，連志主凡 10 人：餘姚始遷祖東漢定侯虞竟，高祖虞仲卿，曾祖虞荷，祖虞玄操，父虞思隱，叔父虞思忠，志主虞從道，鄭氏虞夫人（從道妻）、子虞當、虞郢客。另相關人物 5 人：鄭整仁（鄭氏祖），鄭璈（鄭氏父）、嚴郢（撰文）、趙慧（書丹）、李陽冰（篆額）。

關於虞當和虞鳴鶴的生平事蹟，另有專文《關於虞當的刻石文獻及其生平考釋》、《虞鳴鶴生平考釋》。

（《唐虞從道墓志》釋文詳見本書第四輯《金石文獻彙編》）

[27]《宣和書譜》卷二，第 57 頁，商務印書館 1936 年版（叢書集成初編）。

[28]《新唐書》卷二百二，第 5763 頁。

[29] 周紹良《唐代墓志彙編》録《有唐中書侍郎同中書門下平章事常山縣開國子贈太傅博陵崔公墓志銘並序》，由吏部侍郎邵説撰，前河南府潁陽縣丞徐珙書，國子丞李陽冰篆。志文載崔公"以建中元年歲次庚申六月一日薨於京師"，故以李陽冰篆書亦在是時。

第三輯：文獻考釋

（一）吳廬陵太守虞君甓

磚甓兩側有字：一側"吳故廬陵太守虞君"，單行，八字；另一側"神明是保，萬世不刊"，單行，八字。共十六字，篆書。采集於餘姚城東穴湖。

廬陵，位於今江西吉安。秦置廬陵縣，屬九江郡，西漢屬豫章郡。至後漢獻帝初平二年（191），丹楊僮芝自署廬陵太守，始有之。在此之前，秦漢版圖上的"廬陵"是個縣級行政單位。

史家或以獻帝興平中孫策分豫章立廬陵郡。如《後漢書·郡國四》劉昭注："興平元年，孫策分立廬陵郡。"[1]《三國志·孫策傳》載其事："以吳景爲丹楊太守，以孫賁爲豫章太守；分豫章爲廬陵郡，以賁弟輔爲廬陵太守。"[2] 又《元和郡縣圖志》吉州下："獻帝興平二年，分豫章於此置廬陵郡。"[3]《續後漢書》卷八十五："獻帝興平中，孫策分豫章置廬陵。"[4] 今人李曉傑也以爲："廬陵郡當置於興平二年。廬陵郡之析置當在孫策渡江以後，而孫策乃於興平二年渡江，此由《吳志·孫策傳》裴注引《江表傳》可知。"[5]

《水經注》卷三九"贛水"則云："漢獻帝初平二年，吳長沙桓王立廬陵郡。"[6] 今人陳健梅從王象之說，以初平二年立廬陵郡，卻非孫策所置。此從王説。

嚴耕望《兩漢太守刺史表》"廬陵太守"條僅"呂岱"一人。[7] 現將史料中漢末及三國時期的"廬陵太守"羅列於下：

僮芝（後漢初平二年，至建安四年，僞職）

丹楊僮芝，自擅廬陵，番陽民帥別立宗部。（《資治通鑒》卷六十二）

丹楊僮芝自擅廬陵，詐言被詔書爲太守。（《三國志·太史慈傳》裴注引《江表傳》）

時丹楊僮芝自署廬陵太守，策留賁弟輔領兵住南昌……周瑜到巴丘，輔遂得進據廬陵。（《三國志·孫賁傳》裴注引《江表傳》）

孫輔（後漢建安四年）

分豫章爲廬陵郡，以賁弟輔爲廬陵太守。（《三國志·孫策傳》）

（建安四年）策分豫章爲廬陵郡，以孫賁爲豫章太守，孫輔爲廬陵太守。會僮芝病，輔遂進取廬陵，留周瑜鎮巴丘。（《資治通鑒》卷六十三）

孫輔字國儀，賁弟也……策立輔爲廬陵太守，撫定屬城，分置長吏。（《三國志·孫輔傳》）

（建安五年）廬陵太守孫輔恐權不能保江東，陰遣人齎書呼曹操。行人以告，權悉斬輔親近，分其部曲，徙輔置東。（《資治通鑒》卷六十三）

呂岱（後漢建安二十年）

（建安二十年）岱攻醴陵，遂禽斬龍，遷廬陵太守。（《三國志·呂岱傳》）

洪巨（吳，年代未知）

《宣城記》曰："吳時，洪巨爲廬陵太守，有清稱。徵還，船輕，皆載土。時歲暮除，逐人就乞，見土而去。"（《太平御覽》卷五百三十）

步璣（吳鳳凰元年，晉職）

（步）璣監江陵諸軍事、左將軍，加散騎常侍，領廬陵太守，改封江陵侯。（《三國

[1]《後漢書》志第二十二，第3491頁。

[2]《三國志》卷四十六，第1104頁。

[3] 李吉甫《元和郡縣圖志》卷二十八，中華書局1983年版，第673頁。又注引張駒賢《考證》："王象之引作'初平二年'，並辨《郡國志》注及《寰宇記》作'興平二年'之誤，以爲當從《元和志》。此疑後人據彼所改，《元和志》本作'初平'。"

[4] 郝經《續後漢書》卷八十五，商務印書館1936年版（叢書集成初編），第1435頁。

[5] 李曉傑《東漢政區地理》第十一章，山東教育出版社1999年版，第242頁。

[6] 陳橋驛《水經注校證》卷三十九，"又東北過石陽縣西"下，中華書局2007年版，第919頁。

[7] 嚴耕望《兩漢太守刺史表》，商務印書館1948年版，第207頁。嚴云："廬陵太守，建安中，吳廣陵呂岱。"

志·步騭傳》）

東漢末至西晉初，見諸史書的廬陵太守五人，屬孫吳政權任命的有孫輔、呂岱和洪巨三人，其中步騭在降晉後。此廬陵太守虞君，可補嚴氏《刺史表》之闕。

甓文"神明是保"，意謂祈求得到神靈佑護。"萬世不刊"之"刊"，《説文》云"剟也"，《廣雅》云"削也"，皆與利器削鑿有關。"萬世不刊"即"萬世不改"，或"永垂不朽"。此八字換成今語，大約就是"上帝保佑我，不被人和時間毀壞"。

附：虞夫人董氏甓

"董氏甓"與"廬陵太守虞君甓"同坑，屬異穴合葬。一側甓文："夫人董氏，全德播宣。"單行，八字；另一側："子孫熾盛，祭祀相傳。"單行，八字。兩側共十六字，篆書。

董氏，漢末餘姚著姓之一。史載有東漢良吏董昆、孝子董黯、三國名將董襲等。

甓文"董"字，下部"重"作"童"。"全"字，或有釋作"金"者。全德，指道德之完美，《後漢書·桓榮傳論》："而佚廷議戚援，自居全德，意者以廉不足乎？"李賢注："全德言無玷缺也。"

（二）吳平虜□□|都|亭侯虞君甓

所見斷甓。前半"吳故平虜"，後半"|都|亭侯虞君"，單行，存九字，篆書。案孫吳有"平虜將軍"，無"平虜校尉"或"平虜都尉"，故其文作"吳故平虜將軍都亭侯虞君"爲宜。殘甓采集於餘姚城東穴湖。

平虜將軍，爲"雜號將軍"號。後漢至魏晉南北朝，國多戰亂，有軍功者衆，給官品授予帶來困難，故在"將軍"前冠各種名號，作爲官職品級，以解決賞賜之需。因名號無一定程式，名號之間也無上下級關係，後人稱作"雜號將軍"。

按照胡三省的説法，平虜將軍"蓋孫氏創置"。[8]確實，《魏志》僅見平虜校尉和平虜中郎將，"平虜將軍"名號到建安十八年才出現。[9]

見諸史籍的吳平虜將軍五例：

1. 徐琨，建安五年（200）。[10]

（徐）琨以督軍中郎將領兵，從破廬江太守李術，封廣德侯，遷平虜將軍。（《三國志·吳主權徐夫人傳》）

2. 周泰，建安二十二年（217）。[11]

建安二十二年……權留平虜將軍周泰督濡須。（《資治通鑒》卷六十八）

曹公出濡須，泰復赴擊，曹公退。留督濡須，拜平虜將軍。（《三國志·周泰傳》）

3. 孫建，吳黃武二年（223）後。[12]

（孫桓）長子建襲爵，平虜將軍。（《三國志·孫桓傳》裴注引《吳書》）

4. 孟泰，吳鳳凰三年，晉泰始十年（274）

（泰始十年秋七月）壬午，吳平虜將軍孟泰、偏將軍王嗣等帥衆降。（《晉書·武帝紀》）

5. 朱明，吳天紀四年，晉太康元年（280）。[13]

及大舉伐吳，（王）渾率師出橫江……吳屬武將軍陳代、平虜將軍朱明懼而來降。（《晉書·王渾傳》）

[8]《資治通鑒》卷六十八，第2149頁。胡三省注"權留平虜將軍周泰督濡須"："平虜將軍，蓋孫氏創置。"

[9]《三國志》卷一，第40頁。裴注引《魏書》："於是中軍師陵樹亭侯荀攸……平虜將軍華鄉侯劉勳……長史萬潛、謝奐、袁霸等勸進。"

[10]《資治通鑒》卷六十三："舉兵攻術於皖城。術求救於操，操不救。遂屠其城，梟術首，徙其步曲二萬餘人。"

[11] 洪飴孫《三國職官表》以周泰封爵在建安十九年。

[12] 案孫桓卒於吳黃武二年，孫建之"平虜將軍"當在黃武二年後。

[13]《資治通鑒》卷八十一："（太康元年春）杜預向江陵，王渾出橫江，攻吳鎮戍，所向皆克。"

以上五例"平虜將軍"，徐琨、周泰以戰功受封，孫建、孟泰、朱明雖無受封記錄，大概也不出戰功或門蔭兩種。洪飴孫《三國職官表》："平虜將軍一人，官品第三。"[14]可排除墓主虞君在上述年份爲平虜將軍，而以孫建至孟泰之間（223—274）最有可能。

都亭侯，爵名。漢制，列侯大者食縣，小者食鄉、亭。三國時期，縣侯三品，鄉侯四品，亭侯五品，關內侯六品，關內侯以下無食租（三國時期亭侯食租與漢制相當）。可見虞君職官爵禄：官品第三，爵品第五，禄秩視中二千石，高於上文"廬陵太守虞君"。

據《三國志》記載，虞翻第四子虞汜征交州歸來，加爵餘姚侯（縣侯），此"餘姚"即其食邑。三國吳時期餘姚虞姓宗人，官爵最高者屬虞汜，"以討扶嚴功拜交州刺史、冠軍將軍、餘姚侯"。[15]其次，可能就是這位"平虜將軍都亭侯"虞君了。

古云"地不愛其寶"。近年陸續采集的"吳故廬陵太守虞君甓"，"吳故牙門將禆將軍虞羡甓"，及"吳故平虜將軍都亭侯虞君甓"等，無論書法還是文獻意義上，都堪稱邦之瑰寶。

（三）太康二年（281）議郎虞詢甓

甓文"太康二年議郎虞詢字仲良"，單行，十一字，隸書。同字不同範有兩種。采集於餘姚車廄（舊屬慈溪）。墓主虞詢，字仲良，以行次稱"仲"。

太康爲晉武帝司馬炎第三個年號，對於孫吳故地來説，卻是新朝新紀元。

議郎，官名。秦置，西漢沿置，專掌顧問應對，無常事，爲郎中令（光禄勳）屬官。魏晉因之，晉以後廢。

觀兩晉之議郎，較漢代有較大變化，大部分議郎只是"散郎"，没有進言議政之責，有些"散郎"甚至只領俸禄而無具體職事。《通典》將兩晉之太中、中散、諫議三大夫及議郎列爲七品。

兩晉議郎不外乎這樣三類：一、屬官階較低的散郎，爲入仕或遷轉之一階，像那些察舉之後的秀才孝廉，經過對策考試，常常守議郎等待調遷；二、用作職務官的議郎，官階較高，其責職類似於散騎常侍、侍中、黃門侍郎，有掌規諫，顧問應對的責任，屬顯職，像《晉書》中的裴秀、劉頌即是這種類型；三、用以優遇老邁廢疾官員的賜官。《晉書·山濤傳》："濤心求退，表疏數十上，久乃見聽。除議郎，帝以濤清儉無以供養，特給日契，加賜牀帳茵褥。禮秩崇重，時莫爲比。"[16]山濤辭去吏部尚書後，保留了一個用來領俸的散官銜，家居而不在朝。

墓主虞詢在歸晉次年除議郎，當屬朝廷優遇江左士族之舉，不可能有"顧問應對"的實職，其"議郎"應是"散郎"性質。

漢唐時期餘姚虞氏磚甓，大多采集於餘姚城東穴湖、城西南肖東一帶。磚甓發現地"車廄"，今屬餘姚，舊屬慈溪，無論是過去還是現在，它都處在縣級地域的邊緣。

寶慶《四明志》記載了慈溪"車廄"及附近地域的一些虞氏塚墓：

晉虞瑶墓，在五馬山，[17]（慈溪）縣西南六十里。《虞氏譜》云："瑶博學强識，當時所稱，累遷至伏波將軍。"（寶慶《四明志》卷十六）

晉虞胄墓，在橫山，[18]（慈溪）縣東南十里。《虞氏譜》云："胄好學不息，仕至散騎常侍。"嘗居此山，死因葬焉，至今人呼爲常侍墓。（寶慶《四明志》卷十六）

梁虞荔墓，在鳴鶴山，[19]（慈溪）縣西北六十里。《梁書》云荔會稽上虞人也，[20]

[14] 洪飴孫《三國職官表》，第 216 頁。

[15]《三國志》卷五十七，裴注引《會稽典録》，第 1327 頁。

[16]《晉書》卷四十三，第 1224 頁。

[17] 寶慶《四明志》卷十六："五馬山，（慈溪）縣西南六十里。"《餘姚市地名志》："五馬山，在沿江鄉蘭墅會村，海拔 316 米。"在今陸埠與車廄之間的沿江鄉，距離車廄約十公里。其有"蘭墅會村"："蘭墅會，村委駐地，村名由來無考，村居陳、范二姓，158 户，468 人。"其下"山下"云："村處五馬山下，故名。"

[18] 寶慶《四明志》卷十六："橫山，（慈溪）縣東南十里。"在今寧波洪塘街道西部橫山村，東與裘市接壤，西連慈城乍浦，南臨姚江，距大隱約十數公里。

[19] 寶慶《四明志》卷十六："鳴鶴山，（慈溪）縣西北六十里，耆老相傳云，昔有鶴棲於此山，一旦飛鳴，冲天而去。"在今慈溪杜湖畔。

[20]《四明志》誤，《梁書》無虞荔傳。《陳書·虞荔傳》："虞荔字山披，會稽餘姚人也。"

[21] 寶慶《四明志》卷十六：“東澄山，（慈溪）縣西南二十五里。”今車廄東南三公里左右，有東澄村，轄大東澄、小東澄、餘家站、乾山沿等四個自然村。《餘姚市地名志》：“東澄：村委會駐地大東澄，在鄉政府駐地東南2公里，以駐地得名。”今大、小東澄村之間，有烏龜山，高43米；烏龜山西南又有正無山，亦屬東澄村，高243米。《四明志》之東澄山，當在此地域。

[22] 寶慶《四明志》卷十六：“漁溪山，（慈溪）縣西北五十里。”《餘姚市地名志》：“漁溪，村委會駐地漁溪，在鎮政府駐地北2公里，以駐地得名。”案今丈亭漁溪村南有白羊、水牛、鳳凰諸山，東北爲桐湖嶺，《四明志》之漁溪山，當在此地域。

[23] 寶慶《四明志》卷十六：“戍溪山，（慈溪）縣西南三十五里，晉孫恩、盧循據嶺表作亂，縣海道入寇，劉牢之禦之，屯兵於此，故其山以戍爲名也。”《讀史方輿紀要》卷九十二“雙頂山”條下：“戍溪山，在（慈溪）縣西南三十五里，晉劉牢之討孫恩，嘗戍於此，下有戍溪。又大隱山，在縣南三十里。夏侯曾先云：‘東麓下有大隱溪，今曰慈溪。’”今屬餘姚大隱鎮。

以博識聞，舉宏詞，累遷中庶子，卒於官，歸葬此山。（寶慶《四明志》卷十六）

梁虞孜墓，在東澄山，[21]（慈溪）縣西南三十五里。孜舉秀才，累遷至散騎常侍，著《內典要》三十卷。（寶慶《四明志》卷十六）

梁建威將軍虞騖墓，在漁溪山，[22]（慈溪）縣西北五十里。（寶慶《四明志》卷十六）

梁東海太守虞野人墓，在戍溪山，[23]（慈溪）縣西南三十五里。（寶慶《四明志》卷十六）

據現有史料及出土磚甓，可發現在漢晉至唐的五、六百年時間內，虞氏各支爲了逃避戰亂，或拓展生存空間的需要，一直進行着遷徙活動。這樣的遷徙，像一劑慢性毒藥，削弱了宗族賴以維繫的羣居形式，使血緣紐帶日漸鬆散，是導致這個南方豪族在隋唐之際退出歷史舞臺的主要原因之一。

虞氏家族之遷居活動，始於東漢中晚期的虞國。到了晉代，學者虞喜因藏户之罪，長期蟄居於餘姚東南數十公里的大隱（舊屬慈溪）。[24]以上述《四明志》塚墓記載看，在當時慈溪生活着一個勢力强盛的虞氏分支。

三國虞翻墓在餘姚城南鳳亭之石龜，[25]晉虞瑤墓在沿江五馬山，晉虞詢磚甓采集於車廄，梁虞孜墓在車廄東澄山，梁東海太守虞野人墓在大隱戍溪山，虞喜又長期隱居於大隱，此六個虞氏遺蹟的共同點——都在姚江以南，四明山北麓。

如果我們把這六個點串聯起來，可以看到一個有趣的現象：自三國虞翻開始，時間越往後，虞氏墓址越向東南去，其墓址呈連珠狀向東南延伸，直抵南朝梁的虞野人墓。

在虞詢磚甓之前，魏晉時期虞氏宗人見諸鄰縣者，僅宋元時期的地方文獻，沒有真實的遺蹟和出土物。今磚甓之發見，可印證文獻之實。

（四）元康五年（295）諫議大夫虞氏甓

甓文：“元康五年七月己丑朔廿日戊申/晉故諫議大夫會稽餘姚虞氏造”，雙行，二十六字，篆書。同坑另有“五年七月己丑朔廿日戊申晉不禄諫議大夫虞夏□”。采集於餘姚城東穴湖。

諫議大夫，官名。但《晉書·職官志》未見“諫議大夫”。《通典》“諫議大夫”未及魏晉，僅對後魏、北齊有相關記載。《資治通鑑》：“（泰始元年）初置諫官，以散騎常侍傅玄、皇甫陶爲之。”胡注：“東漢有諫議大夫。魏不復置。晉以散騎常侍拾遺補闕，即諫官職也。”[26]據胡三省的説法，魏晉無諫議大夫，諫官由散騎常侍擔任。

但《晉書》並非沒有“諫議大夫”記載：

庾峻字山甫，潁川鄢陵人也……武帝踐阼，賜爵關中侯，遷司空長史，轉秘書監、御史中丞，拜侍中，加諫議大夫。（《晉書·庾峻傳》）

（趙王倫）坐使散騎將劉緝買工所將盜御裘，廷尉杜友正緝棄市，倫當與緝同罪。有司奏倫爵重屬親，不可坐。諫議大夫劉毅駁曰：“王法賞罰，不阿貴賤，然後可以齊禮制而明典刑也。倫知裘非常，蔽不語吏，與緝同罪。當以親貴議減，不得闕而不論。宜自於一時法中，如友所正。”帝是毅駁，然以倫親親故，下詔赦之。（《晉書·司馬倫傳》）[27]

《晉書》兩例“諫議大夫”都在晉初。前者庾峻之“諫議大夫”，當是加官或俗稱，實是

"侍中"；後者劉毅之"諫議大夫"，實爲"散騎常侍"。

此虞君之"諫議大夫"，或是加官虛銜，用來證明官品或用作寄祿。當然也不排除墓主生前在門下省（漢晉之散騎常侍屬門下省）任職，家人書"諫議大夫"美其生平。

（五）元康九年（299）虞衛尉甓

甓文兩種：其一"虞衛尉君元康九年八月造"，單行，十一字，隸書；其二"虞衛尉君晉元康九年八月造"，單行，十二字，隸書。采集於餘姚城南梁輝。

衛尉，職官名。《通典》："漢以太常、光禄勳、衛尉、太僕、廷尉、大鴻臚、宗正、大司農、少府謂之九寺大卿。"杜注："太常、光禄勳、衛尉三卿並太尉所部；太僕、廷尉、大鴻臚三卿並司徒所部；宗正、大司農、少府三卿並司空所部。"[28] 又："衛尉，秦官，掌門衛屯兵……後漢有衛尉卿一人，職與漢同。晉銀章青綬，五時朝服，武冠，佩水蒼玉，掌冶鑄，領冶令三十九。晉江左不置衛尉。宋孝武復置。"[29] 西漢衛尉與太常、光禄勳並太尉所部，兩漢職責是護衛宮闕，到了西晉又加了一項"冶鑄"。

《晉書》載："太后三卿，衛尉、少府、太僕，漢置，皆隨太后宮爲官號，在同名卿上，無太后則闕。魏改漢制，在九卿下。及晉復舊，在同號卿上。"[30]

據此，西晉"衛尉"有兩種：一是主管武庫、公車、衛士、諸冶等，並首領禁軍，護衛宮庭，即摯虞所説"衛尉卿驅馳繞宮，伺察守備，周而復始"[31]，東晉省置，至南朝宋孝武帝復置；二爲太后三卿之一，"隨太后宮爲官號"，官品在諸卿上。

《晉書·帝紀三》載泰始九年（273），晉武帝曾取消過衛尉，約在咸寧中恢復了此官職。筆者爬梳兩晉衛尉，共得二十二人，其中西晉十六人，東晉六人。西晉十六衛尉，太康之前可考者三人：諸葛緒、王宏、文立；太康之後可考者八人：裴楷、孫旂、石崇、傅祇、摯虞、荀組、盧志、劉暾；年代不可考者四人：王虔、盧琎、司馬輔、荀輯；卒後追贈一人：繆播。

在太康元年至元康九年之間，晉廷衛尉有：裴楷（290年）、孫旂（295年）、石崇（300年以前）、傅祇（300年後）：

裴楷，永熙元年（290）由衛尉轉太子少師。[32]

（裴）楷子瓚娶楊駿女，然楷素輕駿，與之不平。駿既執政，乃轉爲衛尉，遷太子少師，優遊無事，默如也。（《晉書·裴楷傳》）

（永熙元年）八月，壬午，立廣陵王遹爲皇太子。以中書監何劭爲太子太師，衛尉裴楷爲少師。（《資治通鑑》卷八十二）

孫旂，元康五年（295）尚在職，旋因武庫失火而免。[33]

永熙中，徵拜太子詹事，轉衛尉，坐武庫火，免官。（《晉書·孫旂傳》）

石崇，永康元年（300）四月免官。[34]

（石崇）與徐州刺史高誕爭酒相侮，爲軍司所奏，免官。復拜衛尉，與潘岳諂事賈謐。謐與之親善，號曰"二十四友"。廣城君每出，崇降車路左，望塵而拜，其卑佞如此……及賈謐誅，崇以黨與免官。（《晉書·石崇傳》）

前衛尉石崇、黃門郎潘岳皆與秀有嫌，並見誅。（《晉書·趙王倫傳》）

傅祇，永康元年（300）四月以後。[35]

氐人齊萬年舉兵反，以（傅）祇爲行安西軍司，加常侍，率安西將軍夏侯駿討平

[24] 大隱與車廏相鄰，兩地原屬慈溪，今屬餘姚。寶慶《四明志》卷十六："大隱山，（慈溪）縣南三十里。夏侯曾先《地志》云，大隱山口南入天臺北峯，爲四明東足，乃謝康樂煉藥之所也。晉虞喜三召不就，遁跡此山，因以爲名。"《晉書·山遐傳》："遐字彦林，爲餘姚令。時江左初基，法禁寬弛，豪族多挾藏戶口，以爲私附。遐繩以峻法，到縣八旬，出口萬餘。縣人虞喜以藏戶當棄市，遐欲繩喜。諸豪彊莫不切齒於遐，言於執事，以喜有高節，不宜屈辱。又以遐輒造縣舍，遂陷其罪。遐與會稽內史何充牋：'乞留百日，窮鞫逋逃，遐而就罪，無恨也。'充申理，不能得。竟坐免官。"時虞喜隱於大隱山。

[25] 光緒《餘姚縣志》卷十五引《會稽志》："虞翻墓，在羅壁山下，蓋縣南十有八里。"卷十一又引："虞公廟在鳳亭鄉之石龜，吳國虞翻之墓也。"

[26]《資治通鑑》卷七十九，第2494頁。

[27]《晉書·劉毅傳》："武帝受禪，爲尚書郎、駙馬都尉，遷散騎常侍、國子祭酒。帝以毅忠蹇正直，使掌諫官。轉城門校尉，遷太僕，拜尚書，坐事免官。咸寧初，復爲散騎常侍、博士祭酒。"武帝"使掌諫官"，當指前"散騎常侍"。

[28]《通典》卷第二十五，第690頁。

[29]《通典》卷第二十五，第700頁。

[30]《晉書》卷二十四，第737頁。

[31]《晉書》卷十九，第594頁。

[32]《資治通鑑》卷八十二："（永熙元年五月）詔以太尉駿爲太傅、大都督、假黄鉞，録朝政，百官總己以聽。"故以裴楷轉衛尉在是年五月，又在秋八月轉太子少師，實際在職時間僅數月。

[33] 案：惠帝永熙元年，徵拜孫旂爲太子詹事，後轉衛尉。元康五年武庫失火，孫旂在衛尉職。

[34] 案：賈謐被誅於永康元年四月，遂免石崇官，被害。故以石崇任衛尉時間當在永康元年四月之前。

[35] 案：齊萬年亡於元康九年，次年（即永康元年）四月石崇被免職。傅氏遷衛尉當在永康元年四月以後，應是石崇之繼任。

[36]《晉書·盧欽傳》："盧欽字子若，范陽涿州人也。祖植，漢侍中。父毓，魏司空。"又"欽弟珽字子笏，衛尉卿。"

[37] 光緒《餘姚縣志》卷十五，第273頁下。

之。遷衛尉，以風疾遜位，就拜常侍，食卿禄秩，賜錢及牀帳等。（《晉書·傅祗傳》）

甓文"元康九年八月"。是年，石崇仍任衛尉，並於次年免官。故虞君之衛尉，至少爲石崇之前任。我們也看到，西晉時期，凡出現在史籍的衛尉，都是由江北子弟擔任的：

> 裴楷：父徽，魏冀州刺史。
>
> 孫旂：父歷，魏晉之際爲幽州刺史、右將軍。
>
> 石崇：父苞，"武帝踐阼，遷大司馬，進封樂陵郡公，加侍中，羽葆鼓吹……泰始八年卒，帝發哀於朝堂，賜秘器，朝服一具，衣一襲，錢三十萬，布百匹。及葬，給節幢麾、曲蓋、追鋒車、鼓吹、介士、大車，皆如魏司空陳泰故事，車駕臨送於東掖門外。策謚曰武。咸寧初，詔苞等並爲王功，列於銘饗。"（《晉書·石苞傳》）
>
> 傅祗：父嘏，魏太常。
>
> 摯虞：父模，魏太僕卿。
>
> 荀組：祖勖，"久在中書，專管機事……太康十年卒，詔贈司徒，賜東園秘器、朝服一具、錢五十萬、布百匹。遣兼御史持節護喪，謚曰成。"父輯，"官至衛尉"。（《晉書·荀勖傳》）
>
> 盧志：曾祖植，漢侍中；祖毓，魏司空；父珽，亦在晉泰始中任衛尉卿。[36]
>
> 劉暾：漢城陽景王章之後。父劉毅，在晉爲尚書左僕射，"以光禄大夫歸第，門施行馬，復賜錢百萬。"（《晉書·劉毅傳》）

上述西晉衛尉，他們祖籍江右，其父、祖皆在漢魏位至公卿。尤其荀組、盧志兩人，把衛尉當成了一項世襲職業。所以説，出生於江左的虞君，在西晉朝廷擔任宮廷禁衛的軍事首腦或是太后三卿之一的衛尉，這種可能微乎其微。

當然，磚甓刊刻"衛尉"還存在另外幾種可能：一是因墓主的特別功勳，而在其卒後給予追贈，如前繆播、周札、荀闓、劉超等；二是墓主曾任衛尉屬官，家人書"衛尉"美其生平；三是虞君之衛尉，爲三國吳時期職官。

（六）太和二年（367）北鄉虞翁甓

同坑磚甓兩款。一款兩側有字，一側"太和二年餘姚北鄉虞翁冢"，單行，十一字；一側"翁兄沿所立是晉哀帝末"，單行，十字，書體在隸楷之間。另一款端面、側面皆有字，端面爲"晉成帝時"，單行，四字；側面"司徒掾章安建康令虞沿"，單行，十字，書體在隸楷之間。采集於餘姚肖東。

餘姚肖東，舊作鳳亭鄉。光緒《餘姚縣志》引《會稽志》："虞翻墓，在羅壁山下，蓋縣南十有八里。"[37]又："虞公廟，在鳳亭鄉之石龜，吳國虞翻之墓也。"[38]又注引乾隆《志》："鳳亭之名，因虞仲翔建亭於豎玉山，有來鳳之祥，故名鳳亭。"[39]鳳亭鄉名，宋嘉泰《會稽志》已有記載。

虞翻建亭引鳳於豎玉山，故以鳳亭名鄉；翻亡，又葬於鳳亭，後人起廟以祀之。《三國志》本傳："在南十餘年，年七十卒。歸葬舊墓，妻子得還。"[40]此"舊墓"可作兩層意思理解：一是虞翻生前曾營生壙，卒後得以歸葬，故稱舊墓；二是餘姚虞氏的家族墓區。

鳳亭"石龜"是今之肖東洪家閘。其地名"石龜"，或指虞翻大墓前的龜形碑座，也即"龜趺"或"贔屭"。今人仲威在《碑帖的起源與發展》中説："漢代碑座多爲方趺，不加雕飾，有的甚至没有碑座，直接插在土裏。我們今天熟悉的烏龜形碑座出現得較晚，直到漢光和六年（183）才出現在《白石神君碑》和《王舍人碑》的碑座造型上，後人稱之爲'龜趺'。"[41] 虞翻卒於嘉禾二年（233），當已有使用"龜趺"的習俗。

一、兩款磚甓的基本信息

兩款磚甓包含以下信息：塚主爲餘姚縣北鄉虞翁，其兄虞沿；虞翁亡後，虞沿爲弟經營墳塚，營塚時間始於晉哀帝末，不晚於興寧三年（365）；"太和二年"，應是玄宮築成之吉日，也可視作下葬時間；甓文記載了虞沿在晉成帝時擔任"司徒掾、章安（及）建康令"。

甓文地名有三：章安、建康、餘姚北鄉。前兩個地名與虞沿職官有關，"餘姚北鄉"爲虞翁户籍注册地，相當於今日登記在居民户口簿上的地址。

"北鄉"是迄今所見最早的餘姚鄉名。光緒《餘姚縣志》引《會稽志》，宋時城内有十坊："履仁、待士、清和、崇理、訓俗、通德、太平、時清、永寧、雙桂"；城外十五鄉，分别爲："冶山、通德、雙雁、鳳亭、四明、雲樓、燭溪、雲柯、東山、孝義、開原、蘭風、龍泉、梅川、上林"。並云："餘姚里都之可考者，始於宋。"[42] 可知宋時像"北鄉"這樣的舊名已佚。在漢晉時期，餘姚縣也許是以東、南、西、北四鄉來命名的。北鄉，按其方位，應在縣城之北。

磚甓的職官記録，更像是虞沿一生簡歷：以公府掾屬"司徒掾"起家，後在臨海郡任章安縣令，他一生中最重要的官職是擔任建康令。建康爲京都，建康令的權力遠高於一般意義上的縣令長。以唐爲例，《通典·職官十五》："大唐縣有赤、畿、望、緊、上、中、下七等之差。"杜注："京都所治爲赤縣，京之旁邑爲畿縣，其餘則以户口多少、資地美惡爲差。"[43] 大唐時，縣有七等之差，以赤縣（也即京都所在）爲首。兩晉的洛陽、建康，大抵也有如此待遇。

二、虞沿的仕途分析

據甓文，虞沿的仕途經歷依次是司徒掾、章安令和建康令。其爲"司徒掾"時間，或在成帝初。兩晉司徒府設有東曹掾（左曹掾）、右西曹掾、左西曹掾三種，下置掾員。史料中，"司徒掾"不專指"掾"，有時也包括了三曹的普通執事。因甓銘記載虞沿以"掾"遷縣令、長，當是不折不扣的"司徒掾"。

司徒掾的徵辟，不像州郡察舉孝廉、秀才那樣，有着較爲苛刻的人數、選舉年限等要求。被徵辟者只要得到府主認可，就可以獲得一官半職。府主自主徵辟，可以理解爲府主不受吏部或中書省約束。尤其在晉成帝時期，像王導這樣掌握朝廷實際權力的"司徒"，他只須把手裏的三十一人名單上交皇帝過目就行。如此徵辟方式，對於那些得不到州郡察舉的士子來説，無疑多了一條做官的出路。

府主與掾屬的關係，比較接近聘用與被聘用的合約關係。當府主致仕歸家或因罪免官，若掾屬們不能找到新的出路，那麼他們的命運可能是下崗，成爲一名無業士子。所以，掾屬的命運大多依附於府主的意志和命運。倘若府主轉任更高一級的職官，大多掾屬也能隨之就任，這樣的掾屬多多少少有了些"家臣"的色彩。因府主與掾屬之間體現出來的私人色彩，讓他們之間存在一種特殊的友誼。

[38] 光緒《餘姚縣志》卷十一，第225頁上。

[39] 光緒《餘姚縣志》卷一，第69頁下。

[40] 《三國志》卷五十七，第1324頁。

[41] 《美術報》2009年7月25日，總第818期，第30版。

[42] 光緒《餘姚縣志》卷一，第69頁上。

[43] 《通典》卷三十三，第919—920頁。

府主與掾屬之間的強烈依附關係，不但影響到掾屬的任期，也左右着掾屬的未來仕途。這種情況，就像唐代幕府中，幕主與幕僚之間的關係。賴瑞和先生在《唐代基層文官》一書中這樣描述唐代的幕府情形：

> 任幕職者多爲年輕士人，他們將來的仕途，許多時候取決於府主的提拔。得到府主賞識的，不但可以隨府遷移，而且在適當時候，還有機會隨府主入朝，或爲府主引薦爲朝中官員，再由此騰達。[44]

故崔寔《政論》云："三府掾屬，及其取官，又多超卓，或朞月而長州郡，或數年而至公卿。"[45]當然，個人才能、人格魅力、門第鄉品和宗族人脈等諸多因素，也會對一個官員的仕途命運産生影響。

據《晉書》明、成兩紀，自明帝太寧元年（323）四月"轉司空王導爲司徒"，至成帝咸康五年（339）"秋七月庚申，使持節、侍中、丞相、領揚州刺史、始興公王導薨"，王導在司徒任上共十六年（咸康四年六月改司徒爲丞相，次年八月又改爲司徒），幾乎涵蓋了明、成兩朝。故以爲虞沿在晉成帝時擔任司徒掾時，司徒爲王導。

虞沿的仕途經歷也許是這樣的：他在州郡（比如會稽郡）擔任過一段時間的低級文官，隨後調遷司徒府，在王導手下擔任司徒掾。按照西晉的政策，若想有個好前途，必須先去縣級行政單位擔任縣令、長。[46]虞沿在府主王導或宗親權貴的作用下，轉調臨海郡章安縣，做了一些時間的章安縣令，然後再調遷建康縣令。

虞沿的從仕經歷，符合漢晉時期的典型進身方式：由公府或州郡徵辟入仕，經府主及家族仕宦的薦舉，或遷內官，或外遷縣令長。自然，這種進身方式與當時通行的察舉制和九品中正制有關。史載餘姚虞潭以秀才被徵辟爲大司馬祭酒，大約得到鄉品二品。那麼，虞沿無論以什麼身份進身司徒掾，也可視作鄉品左右的結果。

虞沿在成帝時期的職官升遷，或與虞潭有關：

> 成帝即位，出爲吳興太守，秩中二千石，加輔國將軍。以討充功，進爵零陵縣侯。蘇峻反，加潭督三吳、晉陵、宣城、義興五郡軍事……侃等假潭節、監揚州浙江西軍事。潭率衆與諸軍并勢，東西掎角。遣督護沈伊拒管商於吳縣，爲商所敗，潭自貶還節。尋而峻平，潭以母老，輒去官還餘姚。詔轉鎮軍將軍、吳國內史。復徙會稽內史，未發，還復吳郡。以前後功，進爵武昌縣侯，邑一千六百戶……咸康中，進衛將軍……以母憂去職。服闋，以侍中、衛將軍徵。既至，更拜右光祿大夫、開府儀同三司，給親兵三百人，侍中如故。（《晉書·虞潭傳》）

可以看到，虞潭一生最重要的從仕經歷發生在成帝年間。其職官經歷依次是：太寧末、咸和初的"吳興太守"；咸和二年冬的"督三吳、晉陵、宣城、義興五郡軍事"；咸和三年的"假節、監揚州浙江西軍事"；咸和四年的"鎮軍將軍、吳國內史"；咸康中的"衛將軍"；直至咸康中晚期的"侍中、衛將軍，更拜右光祿大夫、開府儀同三司"。衛將軍有總領京師全軍，衛戍首都之責任，也許是虞潭薦舉虞沿擔任建康令的。

在哀帝末，虞沿提及自己在二十多年前成帝時期的"司徒掾章安建康令"，當是之後再無顯職，甚至是卸官返鄉了。有意思的是，虞潭就卒於咸康八年（成帝末）。

（七）太元二年（377）東海朐令虞君甓

磚甓兩種：一爲"晉故朐令虞君之 [玄]□"，單行，可識八字，隸書；另一爲"太元

[44] 賴瑞和《唐代基層文官》，第 221 頁。

[45] 虞世南《北堂書鈔》卷六十八，中國書店 1989 年版，第 246 頁上。

[46] 案太康八年，晉武帝令吏部尚書王戎制定"甲午制"，針對不樂宰牧而好內官的現象，下令士人必須先爲縣之令長，治民著績，方能入補尚書郎、侍中、散騎常侍、黃門郎、散騎郎、中書郎等清官。在元帝時期雖然這一制度有所破壞，但依然在士子們中間産生較大影響。詳見閻步克《察舉制度變遷史稿》之《甲午制始末》。

二年歲在丁丑晉故東海朐令郎中虞君玄宮"，單行，可識二十字，隸書。兩磚甓同坑，書體甚美，采集於餘姚雙河同光（穴湖東約 1 公里）。

據甓文，墓主虞君曾任"東海（郡）朐令"，其玄宮成於太和二年。

朐縣，秦置，在今江蘇連雲港。據銘文，墓主似乎是先任朐令，再轉郎中的。《中國歷代職官辭典》"郎中"條：

> 官名。郎通廊，以守職於宮殿前左右廊廡中得名，爲諸郎官中設置最早的一種。春秋時已有。戰國時各大國均置，近侍國君左右，參與謀議、宿衛及奉命出使等。秦、漢沿置，爲郎中令（光祿勳）屬官，與中郎、名郎並稱三郎，主管車、騎、門戶，内充侍衛，外從作戰，秩比二千石。初分車郎、戶郎、騎郎三類，長官稱車將、戶將、騎將。東漢不分類，亦不置三將。曹魏於尚書臺下諸部曹均設，或稱尚書郎、曹郎，四百石，第六品，主作文書起草……青龍二年（234）有軍事，置都官、騎兵，合爲二十五，每一郎缺，以孝廉能主文案者充之。[47]

不難發現，曹魏時期有這樣的"郎中"任用慣例，即"每一郎缺，以孝廉能主文案者充之"。反過來，我們可以這樣理解，"郎中"是在"孝廉"中選拔出來的。那些被挑選成爲"郎中"的孝廉們，必須有輔助長官處理部曹一般文牘和雜事的能力（"能主文案"），經選拔以後，從事一些低級的文職工作。這時，作爲低層文職的"郎中"，位列六品，祿秩比三百石。

兩晉以秀才、孝廉除郎中的現象非常普遍。察舉秀、孝，進而除拜郎中，除了需要具備相當的品德要求，必需的文學或吏治才能，還要有相應的門第品級——這一點才是最重要的。自然，出生于江左世族的虞氏子弟們，並不缺乏這個條件。他們天生貴族，身後矗立着龐大的祖先產業，以及虞氏先祖們經營多年的人脈網絡。他們在仕途上的付出，要遠遠低於寒門子弟。

筆者曾爬梳《晉書》"孝秀除拜郎中"，有二十二例，其中以"舉秀才，除郎中"者，八例；以"舉賢良，拜郎中"者，二例；以"察孝廉，除郎中"者，十二例。秀才及孝廉，在漢晉時期屬歲科，即每年由州、郡長官進行推薦和選拔，故也稱歲舉。而賢良科屬於特舉，不定期，數額少，故以方正、賢良除郎中者要遠少於前兩者。

除了上述三種途徑，《晉書》還提供了另外兩種可能：一是因爲特殊的才能，由中央政府或三公出面，直接徵辟爲郎中。《晉書·索紞傳》記載："索紞字叔徹，敦煌人也。少遊京師，受業太學，博綜經籍，遂爲通儒。明陰陽天文，善術數占候。司徒辟，除郎中，知中國將亂，避世而歸。"[48]二是特別時期政策使然。《晉書·顧榮傳》："顧榮字彥先，吳國吳人也，爲南土著姓……吳平，與陸機兄弟同入洛，時人號爲'三俊'。例拜爲郎中，歷尚書郎、太子中舍人、廷尉正。"[49]文中所說之"例拜"，即《三國志·孫皓傳》所說："皓太子瑾拜中郎，諸子爲王者，拜郎中。"[50]顧榮雖非孫氏諸子，但會稽顧氏在江左居四族之首，又是東吳故丞相顧雍之孫，故特受西晉政府照顧。

曹魏兩晉時期，對於秀孝除拜郎中的現象，閻步克先生《察舉制度變遷史稿》如此闡述：

> 晉代秀才是依制"五策皆通，拜爲郎中"；孝廉則是在漢代就以除拜郎中爲經制的。但據我統計，曹魏與兩晉之孝廉和晉代秀才，史傳明記拜爲郎官者，在三分

[47] 邱樹森《中國歷代職官辭典》，江西教育出版社 1991 年版，第 438 頁。

[48]《晉書》卷九十五，第 2494 頁。

[49]《晉書》卷六十八，第 1811 頁。

[50]《三國志》卷四十八，第 1177 頁。

之一上下，其餘或爲公府、軍府、州府所辟，或拜爲博士、黃門郎、吏部郎、著作郎、太子洗馬、吏部令史、謁者、縣令長等等。但總的看來，在此期秀孝所拜之官中，議郎、中郎、郎中數量最大，遠多於其他任何一種官職。雖然統計比例在三分之一左右，但我頗懷疑，可能有許多秀孝曾拜郎官，而爲史傳省略不計了。[51]

“秀孝除郎”在魏晉時期是通例。但歲舉之後，除郎之前，須參加朝廷主持的答策考試。早在東漢陽嘉元年（132），漢順帝曾根據尚書令左雄的建議制訂了“自今孝廉年不滿四十，不得察舉，皆先詣公府，諸生試家法，文吏課牋奏”的考試制度。[52]即對四十歲以下，儒生出身的孝廉、秀才要考試經術，對文吏出身的則考試牋奏。此墓主虞君，應該經歷了經術或牋奏之試，才得以除拜郎中，轉遷縣令、長的。

答策之後除郎，又有上、中、下之層次分別。《晉書·石勒傳》記載北朝政府任用答策士子的方式：“下書令公卿百僚歲薦賢良、方正、直言、秀異、至孝、廉清各一人，答策上第者拜議郎，中第中郎，下第郎中。”[53]其歲薦之科，與西晉同，其分別授拜議郎、中郎、郎中之法，恐怕也是沿用了晉朝成規。

在除拜郎中以後，通常能授予大小不一的官職，“或爲公府、軍府、州府所辟，或拜爲博士、黃門郎、吏部郎、著作郎、太子洗馬、吏部令史、謁者、縣令長”。在爬梳所得二十二例中，有十四例分別轉除爲部曹郎、參軍、舍人、祭酒、洗馬、別駕等（其中又有五例日後又轉除縣令、長）；有四例外流，由郎中遷爲縣令長。

據銘文可推測虞君經歷：他可能在餘姚縣或會稽郡擔任過一段時間的基層文官，後被刺史郡守察舉爲孝廉、秀才，並接受了朝廷的答策考試；在這次考試中，虞君的成績並不理想，只位列下第，故除拜郎中；虞君經過實習守選期，接受吏部考核，再轉遷東海朐令。朐縣縣令應是他生平中最後的職官了，郎中則是他在實習守選期的一個虛銜。

（八）泰始五年（469）虞欽之甓

甓文“泰始五年虞欽之作”，單行，共八字，書體隸楷之間。采集於餘姚城東穴湖。

漢唐之際，泰始年號有兩：一是晉武帝司馬炎的第一個年號，西元265至274年，歷時十年；另一爲南朝宋明帝劉彧時，西元465至471年，歷時七年。西晉泰始五年（269）實吳孫皓建衡元年，磚甓既出江左，當爲南朝劉宋泰始五年（469）。

此甓特別，在“虞欽之”三字。案史載，魏晉南北朝時期，餘姚有虞秀之、虞望之、虞通之和虞玩之等餘姚虞姓官宦。現將這些“之字輩”虞姓宗人作一分析，看看他們是否與“虞欽之”有同時代的可能：

一、虞秀之

虞秀之，父嘯父，子悰。《南齊書·虞悰傳》：“祖嘯父，晉左民尚書。父秀之，黃門郎。悰少而謹敕，有至性。秀之於都亡，悰束出奔喪，水漿不入口。”[54]《南齊書》對虞秀之的記載較簡略，其“黃門郎”未知晉、宋。

據《宋書·庾炳之傳》，何尚之彈劾庾炳之時，曾提到虞秀之。是時，虞秀之尚未遷至黃門郎：“（何）尚之乃備言炳之愆過，曰：‘虞秀之門生事之，累昧珍肴，未嘗有乏，其外別貢，豈可具詳？……論虞秀之作黃門，太尉不正答和，故得停。’”[55]據本傳，炳之在“（劉）義康出藩”後“爲尚書吏部郎，與右衛將軍沈演之俱參機密。頃之，轉侍中，本州大中正。遷吏部尚書，領義陽王師。”[56]史載“義康出藩”在元嘉二十二年

[51] 閻步克《察舉制度變遷史稿》第七章《晉代察舉之變遷》，中國人民大學出版社2009年版，第124頁。

[52]《後漢書》卷六十一，第2020頁。

[53]《晉書》卷一百五，第2748頁。

[54]《南齊書》卷三十七，第654頁。

[55]《宋書》卷五十三，第1519—1520頁。

[56]《宋書》卷五十三，第1517頁。

（445）[57]，庾炳之遷吏部尚書在此年或稍後。

庾炳之任吏部尚書時，曾向朝廷建議提升虞秀之爲黃門郎，太尉未作應答，因此虞秀之的升遷被擱置了。這説明在元嘉二十二年的時候，虞秀之仍在世。

庾炳之的吏部尚書只到元嘉二十五年。[58]大概在這之前，虞秀之以"尚書門生"故，再次被舉薦，並成功遷除黃門郎。《南史·虞悰傳》："悰少以孝聞，父病不欲見人，雖子弟亦不得前，時悰年十二三，晝夜伏户外問内豎消息。問未知，轉嗚咽流涕，如此者百餘日。"[59]又據《南齊書·虞悰傳》："永元元年，卒。時年六十五。"[60]案虞悰生於宋元嘉十二年（435），其父亡時，虞悰爲十二、三歲，時在元嘉二十三、四年間。故以虞秀之任黃門郎時間，在元嘉二十二年至二十四年間（445—447），並在遷黃門郎後不久病逝。

若以虞秀之卒於元嘉二十四年（447）計，距"泰始五年（469）虞欽之"二十二年。

二、虞望之

虞望之，父虞贊，子虞愿。《南齊書·虞愿傳》："父望之，早卒。贊中庭橘樹冬熟，子孫競來取之，愿年數歲，獨不取，贊及家人皆異之。元嘉末，爲國子生，再遷湘東王國常侍，轉潯陽王府墨曹參軍。明帝立，以愿儒吏學涉，兼蕃國舊恩，意遇甚厚。除太常丞，尚書祠部郎，通直散騎侍郎，領五郡中正，祠部郎如故……建元元年卒，年五十四。"[61]

《虞愿傳》載"愿年數歲"時，其父虞望之已亡。按虞愿卒於蕭齊建元元年（479），上溯其生年爲宋元嘉三年（426）。可大致推得虞望之卒年距"泰始五年"約四十年左右。因望之早卒，故亦可視作與"虞欽之"同時代。

三、虞通之

虞通之，南朝劉宋時人，官領軍長史、黃門郎，著有《妒記》、《善諫》。《南史》云："時有虞通之、虞龢、司馬憲、袁仲明、孫詵等，皆有學行，與（孔）廣埒名。通之、龢皆會稽餘姚人，通之善言《易》，至步兵校尉。"[62]

《宋書》關於虞通之的記載僅一條：

> 宋世諸主，莫不嚴妒，太宗每疾之。湖熟令袁慆妻以妒忌賜死，使近臣虞通之撰《妒婦記》。[63]

"太宗"即宋明帝劉彧，在位時間爲泰始元年至泰豫元年（465—472）。時虞通之或爲黃門郎，奉詔撰寫《妒婦記》（隋、唐《志》作《妒記》）。

《梁書·傅昭傳》也有虞通之的點滴記載：

> 昭六歲而孤，哀毀如成人者，宗黨咸異之。十一，隨外祖於朱雀航賣曆日。爲雍州刺史袁顗客，顗嘗來昭所，昭讀書自若，神色不改。顗歎曰："此兒神情不凡，必成佳器。"司徒建安王休仁聞而悦之，因欲致昭，昭以宋氏多故，遂不往。或有稱昭於廷尉虞愿，愿乃遣車迎昭。時愿宗人通之在坐，並當世名流，通之贈昭詩曰："英妙擅山東，才子傾洛陽。清塵誰能嗣，及爾邁遺芳。"太原王延秀薦昭於丹陽尹袁粲，深爲所禮，辟爲郡主簿，使諸子從昭受學。會明帝崩，粲造哀策文，乃引昭定其所制……大通二年九月，卒，時年七十五。[64]

[57]《宋書·劉義康傳》："（元嘉）二十二年，太子詹事范曄等謀反，事逮義康，事在《曄傳》……於是免義康及子泉陵侯允、女始寧豐城益陽興平四縣主爲庶人，絕屬籍，徙付安成郡。"

[58]《宋書·庾炳之傳》："太祖乃可有司之奏，免炳之官。是歲，元嘉二十五年也。"

[59]《南史》卷四十七，中華書局1975年版，第1175頁。

[60]《南齊書》卷三十七，第656頁。

[61]《南齊書》卷五十三，第915—917頁。

[62]《南史》卷七十二，第1770頁。

[63]《宋書》卷四十一，第1290頁。

[64]《梁書》卷二十六，第392—394頁。

據傅昭本傳，泰始元年（465）其十一歲。而虞愿遣車迎傅昭、袁粲引傅昭定哀策文，兩事都在泰始元年以後。

《宋書·明帝紀》載，景和元年（465）十二月"癸亥，以新除驃騎大將軍建安王休仁爲司徒、尚書令、揚州刺史"，[65] 是月丙寅改元泰始；泰始七年（471）"五月戊午，司徒建安王休仁有罪，自殺"。[66] 司徒建安王休仁致傅昭，當在泰始六、七年間，因傅昭已覺察到其中風險，故"以宋氏多故，遂不往"；袁粲爲宋明帝造哀策，應在明帝死後次年，即元徽元年（473），時傅昭十八歲。本傳載虞通之贈傅昭詩，在兩事之間。

故以爲虞通之贈傅昭詩，在泰始末至元徽初之間。也就是說，泰始五年時（泰始共七年），虞通之尚在人世。

四、虞玩之

《南齊書·虞玩之傳》："虞玩之字茂瑤，會稽餘姚人也。祖宗，晉庫部郎。父玫，通直常侍。玩之少閑刀筆，汎涉書史，解褐東海王行參軍，烏程令。路太后外親朱仁彌犯罪，依法録治。太后怨訴孝武，坐免官。泰始中，除晉熙國郎中令，尚書起部郎，通直郎。元徽中，爲右丞。"[67]

據本傳，虞玩之在劉宋泰始中，"除晉熙國郎中令，尚書起部郎，通直郎"。至元徽中，"爲右丞"。泰始五年，是他仕途的起步階段。

南齊建元三年（481），虞玩之曾上表告退："臣生於晉，長於宋，老於齊，世歷三代，朝市再易。臣以宋元嘉二十八年爲王府行佐，於茲三十年矣。"[68] 隨後致仕，"歸家起大宅，數年卒"，[69] 其卒年約在齊永明初。

可以看到，上述虞秀之、虞望之、虞通之和虞玩之四人，與此磚甓之"泰始五年虞欽之"皆屬於同時代的會稽餘姚人。據《晉書·虞玩之傳》上表告退一文中的說法，去泰始五年（469）十有二載，即齊建元三年（481），四十二人的"大功兄弟"只剩下他一個了。同樣，無論史籍還是出土文獻，我們確實也看不到"虞某之"的蹤影了。

陳寅恪先生在《天師道與濱海地域之關係》提到南朝人名中常見的"之"、"道"等字，以爲與當時流行的天師道有關。其云：

> 六朝人最重家諱。而'之''道'等字則在不避之列。所以然之故雖不能詳知。要是與宗教信仰有關。王鳴盛因齊梁世系'道''之'等字之名，而疑梁書南史所載梁室世系倒誤。殊不知此類代表宗教信仰之字，父子兄弟皆可取以命名，而不能據以定世次也。（原注：參考《燕京學報》第四期陳垣《史諱舉例》第五十三，《南北朝父子不嫌同名例條》。）[70]

所以，我們也可以把南朝蕭齊之間的這些"虞某之"，看成是天師道在會稽郡之盛行所致，而不一定是表示着同宗血緣的世次關係。

（九）虞氏潼下之甓

甓文"虞氏葬於潼下之山"，單行，八字，篆書。磚甓采集於今餘姚城東桐下湖（同光）一帶。觀其書體風格，約在三國至兩晉之間。"東海朐令虞君之玄宮"磚亦采集於此。

"潼下之山"之"潼下"，與發現地"桐下湖"之"桐下"，兩者音近，疑存在某種關聯。"潼"字從水，也許是舊湖之名，後"潼下"音訛爲"桐下"。"潼下之山"，即指

[65]《宋書》卷八，第152頁。

[66] 同上，第168頁。

[67]《南齊書》卷三十四，第607頁。

[68] 同上，第610頁。

[69] 同上，第611頁。

[70] 臺北里仁書局《陳寅恪先生全集》，第372，中華民國六十八年初版。

今桐下湖村附近丘陵——是村三面環山，最高峯爲目海尖，海拔 184 米。

桐下湖舊時範圍較廣，曾爲餘、慈兩縣界湖。嘉泰《會稽志》卷十餘姚縣"湖泊"下首條，即："桐下湖，在縣東一十一里，週十五里，西北有土門。"[71] 是時，城東穴湖僅週六里。又卷十二："餘姚縣東至慶元府慈溪縣界一十里，以桐下橋爲界，自界至慈溪縣八十里。"[72] 寶慶《四明志》慈溪縣"境土"條下，亦有桐下湖之名，[73] 但未在"湖泊"條下見到，蓋湖境整體屬餘姚縣。至 1950 年，圍湖造田，湖面被陸續蠶食。今桐湖水庫，是餘姚縣人民政府 1957 年在原殘剩湖泊基礎上修建。今城東桐下湖村附近，有大漁罊、戴家灣及湖口弄等地名，與此湖有關。

"桐下"之名，最早見於宋寶慶《四明志》及嘉泰《會稽志》，經元明清三代，沿用至今。疑漢晉之"潼下"，遲至宋代訛爲"桐下"。

[71] 嘉泰《會稽志》卷十，第 204 頁。

[72] 嘉泰《會稽志》卷十二，第 257 頁。

[73] 寶慶《四明志》卷十六："西至紹興府餘姚縣界八十里，以桐下湖從浦至大江爲界。"

初唐名臣蕭璟，曾祖昭明太子蕭統，祖西梁中宗蕭詧，父西梁世宗蕭巋，兄西梁惠宗蕭琮，姊隋煬蕭皇后，弟初唐宰相蕭瑀。

關於蕭璟，正史没有專門立傳，但有零星散見。《周書·蕭巋傳》："（巋子）璟，臨海王。"[1]《隋書·蕭琮傳》："弟璟，爲朝請大夫、尚衣奉御。"[2]蕭璟入唐經歷，見《舊唐書·蕭瑀傳》："瑀兄璟，亦有學行。武德中爲黄門侍郎，累轉秘書監，封蘭陵縣公。貞觀中卒，贈禮部尚書。"[3]

近年出土《唐蕭鑒墓志》，有相關蕭璟内容："父璟，梁臨海王，隋宕渠太守，大唐太府卿國子祭酒禮部尚書蘭陵康公，忠孝兼資，道德具美，学窮數象，識洞幾處，朝野之間，室迩人遠……十有二年，康公薨，背公泣血三年，杖而後起，雖外除喪服，而内懷哀疢。"（詳見《唐蕭鑒墓志釋讀》）

志文"父璟"即蕭璟。"梁臨海王"屬西梁，並非通常所説的南朝蕭梁，此與《周書》記載相合。

志文"宕渠太守"未見諸史料。宕渠太守，隋制官品正六品，屬下郡太守。《隋書·地理志》"流江縣"條下："後魏置縣，及置流江郡。開皇初郡廢，大業初置宕渠郡。"[4]蕭璟任宕渠太守，應在隋大業年間。《新唐書·地理志》："渠州潾山郡，下。本宕渠郡，天寶元年更名。"[5]

《隋書》之"朝請大夫"，爲散職，正五品；"尚衣奉御"，爲職事官，屬殿内省，正五品。這兩種職官和散銜都高於正六品，當是其宕渠太守之後的職官。

志文"太府卿"，爲入唐後職官。太府寺太府卿，唐制從三品，屬職事官。《唐會要·雅樂下》："祭神州地祇，樂章三，奏順和之舞，八變。貞觀十七年，太府卿蕭璟撰。"[6]關於太府卿的記載，志文與《唐會要》一致，但年份有出入。按志文，蕭璟卒於貞觀十二年，無法出現在貞觀十七年。案《續高僧傳·波頗傳》："貞觀三年三月，上以諸有非樂，物我皆空，眷言真要，無過釋典，流通之極，豈尚翻傳。下詔所司，搜揚碩德備經三教者一十九人，於大興善創開傳譯……光禄大夫太府卿蕭璟總知監護。"[7]《唐會要》"貞觀十七年"或是"貞觀七年"之誤。

志文没有蕭璟擔任"秘書監"的記録。貞觀三年二月魏徵爲秘書監。《舊唐書·太宗紀上》："（貞觀三年）二月戊寅，中書令、邢國公房玄齡爲尚書左僕射，兵部尚書、檢校侍中、蔡國公杜如晦爲尚書右僕射，刑部尚書、檢校中書令、永康縣公李靖爲兵部尚書，右丞魏徵爲守秘書監，參預朝政。"[8]魏徵的繼任者爲虞世南，至貞觀十二年去世。蕭璟任秘書監時間不詳，或在武德中，遲至貞觀三年二月遷爲太府卿。

志文"國子祭酒"，亦入唐後職官。國子祭酒，唐制從三品，職事官。《貞觀十二年封虢王李鳳虢州刺史詔書刻石》："維貞觀十二年四月己卯朔一日己卯，皇帝使金紫光禄大夫行國子祭酒蘭陵縣開國公蕭璟、副使通議大夫元弘度，持節册命。"[9]此是蕭璟生前最後一次亮相。

志文"禮部尚書"，屬尚書省，唐制官階正三品。此爲贈官，同虞世南卒後贈封。此與《舊唐書》"貞觀中卒，贈禮部尚書"合。

[1]《周書》卷四十八，第 866 頁。

[2]《隋書》卷七十九，第 1795 頁。

[3]《舊唐書》卷六十三，第 2404 頁。

[4]《隋書》卷二十九，第 819 頁。

[5]《新唐書》卷四十，第 1039 頁。

[6]《唐會要》卷三十三，第 605 頁。

[7] 釋道宣《續高僧傳》卷三，第 519—520 頁，《中華大藏經》（漢文）第 61 册，中華書局 1993 年版。

[8]《舊唐書》卷二，第 36 頁。

[9] 吳鋼《全唐文補遺》第一輯，三秦出版社 1994 年版，第 1 頁。

志文"蘭陵康公"，可分成兩部分理解：一是蘭陵縣開國公，二是諡曰"康"。

有唐一代，諡號爲"康"者不少。《唐會要·諡法》："康，温柔好樂曰康，安樂撫民曰康，令民安樂曰康。贈司徒鄧王元裕，贈太子左庶子安平縣侯李百藥，贈太常卿豐城縣男姚思廉，贈太常卿陽翟縣侯褚亮，贈吏部尚書大安縣公閻立德，贈原州都督嘉興縣子陸敦信，贈禮部尚書新野縣公張俊，贈兵部尚書潘孟陽，贈吏部尚書并州都督楊師道。"[10]蕭璟諡"康"，可補《會要》之闕。

在其他史料，也有一些蕭璟的零星記錄。如《册府元龜·求舊二》："蕭璟，隋煬帝蕭后之弟，義寧中，陷王充，爲工部尚書。帝之平東都也，引爲諮議。貞觀中，以藩邸僚寀，歷黃門侍郎、太子右庶子。"[11]又《資治通鑑》卷一百九十三："上謂秘書監蕭璟曰：'卿在隋世數見皇后乎？'對曰：'彼兒女且不得見，臣何人，得見之？'"[12]

以蕭璟在武德至貞觀年間擔任的職官及贈銜、爵位記錄，按時間編次於下：

武德四年，秦王府諮議參軍，正五品職事官。[13]（《册府元龜》卷一百七十二）

武德中，黃門侍郎，正四品上職事官。[14]（《舊唐書》卷六十三，《册府元龜》作"貞觀中"。）

太子右庶子，正四品下職事官。[15]（《册府元龜》卷一百七十二）

貞觀三年二月之前，秘書監，從三品職事官。（《舊唐書》卷六十三，《資治通鑑》卷一百九十三）

蘭陵縣公，從二品爵位。（《唐蕭鑒墓志》，《舊唐書》卷六十三）

貞觀三年三月，太府卿，從三品職事官。金紫光禄大夫，正三品散官銜。[16]（《唐蕭鑒墓志》，《唐會要》卷三十三，《續高僧傳》卷三，《全唐文補遺》）

貞觀十二年前，國子祭酒，從三品職事官。（《唐蕭鑒墓志》，《全唐文補遺》）

貞觀十二年，卒，贈禮部尚書，正三品贈官。諡"康"。（《唐蕭鑒墓志》，《舊唐書》卷六十三）

以上是蕭璟在初唐時期的大致經歷。他晚年的秘書監、太府卿、國子祭酒，雖然都是從三品，但在同品序列上，秘書監高於太府卿，太府卿又高於國子祭酒。可見他的官位是由高向低。

唐臨《冥報記》載蕭璟臨終故事："貞觀十一年病篤，蕭后及弟姪視之，璟與相見，各令燃香，因即共別……仍起長跪合掌，正向西方，頃之，倒卧遂絕。"[17]前引《貞觀十二年封虢王李鳳虢州刺史詔書刻石》："維貞觀十二年四月己卯朔日己卯，皇帝使金紫光禄大夫行國子祭酒蘭陵縣開國公蕭璟、副使通議大夫元弘度，持節册命。"可見貞觀十二年四月，蕭璟尚有體力奉詔持節册命。疑《冥報記》"貞觀十一年"爲"貞觀十二年"之誤。

蕭璟弟蕭瑀，爲初唐名臣。唐高祖入京師，蕭瑀以郡歸國，授光禄大夫，封宋國公，拜民部尚書。貞觀中，圖形凌煙閣，進太子太保同中書門下三品。貞觀二十一年卒，春秋七十四，贈司空、荆州都督，賜東園秘器，陪葬昭陵。按，蕭璟卒於貞觀十二年時，蕭瑀六十五歲。

[10]《唐會要》卷七十九，第1459頁。

[11]《册府元龜》卷一百七十二，鳳凰出版社2006版，第1914頁。

[12]《資治通鑑》卷一百九十三，第6085頁。事在貞觀四年。是年，秘書監爲魏徵、少監爲虞世南。魏徵任秘書監在貞觀三年二月。至貞觀七年春正月，虞世南接替魏徵爲秘書監，貞觀十二年致仕，並卒。案《蕭鑒墓志》，璟亦卒於貞觀十二年。《通鑑》既云"上謂秘書監蕭璟"，可確定蕭璟任秘書監在太宗朝，且在貞觀三年二月之前。

[13]隋制，親王府諮議參軍事正五品。

[14]《舊唐書·職官志》："門下侍郎二員。隋曰黃門侍郎。龍朔爲東臺侍郎，咸亨改爲黃門侍郎，垂拱改爲鸞臺侍郎，天寶二年改爲門下侍郎，乾元元年改爲黃門侍郎，大曆二年四月復爲門下侍郎。武德定令，中書門下侍郎，同尚書侍郎，正四品上。"隋制爲正四品。

[15]《舊唐書·職官志》："太子右春坊：右庶子二人，正四品下。"以黃門侍郎降階太子右庶子，有貶秩之嫌。恐誤，或是"太子左庶子"，爲正四品上。隋制，黃門侍郎，太子左、右庶子同爲正四品，但按序列，黃門侍郎略高於左庶子，左庶子又高於右庶子。

[16] 吴鋼《全唐文補遺》第一輯《貞觀十二年封號王李鳳虢州刺史詔書刻石》作"金紫光禄大夫"，疑《續高僧·波頗傳》有省文。唐制，金紫光禄大夫爲正三品，光禄大夫從二品。

[17] 唐臨《冥報記》卷中，中華書局1992年版，第20—21頁。《隋蕭璟》："國子祭酒蕭璟，蘭陵人，梁武帝之孫，梁王巋之第五子也。梁滅入隋，姊爲煬帝皇后，生長貴盛，而家崇佛法。大業中，自以誦《法花經》，乃依經文作多寶塔，以檀香爲之，塔高三尺許，其上方厚等，爲木多寶像。經數年，其兄子詮在宅朝起，忽於前院草中見一檀木浮圖蓋。下有一鍮石佛像，製作異於中國，面形似胡，其眼精以銀爲之，中黑精光淨如自然者。詮走告璟，璟視驚喜，取蓋還。試置塔上，宛然相稱，如故作者。雖木色小異，而塔形更妙，以佛像安塔中，亦相稱如故造。璟喜善歡，自以精誠所感。其佛像函內，有舍利百餘枚。璟女尼年少，竊疑胡僧每云'舍利錘打不破'，乃試取卅枚，於石上斧打之，舍利了無著者。女就地拾覓，唯得三四枚，餘並失，不見所在。既而懼以告璟，璟往塔中視之，則舍利皆在如舊。璟從此日誦《法花經》一遍，以至於身終。貞觀十一年病篤，蕭后及弟姪視之，璟與相見，各令燃香，因即共別。唯留弟宋公瑀及女爲尼者，令燃香誦經。頃之，謂其尼曰：'我欲去，普賢菩薩來迎我，在東院，師可迎之。'尼如言往迎之，未還，璟曰：'此院不淨，不肯來，吾當往就，汝等好住。'因與瑀等別。仍起長跪合掌，正向西方，頃之，倒臥遂絕。遺令：'獨載一車，斂以在身之服，婦人不得送葬，勿以肉祭，制坎才令没棺。'朝野歎其通寤，家人奉而行之。"近代學者考證《冥報記》成書於永徽四年，是年志主蕭鑒卒。

　　《唐蕭鑒墓志》記載貞觀九年（635），蕭鑒以門蔭（德門之胤）充選"太穆皇后挽郎"。"挽郎"一詞，按字義是出殯時挽柩之人。蘇軾《艾子雜説》："挽郎，乃死者之導也。"

　　關於挽郎，《通典》有如此描述："挽郎二百人，皆服白布深衣，白布介幘，助之挽兩邊，各一紼。"[1] 又"設挽歌席位於嘉德門内，設挽郎、挽士席位於嘉德門外，並左右序設，北向相對。"[2] 又"司馬執鐸，挽郎執紼，挽歌振作；及挽以進，内外哭從，以赴山陵……禮官贊侍中進龍輴前，跪奏稱'請引龍輴即玄宫'，俛伏，興，退。挽郎執紼，奉引龍輴，左迴北首。"[3]

　　皇家葬儀選用挽郎，各朝數量不同，對於挽郎的選用資格也有要求。《元陵儀注》載唐代宗死後，配備挽郎二百人。《世説新語》："（晉）武帝崩，選百二十挽郎。"[4] 又《晉書·禮志》："成帝咸康七年，皇后杜氏崩……有司又奏，依舊選公卿以下六品子弟六十人爲挽郎。"[5]

　　挽郎以門資入仕，並不出現在唐代，早在南朝時期已有相關政策。《通典》載陳制："凡年未三十，不得入仕。唯經學生策試得第，諸州迎主簿，西曹左奏及嘗爲挽郎，得未壯而仕。"[6]

　　新、舊《唐書》及《唐六典》等，對於"挽郎"沒有專門説明。可能在當時修志者眼裏，"挽郎"算不上什麽官職。當代唐史學者對於"挽郎"有所研究，像黃正建《唐代的齋郎與挽郎》，[7] 以及劉琴麗《再論唐代的齋郎與挽郎》，[8] 這兩位學者對史料細節的探索已足夠深入了。但是由於歷史材料的缺失，對"挽郎"、"齋郎"的研究，尚没有達到理論系統化。

　　"太穆皇后"即唐高祖竇皇后，謚稱"太穆皇后"。竇皇后卒於隋大業九年（613），距離貞觀九年（635）有二十二年，蕭鑒又如何成爲"挽郎"呢？《舊唐書·太宗紀》："貞觀九年五月庚子，太上皇李淵崩於大安宫……冬十月庚寅，葬高祖太武皇帝於獻陵。戊申，祔於太廟。"[9] 又《資治通鑒》："貞觀九年冬十月庚寅，葬太武皇帝於獻陵，廟號高祖；以穆皇后祔葬，加號太穆皇后。"[10] 蕭鑒充選"太穆皇后挽郎"，實是重葬竇太后，與唐高祖合祔獻陵。

　　筆者在《唐代墓志彙編》與《續集》爬梳"挽郎"三十三例，其中"太穆皇后挽郎"五例：

　　　　君諱崇禮，京兆人也……起家太穆皇后挽郎、益州參軍，累遷左武候鎧曹，岐、洛二州録事參軍。（《唐故洛州録事參軍京兆韋君墓志銘並序》）[11]

　　　　府君諱應道，字玄壽……年廿一，自弘文館學生選爲太穆皇后挽郎，再爲太子通事舍人。（《大唐故秘書少監劉府君墓志銘並序》）[12]

　　　　君諱紹業，字弘業……起家爲□穆皇后挽郎。（《周紹業墓志銘》）[13]

　　　　君諱行本，字奉先，本河間高陽郡人也……貞觀十年，以門調爲太穆皇后挽郎。顯慶二年，擢爲霍王府兵曹參軍。（《□唐故滄州東光縣令許君墓志銘並序》）[14]

　　　　君諱行本，潁川人也……起家太穆皇后挽郎、容州都督府功曹。（《大周故滄州

[1]《通典》卷八十六引《大唐元陵儀注》，第2340頁。

[2] 同上，第2326頁。

[3] 同上，第2347—2348頁。

[4] 余錫嘉《世説新語校箋·紕漏》，第1069頁。

[5]《晉書》卷二十，第633頁。

[6]《通典》卷十四，第335—336頁。

[7] 黃正建《唐代的齋郎與挽郎》，載《史學月刊》1989年第1期。

[8] 劉琴麗《再論唐代的齋郎與挽郎》，載《江漢論壇》2005年第09期。

[9]《舊唐書》卷三，第45頁。

[10]《資治通鑒》卷一百九十四，第6116頁。

[11] 周紹良《唐代墓志彙編續集》乾封018，《唐故洛州録事參軍京兆韋君墓志銘並序》，第170頁。貞觀九年，韋崇禮22歲。

[12] 周紹良《唐代墓志彙編續集》開耀001，《大唐故秘書少監劉府君墓志銘並序》，第250頁。《志》云：“調露二年夏末，遇疾大漸，獻臣精誠微劣，莫能感到凶咎所招，致此殃酷。以七月四日奄垂孤放，春秋六十八。”劉應道“年廿一”充選太穆皇后挽郎，貞觀七年（633）穆皇后未加號爲太穆皇后。恐誤，志文或爲“年廿三”。

[13] 周紹良《唐代墓志彙編》顯慶070，第272頁。原文無標題。又《彙編》開元252，《唐故朝議郎周府君夫人南陽趙氏墓志銘並序》，第1330頁：“夫人諱璧，字仲琰，南陽宛人也……年十有五，適汝南周府君諱紹業，唐上柱國朝議郎，太穆皇后挽郎。”貞觀九年，周紹業22歲。

[14] 周紹良《唐代墓志彙編》上元006，《□唐故滄州東光縣令許君墓志銘並序》，第596頁。

[15] 周紹良《唐代墓志彙編》證聖005，《大周故滄州東光縣令許府君夫人清河崔氏合葬銘並序》，第869頁。

[16] 周紹良《唐代墓志彙編續集》元和022，《唐故□□崇陵挽郎滎陽鄭府君墓志銘並序》，第815頁。

東光縣令許府君夫人清河崔氏合葬銘並序》）[15]

以上五位挽郎，除了兩人年歲不可考，餘三人充選年齡在二十二、三歲。

當代學者對挽郎選用年齡的説法不一。《唐代墓志彙編》及《續集》的三十三位挽郎，大多集中在十三至二十多歲之間。但也有特殊者，像鄭紹芳，“洎德宗晏駕，山園禮成”，爲挽郎，至元和四年（809）終，“享年卅有二”，[16]推算其爲挽郎年齡，應在三十七歲。[17]

至於挽郎之放選，似乎也沒有定例可尋。像本文志主蕭鑒，次年“授越王府兵曹參軍”。而以上引文中的許行本在貞觀十年（636）爲挽郎，至顯慶二年（657）爲王府參軍，守選時間二十一年。守選之長短，可能與守選者的家族背景有關。

官宦子弟在選用挽郎以後，大多能得到一官半職，只是守選時間各有不同。最普遍的狀況是，挽郎以後在各王府和州縣擔任兵曹、參軍，或在中央政府的各部、省擔任低級文職，但其官品性質都屬“濁流”。

上述五例挽郎，有三人志文用“起家”，一人志文用“門調”。“起家”有“釋褐”、“解褐”的意思，即脱離了平民階層，真正進入政府的仕途系統。“門調”，即以門蔭選調，這個“門蔭”量化起來，就是《晉書》所説“依舊選公卿以下六品子弟”。儘管“挽郎”很難看作“釋褐”之職，但在唐人眼裏，自挽郎而入仕途，也是做官的途徑之一。

就唐代的官階系統來看，挽郎只有在放選以後，才稱得上真正的“解褐”或“釋褐”。比如于府君，“文德皇后玉匣升輿，虞歌下殿，以公令望，擢爲挽郎。解褐益州參軍，轉右屯衛録事少府監主簿、城門郎”。[18]這“解褐”用得比較嚴謹。上引鄭紹芳則更加了然：“目爲挽郎，君膺是選，俾有司五變早□，許其入仕。君既登其籍，已逾三冬，未及釋褐之年，遽興遊岱之歎。”這是説他充選挽郎，已經過去三年了，仍沒有等到釋褐的機會，就早早去世了。

朝廷召選“挽郎”並非每年都有。因爲名額有限，一旦有了機會，這支龐大的官宦子弟，就會全員參與到競爭中。如果主持官員“取捨非允”，他們還要拉拉別人的後腿。《舊唐書·賀知章傳》載：“俄屬惠文太子薨，有詔禮部選挽郎，知章取捨非允，爲門蔭子弟喧訴盈庭。”[19]

挽郎人數經年積壓，“爭官”比例就大大降低。《通典》云：“其外文武貢士及應制、挽郎、輦脚、軍功、使勞、徵辟、奏薦、神童、陪位，諸以親蔭並藝術百司雜直，或恩賜出身受職不爲常員者，不可悉數。大率約八、九人爭官一員。”[20]一些有靠山有背景的，在充選挽郎以後，短時間内授了官。而絕大多數沒有靠山的，或者靠山一般的，也許要等上三五年，甚至十來年，才能爭取到一個流外名額。

《唐代墓志彙編》與《唐代墓志彙編續集》所見太穆皇后挽郎，加上蕭鑒，共六例。其中蕭鑒在貞觀九年選用，許行本在貞觀十年選用，劉玄道選用時間（貞觀七年）存疑，其餘三者選用時間不明。

同性質的挽郎，其選用時間不統一。這應該是部分挽郎在短時間獲得官職以後，致使名額空缺，需要有新的挽郎加入其中，以達到額定人數。

[17] 未見墓志及拓片，存疑。也許存在志文釋讀的問題，比如把“享年卅有二”誤釋成“享年卅有二”。

[18] 周紹良《唐代墓志彙編續集》開元001，《唐故平州刺史煦山公于府君墓志並序》，第454頁。

[19]《舊唐書》卷一百九十中，第5034頁。

[20]《通典》卷十五，第362頁。

四、《唐沈從道墓志》所見虞世南後裔史料

——兼及《舊唐書·代宗睿真皇后沈氏傳》一則勘誤

《唐沈從道墓志》，全稱《唐故中大夫廣平郡太守上柱國吳興沈君墓志銘》，出土地點不明。據志文"邙山之南"，當出於河南洛陽邙山。

志主沈從道，生於唐龍朔二年（662），卒於唐天寶元載（742）九月七日，享年八十一歲。其夫人虞氏，生於唐弘道元年（683），卒於開元十三年（725），享年四十三歲。沈從道比其妻虞氏年長二十一歲。

據"天寶四載（745）歲在乙酉七月丁巳朔十七日癸酉，合葬於河南府北廿里邙山之陽"。志文撰寫時間，約在天寶元載九月至四載七月之間。

（一）關於沈夫人虞氏

志文關於沈夫人虞氏記錄不多，僅"夫人毗陵縣君會稽虞氏永興公世南之曾孫龍州刺史諐之女"（墓志釋文詳見《第四輯：金石文獻彙編》）。

剛拿到拓片時，第一次斷句爲"夫人毗陵縣君會稽虞氏，永興公世南之曾孫龍州刺史諐之女"。隨後，感覺"永興公世南之曾孫"當與"龍州刺史諐之女"並列，即"夫人毗陵縣君會稽虞氏，永興公世南之曾孫，龍州刺史諐之女"。按志文"龍州刺史諐"，未冠"故"字，以爲虞諐在天寶四載（745）時或在人世。

今關於虞世南後裔的出土文獻，僅《唐虞秀姚墓志》及《唐沈從道墓志》兩種，且皆爲女性。

另有《唐張夫人虞氏墓志》，載"曾祖世南，皇銀青光禄大夫、秘書監、永興縣開國公贈禮部尚書，謚曰懿公，功臣第二等"，是句下文"祖懃，皇工部郎中、陳·澤·簡三州刺史"。據《唐虞懃墓志》，虞懃爲虞世基之孫，虞熙之子。張夫人虞氏實爲虞世基之後，與虞世南一支没有直接的血緣關係。此行文字，實是反映了張公甚至是張夫人虞氏對於先世的誤識。

（二）關於"沈從道"

按志文，沈從道生平結銜爲"中大夫廣平郡太守上柱國"，其中"中大夫"爲散官階，"廣平郡太守"爲職事官，"上柱國"爲勳官。其父爲"朝散大夫比、庫二部員外郎"沈餘慶，其祖爲"皇朝散大夫陝州司馬"沈士衡，其曾祖爲"隋開府儀同三司鴻臚卿"沈琳。

以上沈琳、沈士衡見兩《唐書》。《舊唐書·代宗睿真皇后沈氏傳》載："德宗敦崇外族，贈太后父易直太師，易直父庫部員外郎介福贈太傅，介福父德州刺史士衡贈太保，易直第二子秘書少監震贈太尉，時沈氏封贈拜爵者百餘人。貞元七年，詔外曾祖隋陝令沈琳贈司徒，追封徐國公。"[1] 《新唐書》則作："德宗即位，乃先下詔贈后曾祖士衡太保，祖介福太傅，父易直太師，弟易良司空。易直子震太尉。一日封拜百二十七人。"[2]

志主沈從道，與沈太后（珍珠）父親沈易直，爲同祖父的從兄弟關係。此支沈氏，至沈士衡分脈：沈琳——沈士衡——沈介福——沈易直——沈太后；沈琳——沈士衡——沈餘慶——沈從道——沈務光。《舊書》"外曾祖沈琳"應爲"后高祖沈琳"，德宗之"外曾祖"爲沈介福。

[1]《舊唐書》卷五十二，第2189頁。

[2]《新唐書》卷七十七，第3501頁。

據《舊唐書·代宗睿真皇后沈氏傳》："代宗睿真皇后沈氏，吳興人，世爲冠族。父易直，秘書監。開元末，以良家子選入東宮，賜太子男廣平王。天寶元年，生德宗皇帝。禄山之亂，玄宗幸蜀，諸王、妃、主從幸不及者，多陷於賊，后被拘於東都掖廷。及代宗破賊，收東都，見之，留於宮中，方經略北征，未暇迎歸長安。俄而史思明再陷河洛。及朝義敗，復收東都，失后所在，莫測存亡。代宗遣使求訪，十餘年寂無所聞。"[3]天寶元年，志主沈從道卒，而德宗皇帝出生。天寶之亂（在十四年）發生時，沈氏在東宮。

因《舊唐書》"詔贈"發生於德宗初，墓志所反映的是沈琳、沈士衡在天寶四載（745）"詔贈"之前的真實職官。

陶宗儀《書史會要》卷五："沈從道，師虞，頗有體執。"[4]未知彼"沈從道"，是否就是志主"沈從道"。而"師虞"一說，未知是否與其娶虞謇之女有關。

志文作者"渤海高勣庭"，結銜"朝議郎華原縣尉"。高勣庭，見《文苑英華》卷八十八《瑞麥賦》第二，下題作者"高勣庭"。[5]

（三）結語

以上沈夫人虞氏、其父虞謇，沈從道及父、祖、曾祖結銜，高勣庭之籍貫、官職，皆可補充史料之不足。尤其是虞世南後裔的信息，雖然字數不多，但意義重大。

又，志文可勘《舊唐書》"外曾祖沈琳"實爲"后高祖沈琳"之誤。

[3]《舊唐書》卷五十二，第2188頁。

[4]陶宗儀《書史會要》卷五，第708頁上。

[5]《文苑英華》卷八十八，中華書局1966年版，第401頁下。

　　《唐張夫人虞氏墓志》載其夫張公"位以十進，今爲殿中侍御史"，又虞氏以"開元廿二年六月廿五日因產而終於崇業里私第"。即開元二十二年（734）張公正在殿中侍御史任上。

　　是年，虞氏三十八歲，張公年歲不詳。虞氏爲續弦，嫁與張公時，先夫人已育兩女。據唐代職官任期大致三年，不計守選時間，僅"位以十進"就需三十年。若張公二十歲入仕，其任"殿中侍御史"時，估計已在五十歲以上。

　　《唐御史臺精舍題名考》之張忱石"點校説明"云："長安初年，臺獄建築精舍並爲之立碑。左補闕崔湜遷拜殿中侍御史，正值精舍竣工，御史臺同僚推指崔湜撰寫碑文。但撰成不久，因崔湜獲罪罷職，至開元十一年（723）方由殿中侍御史、書法家梁昇卿追書成文，石匠趙禮鐫刻成碑。碑高四尺一寸，廣三尺七寸三分，十八行，行三十字，隸書。額題'御史臺精舍碑'六字，篆書……題名分作三截書，分別爲侍御史並內供奉盧懷慎等一百二十四人、殿中侍御史並內供奉崔湜等一百八十五人、監察御史李顧行等三百一十五人，此外碑陰下層、碑左右棱、碑左右側、碑陰額等處三院御史題名混雜，有四百九十九人，總計題名一千一百餘人次，除去重複者亦近千人，尤以武后至開元間題名居多。開元十一年前題名，當是開元間追補所刻，其餘皆爲陸續刊刻。"[1]

　　故以爲，開元二十二年殿中侍御史張公，應該就在"御史臺精舍題名"中。儘管"碑陰下層、碑左右棱、碑左右側、碑陰額等處三院御史題名混雜，有四百九十九人"，難以清理出不同時期殿中侍御史的確切人數，但"碑陰題名"下的"殿中侍御史兼內供奏"一百八十五位，畢竟囊括了"武后中至玄宗末"的殿中侍御史。

　　《唐御史臺精舍題名考》録張姓殿中侍御史共十四人，其中"張倚"重見。以各人生平、任職、遷轉等要素考之，以"張晉明"、"張倚"最爲接近"張公"的年代。

　　其"張晉明"條下："《唐會要》七十五：開元八年七月，王丘爲吏部侍郎，拔擢湖城尉張普（《廣記》作'晉'）明等，不數年，登禮闈，掌綸誥焉。《舊·王丘傳》：開元中，吏部侍郎王丘典選，擢用湖城尉張晉明，稱一時之秀。（《新傳》略同。）孫逖《趙六宅浴後宴序》：左衛騎張晉明伸紙染毫，俾余題序。（《英華》七百十。）"[2]案《新唐書·王丘傳》："開元初，遷考功員外郎……遷紫微舍人、吏部侍郎，典選，復號平允。其獎用如山陰尉孫逖、桃林尉張鏡微、湖城尉張晉明、進士王泠然，皆一時茂秀。"[3]又《舊唐書·孫逖傳》："開元初，應哲人奇士舉，授山陰尉，遷秘書正字。十年應制，登文藻宏麗科，拜左拾遺。張説尤重其才，逖日遊其門，轉左補闕。黃門侍郎李暠出鎮太原，辟爲從事。暠在鎮與蒲州刺史李尚隱遊於伯樂川，逖爲之記，文士盛稱之。二十一年，入爲考功員外郎、集賢修撰。"張晉明或與孫逖同時遷秘書省正字。

　　其"張倚"重見，並附注："見侍御，又見下。"[4]《唐尚書省郎官石柱題名考》卷二"張倚"條下："《唐會要》八十六：'開元二十八年，都畿采訪使、御史中丞張倚請整齊都城，侵街牆宇。'《舊·玄宗紀》：'開元二十九年九月，命御史中丞張倚往東都及河北賑恤。'《新·苗晉卿傳》：'天寶二年，判入等者凡六十四人，分甲、乙、丙三科，以張奭爲第一。奭，御史中丞倚之子。倚新得幸於帝，晉卿欲附之，奭本無學，故議者

[1] 趙鉞等《唐御史臺精舍題名考》點校説明，中華書局1997版，第4—5頁。

[2]《唐御史臺精舍題名考》卷二，第48頁。

[3]《新唐書》卷一百二十九，第4481頁。

[4]《唐御史臺精舍題名考》卷二，第48頁。卷一侍御云："見郎官左外，又殿中，二見。"

囂然不平。安禄山因間言之，帝御花萼樓覆實，中裁十一二。爽持紙終日，筆不下，人謂曳白。帝大怒，貶倚淮陽太守。'《會要》四十一：'天寶五載七月二十三日，河南道采訪使張倚奏："諸州府今後應緣春秋二時私社，望請不得殺，如犯者請科違勅罪。"從之。'顔真卿《正議大夫行國子司業上柱國金鄉縣開國男顔府君（允南）神道碑銘》：'尚書張倚皆篤忘年之契。'又《顔（允臧）神道碑銘》：'解褐太康尉，太守張倚器其清嚴，與之均禮。'《舊·房琯傳》：'天寶十五載六月，玄宗幸蜀，大臣張倚等銜於失恩，不時赴難。'杜光庭《歷代崇道記》：'開元中，東都留守張琦奏汝州魯山縣因修仙居古觀，獲玉瑛。'權德輿《絳州刺史李公（國貞）神道碑銘》：'明皇帝時，御史大夫張倚采訪關中，表爲支使。'（《權載之文集》十六）李華《御史中丞壁記》：'天寶中，以御史中丞張公爲大夫，太府少卿庾公爲中丞。大夫睦中丞也，羽翮得清風之功。'（《文苑英華》七百九十八）"[5]

天寶二年（743），張倚之子張奭得中進士，時距張夫人虞氏卒亡九年，加上張夫人嫁入張門的十四年，故不能排除張倚爲"張公"的可能（即張奭或爲虞氏所出，《墓志》載夫人有男一女三）。像柳宗元在貞元九年中進士時，才二十一歲，況張倚爲當時權臣。

又，《唐會要》卷七十二："（開元）二十九年閏四月勅，應簡三衛彍騎，宜令京畿采訪使御史中丞張倚兼知，不須更別差使，從今以後，使有移改，亦當令一中丞相知勾當。"[6]《册府元龜》卷一百六十二："（開元）二十九年五月，命大理卿崔翹、尚書右丞席豫、工部侍郎郭虛己、御史中丞張倚、中書舍人孫逖、給事中趙安貞、太常卿韋常班景倩分行天下。"[7]

按上述文獻記載，張倚在開元至天寶的職官遷轉爲:? ——殿中侍御史（《唐御史臺精舍題名考》首見，或是憲銜）——?（左司員外郎）——殿中侍御史（《唐御史臺精舍題名考》重見）——左司員外郎（?）——御史中丞——御史大夫。上引《歷代崇道記》"東都留守張琦"，應是其在御史臺任職時。《新唐書·百官志》："東都留臺，有中丞一人、侍御史一人、殿中侍御史二人、監察御史三人。"[8]

《唐御史臺精舍題名考》碑陰"殿中侍御史"題刻，次序上采用了自上至下、自右至左的傳統行文方式。也就是說，姓名越在右上，年代愈早；姓名愈近左下，年代愈晚。其碑陰"殿中侍御史"共37行，每行題刻5人。其中，"張倚"見於第29行第2人、第31行第4人；張晉明見於第29行第3人。自"張倚"（首見）以下，年代多不可考，但有兩人的任職年代確鑿：

壹、李麟（見郎官吏中，又陰右稜）。《舊·傳》："累授京兆府戶曹。開元二十二年，舉宗親異能，轉殿中侍御史，歷戶部、考功、吏部三員外郎。"（《新·傳》略同）[9]——第35行第2人。

貳、楊汪（又監察）。《新·表》："楊氏觀王房朔方節度使、河東郡公執一子汪，殿中侍御史。"《張燕公集》（十九）："《贈戶部尚書河東公楊君神道碑》：孤汪等。不詳歷官。"《舊·玄宗紀》（上）："（開元十九年）十二月，巂州都督張審素以劫制使監察御史楊汪伏誅。（二十三年）三月丁卯，殿中侍御史楊萬頃爲讐人所殺。"《舊·孝友傳》：敕監察御史楊汪馳傳按巂州都督張審泰贓罪，在路爲審素黨與所劫，脅令奏雪罪。汪還至州，因深構成其罪，斬之。汪後累轉殿中侍御史，改名萬頃。開元二十三年，審素子

[5]［清］勞格等《唐尚書省郎官石柱題名考》卷二"左司員外郎"，第63頁。

[6]《唐會要》卷七十二，第1299頁。

[7]《册府元龜》卷一百六十二，第1803頁。

[8]《新唐書》卷四十八，第1237頁。

[9]趙鉞等《唐御史臺精舍題名考》卷二，第52頁。

瑝、琇候萬頃於都城，殺之。（《新傳》略同。）《顧雲文集》："開元二十三年，張琇殺殿中侍御史楊萬頃於闕下，復父仇也。"（《廣記》一百七十四。）[10]

——第 36 行第 5 人。

以上李麟、楊汪，都在開元二十二年至二十三年三月間任殿中侍御史。而題刻中張倚（末見）距李麟已有 17 人間隔，張晉明距李麟更是有 28 人的間隔。這似乎在暗示我們，張倚和張晉明任殿中侍御史時間，応該要遠遠早於開元二十二年。

又，李麟下爲郭虛己，據近年所出顏真卿撰《郭虛己墓志》，其生平某段經歷是這樣的：

拜監察御史裏行改充節度判官正，除監察御史轉殿中侍御史，判官仍舊，屬吐蕃入寇瓜沙，軍城兇懼，公躬率大將士大殄戎師。皇帝聞而壯之，拜侍御史。俄遷虞部員外郎、檢校涼州長史、河西行軍司馬，轉本司郎中，餘如故。轉駕部郎中兼侍御史、充朔方行軍司馬。開元二十四載，以本官兼御史中丞、關內道采訪處置使，加朝散大夫太子左庶子兼中丞使如故。[11]

在這裏，我們看到郭虛己在開元二十四載前後的"監察御史"、"殿中侍御史"、"侍御史"、"虞部員外郎"、"本司（駕部）郎中"、"駕部郎中兼侍御史"、"以本官兼御史中丞"都不是真正的臺官或郎官，而是在其幕府正職之外所掛的一個憲銜。

就"郭虛己"來看，《唐御史臺精舍題名考》碑陰題名"殿中侍御史並內供奉"一百八十五人，真正屬於臺官的人數要大打折扣。而前說張倚（末見）距李麟有 17 人間隔，張晉明距李麟則有 28 人間隔，其中的水份也可想而知。

《唐虞夫人墓志》所見"殿中侍御史"，无論張倚還是張晉明，都存在一定可能。又張倚（末見）在時間上更接近李麟及楊汪，故以爲"張倚"的可能性更大一些。

"張公爲誰"的問題，目前只能基於手頭材料的推測。而且，推測的前提，是張公載在《題名考》碑陰的"殿中侍御史並內供奉崔湜等一百八十五人"之中。

[10] 趙鉞等《唐御史臺精舍題名考》卷二，第 52 頁。

[11] 顏真卿撰《郭虛己墓志》，河南美術出版社 2007 版，第 5 頁。

宋人孫汝聽注柳宗元《虞鳴鶴誄》，依據的是柳氏《先友記》。明清兩季的餘、慈地方文獻，凡論及虞鳴鶴之父虞當，依據的也是《先友記》。雖然清代王昶《金石萃編》收錄了虞當《華嶽題表》，但近代學者在釋讀《先友記》及《虞鳴鶴誄》時，對這一重要石刻史料都未曾提及。

近年，繼《唐虞從道墓志》（虞當父）、《唐第五琦墓志》（虞當丈人）見世以後，筆者又在《全唐文補遺》中發現了虞當撰文的《唐故鄭居士（液）墓志銘》。以下是對這幾種文獻資料的羅列：

（一）《唐虞從道墓志》

此《志》刊於大曆四年（769）秋八月。志文“大曆四年，嗣子當，拜朝散大夫檢校尚書主客員外郎兼侍御史，充朔方節度判官兆”，與虞當《華嶽題表》基本相合。

此《志》確定了虞鳴鶴（虞當之子）一支的世系脈絡，而地方文獻中以虞鳴鶴爲虞世南之後的説法則不攻自破。關於此《志》更多信息，詳見《虞從道墓志釋讀》。

（二）虞當《華嶽題表》

前相國京兆第五公，自户部侍郎出牧括州，子壻關內河東副元帥判官、禮部郎中兼侍御史虞當，自中都濟河，於華陰拜見，從謁靈祠，因紀貞石，時大唐大曆五年六月四日。司勳郎中兼侍御史李國清、倉部員外兼侍御史張曇、大理正兼監察御史王翽、右衛錄事參軍第五準。[1]

大曆五年（770），前相國、户部侍郎兼京兆尹第五琦坐魚朝恩事，遠貶括州（今浙江麗水）。虞當從中都（今山西蒲州）渡黃河，與第五琦會於華陰。《華嶽題表》另刊四人姓名，前三人是虞當同僚，只具朝憲銜而未刊職事，後一人爲第五琦之子第五準，他應該是陪同父親去括州任職的。

《華嶽題表》刊於大曆五年六月，時虞當所帶朝憲銜爲“關內河東副元帥判官禮部郎中兼侍御史”。也就是説，在刊刻《唐虞從道墓志》以後大半年時間，虞當所帶朝銜又有所提高，從“尚書主客員外”從六品上，升至“禮部郎中”從五品上。當然，這屬於沒有實職的檢校郎官。

大曆五年，虞當之朝憲銜，與《虞從道墓志》大致相當。時河東副元帥爲郭子儀。《華嶽題表》之“河東副元帥判官”，也就是《唐虞從道墓志》的“朔方節度判官”。虞當的前任“判官”，即《唐虞從道墓志》撰寫者嚴郢。《新唐書·嚴郢傳》記載：“郭子儀表（嚴郢）爲關內、河東副元帥府判官，遷行軍司馬。”

（三）《唐故鄭居士（液）墓志銘》

三秦出版社《全唐文補遺》（第八輯）該篇題注：“此志時署外生、朝散大夫、使持節汧州諸軍事、守汧州刺史虞當撰。”志文云：

公諱液，字液，滎陽開封人也……曾祖奉先，永州治中。祖整仁，同州馮翊主薄。父㩉，抱德不仕。或僱傔州縣，聲名自高；或栖遲衡茅，徵辟不起……以大曆十一年十一月廿五日，遘疾終於汧州刺史宅之西院。昔公外祖李悌掾於斯，而公生於斯；今外生虞當牧於斯，而公歿於斯。凡壽甲子五百有四，其季三之二也。（全文

[1] 王昶《金石萃編》卷七十九，上海寶善書局光緒癸巳年（1893）版。原文標“第五公等題名”，下注：‘在華嶽頌碑右側，顏魯公題名上，十一行，行九字、十字不等，正書。’正文後，又有注：“文云‘前相國第五公自户部侍郎出牧括州’，蓋從與魚朝恩善，貶也。又云‘子壻虞當’，子壻之稱自此始。‘壻’作‘聟’者，干禄《字書》云：‘聟壻，上俗中通下正。’”

[2] 楊世明《劉長卿集編年校注》，人民文學出版社1999年版，第472頁。

[3]《柳宗元集》卷十一，第284頁。

[4] 施子愉《柳宗元年譜》：「德宗興元元年（784）甲子，（柳宗元）十二歲。父爲鄂岳沔都團練使判官。《先侍御史府君神道表》：'……爲鄂岳都團練判官。元戎大攘狡虜，增地進律，作《夏口破虜頌》。'考《通鑑》卷二百二十九，興元元年正月，'李希烈以夏口上流要地，使其驍將董侍慕死士七千襲鄂州。刺史李兼偃旗卧鼓，閉門以待之。侍撤屋材以焚門，兼帥士卒出戰，大破之。上以兼爲鄂岳沔都團練使。'殆與《神道表》年言悉合。宗元父爲鄂岳沔都團練使判官，當在是年。集有《虞鳴鶴誄》云：'惟昔夏口，羈貫相親；通家修好，講道爲鄰。'知宗元必嘗有一時期隨其父在夏口也。」湖北人民出版社1958年版。

[5] 蔣寅《戴叔倫詩集校注》，上海古籍出版社2010年版，第119頁。

見《其他虞氏宗人金石文獻彙編》）

又《唐虞從道墓志》：

> 夫人榮陽鄭氏，故馮翊主簿整仁之孫，處士璥之女，婦德母儀，六姻惟師，以天寶十二載正月十二日終於伊闕之私第，春秋五十九。大曆四年，嗣子當，拜朝散大夫檢校尚書主客員外郎兼侍御史，充朔方節度判官，與季弟絳州正平縣尉郢客等，悉其家器，以奉宅兆。

虞當母鄭氏天寶十二載（753）去世，終年五十九。虞當母舅鄭液大曆十一年（776）時八十三歲。則知鄭液爲虞當母鄭氏之兄。

據《唐故鄭居士（液）墓志銘》，知虞當在大曆十一年（776）已遷沔州刺史。此《志》以外，僅有柳宗元《先友記》有相關記載。

劉長卿《聞虞沔州有替將歸上都登漢東城寄贈》：「淮南搖落客心悲，沔水悠悠怨別離。早雁初辭舊關塞，秋風先入古城池。腰章建隼皇恩賜，露冕臨人白髮垂。惆悵恨君先我去，漢陽耆老憶旌麾。」楊世明《劉長卿集編年校注》題注：「據《舊紀》，建中二年四月省沔州，四年三月復置。文房此詩秋日作，必建中元年事，以四年後文房已離隨州也。」[2] 附錄《劉長卿年譜》，以建中元年（780）劉長卿六十三歲，除隨州刺史。

傅璇琮《劉長卿事跡考辨》以長卿在德宗建中二年（781）在隨州刺史任上，又以其在興元元年（784）、貞元元年（785）兩次離開隨州。故以爲，虞當離職應在建中二年四月省沔州以後，而劉長卿贈詩也當在建中二年其赴任隨州刺史以後。虞當在沔州刺史的時間，在大曆十一年至建中二年四月之間。

（四）柳宗元《虞鳴鶴誄》

《虞鳴鶴誄》：「泊於漢陽，世德以昌。（孫汝聽注：漢陽，沔州郡名。九皋父當，終沔州刺史。）毗贊尚父，（孫汝聽注：九皋父當，爲郭尚父從事。）休徽用揚。惟我先君，並時翱翔。洽主記室，（孫汝聽注：郭尚父居朔方，公父鎮爲記室，與當同在幕府。）蔚其耀光。實契伯仲，永永不忘。」又「惟昔夏口，羈貫相親。通家修好，講道爲鄰。（孫汝聽注：鎮爲岳鄂都團練判官，當爲沔州刺史，故公與九皋相善。）」[3]

虞當與柳宗元之父柳鎮曾經同在郭子儀幕府。孫氏以爲柳鎮任鄂岳都團練判官時，虞當亦在沔州刺史任上，故有「通家修好，講道爲鄰」。這種說法值得推敲。據《柳宗元年譜》，柳鎮任「鄂岳沔都團練使判官」在德宗興元元年（784）。[4] 而虞當在建中二年（781）四月已經卸任沔州刺史，回上都敘職。而據《虞鳴鶴誄》「惟昔夏口，羈貫相親」，虞當與柳鎮在夏口必有一段共事的時間，此或在建中四年（783）三月恢復沔州時。至於虞當是否繼續擔任刺史，尚沒有充分的史料支持。

戴叔倫《與虞沔州謁藏真上人》：「故侯將我到山中，更上西峯見遠公。共問置心何處好，主人揮手指虛空。」蔣氏注云：「此詩亦作於由奉天返江西途中……叔倫作此詩時，虞已去任，故詩稱其爲'故侯'，題曰虞沔州，稱其故官耳，唐人例如此。」[5] 據《戴叔倫詩集校注》附《年譜簡編》，以此詩作於貞元二年（786）前後。

《柳宗元年譜》載貞元元年（785）柳宗元「南遊長沙，隨父至江西」。附注：「考《舊唐書》卷十二《德宗紀》，貞元元年四月癸酉：鄂岳觀察使李兼爲洪州刺史，江西都團練觀察使。……李兼以是年自鄂岳移鎮江西，疑宗元父亦隨之前往，故宗元幼時得拜蕭鍊於九江也。"[6]是時，疑虞當同隨鄂岳觀察使李兼自鄂岳移鎮江西，這樣能夠解釋貞元二年其與戴叔倫同上廬山，謁藏真上人。

（五）柳宗元《先友記》

《先友記》云："虞當，會稽人。（孫汝聽注：會稽餘姚人。）爲郭尚父從事，終沔州刺史。以信聞。（孫汝聽注：當有子曰九皋，公有誄焉。）"[7]《先友記》撰於元和二年（807），時柳宗元在永州司馬任上。

《先友記》之"郭尚父從事"，即郭子儀之幕僚，也就是《唐虞從道墓志》"朔方節度判官"及《華嶽題表》"河東副元帥判官"。

《先友記》還記錄了《唐虞從道墓志》的撰文者嚴郢："嚴郢，河南人。（孫汝聽注：郢，字叔敖，華州華陰人。）剛屬好殺，號忠能。爲京兆河南尹，（孫汝聽注：大曆十四年三月，自河南尹水陸轉運使爲京兆尹。）御史大夫。（孫汝聽注：建中二年七月，楊炎罷相，盧杞引爲御史大夫。）善舉職，爲邪險構扇，以貶死。（孫汝聽注：是歲十月，炎自左僕射貶崖州司馬。杞用郢罷炎，內忌之，因事出爲貴州刺史。有傳。）"[8]

《先友記》云虞當"終沔州刺史"，未知是"人終沔州刺史"還是"官終沔州刺史"。《先友記》所列六十七人，凡柳宗元撰文時已亡者，都在句末加"卒"字，如呂牧"由尚書郎刺澤州，卒"，如楊凝"以兵部郎中卒"，如穆質"以侍御史內供奉卒"。柳宗元沒有在"虞當"下加"卒"字，也許説明元和二年（807）虞當仍在人世。[9]

綜上，可以勾勒出虞當的大致生平：他出生於普通的官宦家族（父爲郡司馬），青壯年時期，他長期追隨尚父郭子儀，一生的人脈和交際也多與幕府生涯有關，如柳鎮（柳宗元之父）、嚴郢、張曇等當時的名士名將；對他一生仕途產生重要影響的兩個人，是幕主郭子儀和丈人第五琦（乾元二年"進同中書門下平章事"）；開元末，他離開幕府，遷沔州刺史，曾與劉長卿、戴叔倫等人有頻繁交往；其在元和初可能仍在世。

本文末附《唐第五琦墓志》釋文。

附：唐故相國太子賓客扶風郡公贈太子少保第五公墓志銘並序

有唐相國贈太子少保扶風郡公，諱琦，字禹圭，京兆人也。大舜之後，胡公滿封於陳，及屬公之」子敬仲適齊，至成子遂有齊國。其後遷徙以次第爲氏。漢有伯魚爲司空，興爲兗州刺史，皆忠」清亮直，爲漢名臣。自兗州至江州司户參軍乎，奕杰仁賢，動無違德。江州生鄜州司馬舉，鄜州」生右監門衛長史、贈太子少保庭。公實少保之第三子，生而朗異，卓爾岐嶷，雖童孺之戲，必規」度不羣。年十五，明經高第，補黄梅尉，歷楊子丞，以直道，貶南豐尉。自南豐凡三徙官，爲青州從」事，充河南招討判官。於時函夏多虞，棄輿避狄，王師寡弱，軍廩空虛，懸旌朔垂，莫有固志。」公奔問跋涉，晝伏宵行，請以長策，匡復中夏。借筯以籌成敗，聚米而畫山水。於是，一見受服，再」見受職，奉命於阽危之際，間行於轉戰之場，糾合義徒，繼以饋餫。陸則轉轂，水則泛舟。偫」倭者飫焉，寒者燠焉，壯者激焉，羸者奮焉。由大理司直拜監察御史，轉殿中侍御史兼司虞員」外郎充河南五道支度使。公憂公如私，以身徇國，盡悴匪懈，勞謙有成，貨皆樂輸，人以悦勸。」元年成師振旅，二年收復中原，再造寰區，不失舊物，皆資公之饋給也。遷司金郎中，又轉度」支郎中兼侍御史，加諸道鑄錢使，又遷户部侍郎、御史中丞兼判度支。公行歸於周，言必可復。聖主沃心於謀算，蒼生注意於安危。於是有中

[6] 施子愉《柳宗元年譜》，第 11 頁。

[7]《柳宗元集》卷十二，第 304 頁。

[8]《柳宗元集》卷十二，第 299 頁。

[9] 案虞當父虞從道卒於天寶五載（746），七十三歲，時距元和二年（807）有 61 年之久。

書門下平章事之拜，翌二年，倖臣李輔」國忌公之大勳，譖公以飛語，貶忠州長史，又□夷州。間一年，爲朗州刺史，以德化人，人□」恥格，除太子賓客，朗人懷公之惠，借公不留，相與攝宇立祠，刊石頌德，每羞蘋藻、薦馨香，徘徊久之，莫不墮淚。無何，兼御史大夫，充關內元帥副使，又兼京兆尹，領使如故。公仁以率」下，簡以靖人，廉以豐財，明以聽訟，浩穰之地，談笑而安。執政者不容其高，出爲處州刺史，轉饒」州刺史、湖州刺史，又拜太子賓客。皇上思公舊勳，將有大任，適自東洛徵還上京，而天不憖遺，奄忽殂謝，以建中三年八月戊午終於親仁里之私第，享年七十有一，烏呼哀哉。上感宸極，下悲朝野。詔贈太子少保，寵命之縟，國史詳焉，以其年九月己酉還厝於高陽原之」先塋。公天資忠貞，神授智略，行之以信義，守之以恭勤。不賞私勞，不報私怨，於人之過無」所紀，於人之善無所遺，故能出入四朝，彌綸百度，進獲致君於堯舜，退遂保身於明哲。」空哉！夫人南陽郡夫人張氏，左衛將軍景之女，孝友柔順，睦視樂善，□淑稱於宗黨，言範著」於閨門，輔佐之德，邦家是賴。先公而殞，是至祔焉。有子七人，常、峯、平、準、干、年、申等，並稟性□□，」執喪加等，門生掾吏，千里奔訃，乃瑑幽石，用紀徽烈。銘曰：

大舜之後，受封於陳，奄有齊國，光乎漢臣，奕葉流芳。載誕府君，克忠克孝，允武允文，昔□天寶，奸臣縱盜，翠華西巡，戎虜建號。公在青州，實蘊奇謀，萬里披榛，□借箭籌。視險若□，□□皇獸。餫饟山積，戈甲水流。我軍奮激，窮寇遁逃。巍巍黃屋，迎於向服。玉輅祀天，漢儀復全。二京克復，我公之力。車書再同，實賴我公。袞職是司，茅土是封。疇庸命賞，孰與□崇。如彼鄷侯，功推第一。如彼柳季，直道三黜。蒼蒼菌桂，霜霰不枯。矯矯貞良，危險不渝。存著茂勳，沒播餘烈。哀榮式備，絡始無□。爰謀龜筮，爰諏日月。婉彼南陽，於茲同穴。渭水東注，秦山西峙。音容則亡，令聞不已。刊石泉壤，用昭□□。朝議郎行尚書兵部員外郎高參撰。奉義郎行京兆府倉曹參軍韓秀榮書。（商略釋文）

第五琦墓志

虞鳴鶴，爲虞當之子，僅見於柳宗元《虞鳴鶴誄》。以下全文收録，並適當收録注文：

虞鳴鶴誄並序。[1]

維某年月日，前進士虞九皋，字鳴鶴，終於長安親仁里。既克葬於高陽原，二三友生皆至於墓，哀其行之不昭於世，追列遺懿，求諸后土，申薦嘉名，實曰恭甫。乃作誄曰：

吳、虞之分，（［孫曰］《史記》：武王克殷，封太伯之後爲二國：其一虞，在中國，其一吳，在蠻夷。）爰宅上陽。（［韓曰］僖五年《左氏》："晉侯圍上陽。"注："上陽，虢所都。"今云虞宅上陽，未詳。）其後優遊，在越爲鄉。（［童曰］虞氏世爲會稽人。會稽，越國。）延、詡輔漢，（［孫曰］後漢永平三年，延爲太尉。八年，爲司徒。十四年自殺。延，字子大，陳留東昏人。順帝時，詡官尚書令。詡，字升卿，陳國武平人。）恢定封疆。東徙之賢，時惟仲翔。（［韓曰］《吳志》：虞翻，字仲翔，會稽餘姚人。）曰預曰喜，在晉克彰。（［韓曰］虞喜，字仲寧。弟預，字叔寧。翻之族也。）義篤斯文，有苾其芳。秘書多能，垂耀於唐。（［孫曰］世南，字伯施，太宗時爲秘書少監。）洎於漢陽，世德以昌。（［孫曰］漢陽，沔州郡名。九皋父當，終沔州刺史。）毗贊尚父，（［孫曰］九皋父當，爲郭尚父從事。）休徵用陽。惟我先君，並時翺翔。洽主記室，（［孫曰］郭尚父據朔方，公父鎮爲記室，與當同在幕府。）蔚其耀光。實契伯仲，永永不忘。

漢陽元子，實紹其美。傳襲儒風，彪炳文史。克恭以孝，惟禮是履。譽洽於鄉，論爲秀士。（［童曰］《禮》：命鄉論秀士。注：秀士，鄉大夫所考有德行道藝者。）百郡之選，業於京師。昧没騰藉，乘凌蔽欺。生之始至，則奮其儀。退默以謙，人悦而隨。名卿是掣，先進咸推。方出羣類，振耀於時。禍丁舅氏，漂淪海沂。捧訃號呼，匍匐增悲。喪有幼主，禮或多違。孰徇於名，而不是思？投袂就道，乘艱若夷。竭誠喪具，申敬裳帷。萬里來復，祗祔於墓。遽不凌節，儉而有度。由其溫恭，守以貞固。行道咨嗟，觀禮興慕。復從鄉賦，焕發其華。克不再舉，聞於邦家。倚閭千里，歡詠斯多。姻族盈門，載笑且歌。君之不淑，名立志沮。慶歸其鄉，身終逆旅。生死已間，壽觴方舉。賀書在途，委骨歸土。哀歡易地，弔慶交户。神胡不仁？降此大苦。鳴呼哀哉！

惟昔夏口，羈貫相親。（［孫曰］鎮爲岳鄂都團練判官，當爲沔州刺史，故公與九皋相善。夏口，鄂州也。羈貫，丱角也。）通家修好，講道爲鄰。既冠於咋，思致其身。升於司徒，（［韓曰］《王制》：命鄉論秀士，升之司徒，曰選士。）及爾繼年。（［孫曰］貞元九年，公舉進士。）交歡二紀，莫間斯言。愉乎其和，確爾其堅。更爲砥礪，咸去章弦。今則遽已，吾其缺然。鳴呼哀哉！

誄行謀諡，惟古之道。生而無位，没有其號。惟是友生，徘徊顧悼。爰用壹惠，幽明是告。溫溫其恭，惟德之經。先民有作，今也是莅。鳴呼恭甫，欽此嘉名。

誄文包含以下信息：一、虞鳴鶴爲虞當長子（元子）；二、虞當曾與柳宗元父柳鎮在郭子儀幕府共事；三、柳宗元撰寫《虞鳴鶴誄》的時間，當在貞元九年（793）其父柳鎮亡後（"惟我先君"），又在永貞元年（805）九月被貶邵州刺史之前。唯有這段時間，柳宗元留在長安：先是禮部員外郎，然後在京郊藍田縣做了一陣子縣尉；永貞元年（805）以後，柳宗元被貶邵州刺史；緊接着又貶永州司馬；直到元和十年（815）奉詔回到長安。

《誄》文能夠説明虞鳴鶴卒年的關鍵，在"升於司徒，及爾繼年"及"復從鄉賦，焕發其華。克不再舉，聞於邦家。倚閭千里，歡詠斯多。姻族盈門，載笑且歌。君之不淑，名立志沮。慶歸其鄉，身終逆旅。生死已間，壽觴方舉。賀書在途，委骨歸土"。

柳宗元進士及第在貞元九年（793），世有定論。"及爾繼年"説明貞元十年春閩試士後，虞鳴鶴亦中進士。徐松《登科記考》"貞元十年"條下，有"進士二十八人"，並注"是年試《風過簫賦》，見《酉陽雜俎》"。

通常認爲，"交歡二紀"指二十四年，但貞元十年柳宗元僅二十二歲，上溯興元元年（784）柳鎮任"鄂岳沔都團練使判官"，僅十一年而已。此"紀"當釋作"代"，"交歡二紀"即"交歡二代"，猶今言世交。例史岑《出師頌》："歷紀十二。"

《虞鳴鶴誄》"終於長安親仁里"，而《唐第五琦墓志銘》："以建中三年八月戊午終於親仁里之私第。"又《虞鳴鶴誄》"既克葬於高陽原"，而《唐第五琦墓志銘》："以其年九月己酉遷厝於高陽原之先塋。"因第五琦爲虞鳴鶴之外祖，這兩處地名的同時出現，當不是巧合。即虞鳴鶴生命的最後時刻，是在其母舅家中度過的。是時，進士的捷報已經傳達到鄉邦，故柳氏有"慶歸其鄉，身終逆旅"之語。

關於虞鳴鶴，餘姚及慈溪兩縣方志多有提及。今據出土文獻及史料，可以澄清鄉土歷史的一些錯誤認知：

1. 虞鳴鶴不是虞世南之後

虞當見於《唐虞從道墓志》、《華嶽題表》，以及柳宗元《虞鳴鶴誄》和《先友記》及相關注文；其子虞鳴鶴，見於柳宗元《虞鳴鶴誄》和《先友記》及相關注文。明、清兩季地方文獻雖然對虞鳴鶴多有采録，但皆出自柳文孫注。

近代書家朱關田在《唐代書法家年譜》中指出："簡州刺史虞遜，蓋世基之子、世南之侄，即上譜隋符璽郎熙、宣義郎柔、晦之孫，是與虞沔州別一人。《姓纂》所記'孫瑑'，乃對虞荔而言。郁賢皓、陶敏《元和姓纂整理記》據柳宗元《先友記》、《虞鳴鶴誄》而定虞沔州爲虞當，甚是。上引《姓纂》'孫遜，郎中，歷沔州刺史'。郎中下必有脱漏。其'歷沔州刺史'者，乃爲虞當。以年代推之，三十年一代，蓋爲遜之孫也。虞當有子名九皋，字鳴鶴，先父而亡。杜甫《贈虞十五司馬》有'遠師虞秘監，今喜識元孫'云，虞十五司馬時代相近，或即其人。"[2]

朱氏之説謬誤不少：一是認爲虞瑑爲"蓋世基之子、世南之侄，即上譜隋符璽郎熙、宣義郎柔、晦之孫"；二是認爲"'歷沔州刺史'者，乃爲虞當。以年代推之，三十年一代，蓋爲遜之孫也"；三是認爲虞九皋（鳴鶴）或爲虞十五司馬。

今結合《隋志》、新舊《唐志》及相關墓志文獻，知虞瑑爲虞熙之子；虞瑑（仕於貞觀至儀鳳年間）和虞當（仕於玄宗末及德宗時期）處於兩個時代，屬於不同分支的餘姚虞氏；虞九皋（鳴鶴）不是虞十五司馬，九皋進士及第，未及授官即夭亡。

至於《姓纂》"生茂世，孫遜，郎中，歷沔州刺史"的原文應該是這樣："（虞荔）生茂世，（茂世）孫遜，（尚書工部）郎中，歷沔州刺史（誤）。"其實，我們應給《姓

[2] 朱關田《唐代書法家年譜》，江蘇教育出版社 2001 年版，第 49 頁。

纂》"虞氏"條設立這樣一條底綫：即虞當不應該出現在"生茂世、孫遜"之後。

《唐虞從道墓志》記載志主葬於河南景李原（今伊川縣），又柳《誄》載虞鳴鶴"終於長安親仁里……克葬於高陽原"。[3] 可以推定這些虞氏宗人已定居中原，沒有歸葬故土的習慣（包括虞瑑葬於洛陽邙山）。就是說，在初中唐時期，這些標榜"會稽餘姚"的虞氏宗人，無論他們的出生還是死後，與"餘姚"沒有多大關係。

《唐虞從道墓志》、《唐虞瑑墓志》、《唐虞秀姚墓志》、《唐虞照乘墓志》等屢屢出現的"會稽餘姚"，是南北朝時期門閥制度（包括當時的九品中正制）的歷史遺留，僅僅體現了一個家族的榮耀。儘管唐代之科舉制度已有革新，門閥制度早已破壞，但門第觀念依舊出現在婚嫁、喪葬等世俗生活中。

2. 虞九皋（鳴鶴）與慈溪鳴鶴的關係

今所見最早記録"虞九皋"的地方文獻，是明萬曆《新修餘姚縣志》，[4] 原稿的這部分内容已損，《虞九皋傳》記載了什麽，不得而知，但《縣志》目録把"虞九皋"附在"虞世南"之下，顯然説明虞世南與虞九皋存在某種血緣關係。

又光緒《餘姚縣志》："虞九皋，字鳴鶴，父當，爲郭子儀從事，終沔州刺史，以信聞。九皋世其家，舉進士，温恭孝友，爲先進所推，官未達而卒。柳宗元哀其行之弗昭，追列遺懿，謚曰恭肅。"其下注："柳宗元撰《誄》，參嘉靖《志》。乾隆《志》引《續文獻通考》：'九皋舅氏没於海，奔喪扶櫬以歸，方舉進士而没，私謚恭肅。'"[5] 可知光緒年間重修《餘姚縣志》時，僅有嘉靖《志》，已無萬曆《志》。雖然如此，我們通過"參嘉靖《志》"後撰寫的《虞九皋傳》，可以看到明代對於"虞九皋"的認識，主要還是來自柳文孫注。

又天啓《慈溪縣志》："虞九皋字鳴鶴，其父當與柳宗元之父鎮同爲郭子儀記室，及鎮爲岳鄂都團練判官，當復刺沔州，兩家子同在宦所，故九皋與宗元幼相友善。及九皋論秀於鄉，升於司徒，與宗元交歡又二紀。九皋素有文行，大爲當時人士所敬服，宗元常稱其'傳襲儒風，彪炳文史，克恭以孝，以禮是履'。貞元間登進士，遽卒於長安親仁里，一時名流皆尊其行，而哀其亡，相與誄之，表曰恭肅。《誄》亦宗元所作。鄉人追慕不忘，遂以其字名其鄉，曰鳴鶴，至今人呼猶然。"[6] 天啓《慈溪縣志》已把鳴鶴鄉的命名，歸於虞九皋。

又清徐兆昺《四明談助》"鳴鶴山"條："縣西北四十五里。父老相傳：昔有鶴棲此山，一旦飛鳴，沖天（而去）。（《成化志》）慈邑西北六十里。一云：唐元和間，虞九皋字鳴鶴，第進士，鄉人尊之，因以名其所居。一云：形如鶴，翅舒而喙張，有飛鳴之狀，故名之。（《曹志》）"其"虞九皋"條亦引《曹志》："虞九皋字鳴鶴。父當，與柳宗元父鎮同爲郭子儀記室。及鎮爲岳鄂都團練判官，當復刺沔州。兩家子弟，幼相友善。九皋以文行稱，貞元中舉進士，遽卒於長安。一時名流乞宗元爲誄。稱其'傳襲儒風，彪炳文史，克恭以孝，惟禮是履'，相與謚曰'恭肅'。其後遂名鄉爲'鳴鶴'者，以九皋字故也。"[7]

又雍正《浙江通志》："虞九皋宅，《名勝志》在鳴鶴山，唐元和間虞九皋字鳴鶴，居此。"注："天啓《慈溪縣志》：九皋，世南之孫，世南宅即在此。"[8]

《通志》所謂《名勝志》，及《四明談助》所引《曹志》，即明代曹學佺《輿地名勝

[3] 案："親仁里"當是虞鳴鶴外祖第五琦私第，近年所出《唐故相國太子賓客扶風郡公贈太子少保第五公墓志銘》載，第五琦於"建中三年八月戊午卒於親仁里之私第，享年七十有一"。

[4] 《新修餘姚縣志》卷十六，臺灣成文出版社 1983 年版（明萬曆年間刊本），第 442 頁。

[5] 光緒《餘姚縣志》卷二十三，第 539 頁上。

[6] 《慈溪縣志》卷九，臺灣成文出版社 1983 年版（明天啓四年刊本），第 477 頁。

[7] 徐兆昺《四明談助》卷四十五，寧波出版社 2000 年版，第 1546—1549 頁。

[8] 《浙江通志》卷四十三，臺灣商務印書館 1986 年版影印文淵閣四庫全書本，第 243 頁上。

志》，亦稱作《大明一統名勝志》，《四庫提要》稱其"是書由雜采而成，頗無倫次，時亦舛謬。又多不著出典，未爲善本"，[9]1995 年編入齊魯書社《四庫全書存目叢書》。

以上諸説雖有些小小差異，但所有虞九皋信息，基本没有超出柳宗元《虞鳴鶴誄》、《先友記》及宋人孫汝聽注文的範圍。而虞九皋與鳴鶴山的關聯，就目前文獻來看，主要來自於曹學佺《輿地名勝志》。案曹學佺之生卒年（1574—1676），其編撰《輿地名勝志》的時間晚於嘉靖《志》，故以爲《名勝志》之"虞鳴鶴宅"，或對嘉靖《志》及當時的鄉間傳説有所采録。

成書更早的寶慶《四明志》，是在乾道《四明圖經》基礎上編訂，真實反映了南宋時期四明鄉賢對於"四明掌故"的瞭解。寶慶《四明志》中有三處與"鳴鶴山"有關：其一，"梁虞荔墓在鳴鶴山，縣西北六十里，《梁書》云：荔，會稽上虞人也，以博識聞，舉宏詞，累遷中庶子，卒於官，歸葬此山"；[11]其二，"定水寺，縣西北五十里，近鳴鶴山。唐乾元二年建，名清泉，世以爲虞世南故宅，皇朝改今額，紹興七年更爲禪刹寺"；[12]其三，"鳴鶴山，縣西北六十里，耆老相傳云，昔有鶴棲於此山，一旦飛鳴，沖天而去"。[13]

再檢索宋代乾道《四明圖經》、開慶《四明續志》，都没有虞九皋的相關記録。又，元延祐《四明志》"虞荔"條下，袁桷注："按舊志，慈溪縣定水寺，虞世南故宅，先越公以入政府恩奏爲經院。今去寺里許，有虞侍中大墓，亡恙。寺舊有世南遺像，虞氏子孫多居鳴鶴，鳴鶴與餘姚接壤，而《九域志》亦言墓在鳴鶴，今鳴鶴去定水止十里，則定水山實總連鳴鶴山也，世南出爲叔陳中書侍郎寄之後，陪葬昭陵，子孫皆居長安，遂以故宅爲寺，舊志謂世南墓在定海，非。"[14]袁桷注文屢次提及鳴鶴山，卻没有論及虞九皋（鳴鶴）與鳴鶴山的關係。

上引種種説明，遲至元代延祐時期（1314—1320），修志者尚没有把虞九皋（鳴鶴）列入"慈溪籍"，我懷疑以虞九皋（鳴鶴）命名鳴鶴鄉的説法，大概發軔於元末明初。到了明代中期，史地學者據柳宗元《虞鳴鶴誄》及宋人孫汝聽注文，把"鳴鶴鄉"歸之於虞九皋，繼而想象出"虞九皋宅"，並忝入"列傳"及"選舉"之中。

有了寶慶《四明志》"有鶴棲於此山，一旦飛鳴，沖天而去"命名"鳴鶴山"，再來看天啟《慈溪縣志》的"鄉人追慕不忘，遂以其字名其鄉，曰鳴鶴"，感覺後者的太不可靠。

至此，我們對慈溪鳴鶴應有這樣一個基本認識：鳴鶴鄉是因境内鳴鶴山而命名的，與唐代虞九皋没有任何關係；虞九皋籍貫洛陽伊闕，上溯其五世祖虞荷又定居會稽山陰，至於他們墓志上的"會稽餘姚人"，僅是説明鄉籍而已。

[9]《四庫全書總目提要》卷七十二，商務印書館 1939 年版（萬有文庫本），第 15 册第 19 頁。

[11] 寶慶《四明志》卷十七，中華書局 1990 版，第 5223 頁上。商略案：此説有誤，《梁書》無虞荔本傳，而《陳書》以虞荔爲"會稽餘姚人"。

[12] 寶慶《四明志》卷十七，第 5218 頁上。

[13] 寶慶《四明志》卷十六，第 5207 頁下。

[14] 延祐《四明志》卷四，中華書局 1990 版，第 6182 頁上。

虞荔字山披，梁、陳時人，爲隋唐名臣虞世基、虞世南之父。虞荔弟寄無子，虞荔以世南繼後，故世南字伯施。會稽餘姚虞氏，最後出現在二十四史本傳的，僅兩《唐書》的虞世南。現把虞世基和虞世南在隋、唐《書》中的後裔情況，陳列於下：

《隋書·虞世基傳》："子肅，好學多才藝，時人稱有家風。弱冠早没。肅弟熙，大業末爲符璽郎。次子柔、晦，並宣義郎。化及將亂之夕，宗人虞伋知而告熙曰：'事勢以然，吾將濟卿南渡，且得免禍，同死何益！'熙謂伋曰：'棄父背君，求生何地？感尊之懷，自此訣矣。'及難作，兄弟競請先死，行刑人於是先世基殺之。"《隋書》載世基諸子殁於江都之亂。

又《舊唐書·虞世南傳》："世南子昶，官至工部侍郎。"《寶刻叢編》卷八引《京兆金石録》："《唐贈秦州都督韋琨碑》，唐許敬宗撰，虞昶行書，咸亨四年。"今敦煌出土多種唐朝宮廷佛經寫本，爲虞昶監製。寫經中出現"虞昶"之名，最早爲唐咸亨二年（671），最晚至唐上元元年（674）十月十日，表明虞氏監製經書約三年，現存署名虞昶的敦煌寫經卷子共計16件。

另陶宗儀《書史會要》卷五："虞纂，世南子，工書，能世其家學。"又同卷："虞郁，纂子，雖能繼世而風格不迫。"又同卷："虞焕，纂子，亦能書而體多檢束。"因陶氏史料來源不詳，其説多不被史家采用。

據近年出土墓志中虞世基、虞世南兄弟的後嗣資料，據年代先後，列於下：

1.《唐虞秀姚墓志》，墓志標題"大唐故行右衛長史蘭陵公夫人虞氏墓志銘並序"。志主虞秀姚，爲初唐名臣虞世南之女。虞秀姚於麟德元年（664）六月廿六日，卒於長安崇賢里第，享年五十有四。又於"上元三年歲次景子七月乙末朔三日丁酉，合祔於明堂縣少陵原"。

其世系描述："曾祖撿，梁尚書起部、中兵二曹侍郎。祖寄，梁中書侍郎，陳本州別駕、太中大夫、戎昭將軍。並稱時望，俱号國□。□□□□隆，而道無升降。父南，皇朝弘文館学士秘書大監永興縣開國公贈禮部尚書謚文懿。"文中"祖寄"，與《虞世南傳》過繼事實相符。其夫蘭陵縣公蕭鍳，鍳父璟，亦初唐名臣。

按《唐蕭鍳墓志》，夫婦合葬於"萬年縣洪固鄉胄貴里"。《唐虞秀姚墓志》載"嗣子朝議郎行晉州冀氏縣令襲蘭陵公愭"，《唐蕭鍳墓志》不書子嗣名字，僅書"幼子"。蕭鍳子愭，不見諸史書。

2.《唐虞悉墓志》，墓志標題"大唐故中散大夫使持節簡州諸軍事簡州刺史虞公墓志銘並序"。志主虞悉，爲隋虞世基之孫，虞熙之子，唐虞世南之侄孫，虞秀姚之堂侄。虞悉在儀鳳四年（679）三月廿六日終於簡州公館，終年七十。又在永淳元年（682）十月廿六日遷厝於邙山之北原。

其世系描述："曾祖山根（"根"字衍）披，梁士林館学士、中書舍人、戎威將軍、散騎常侍、太子中庶子贈侍中，謚德子，孝友忠貞之業，星辰河嶽之精，忝彼鳳閣，有光龍翰。祖基，陳尚書左丞，隋内史舍人、内史侍郎、金紫光禄大夫。"

墓志載其夫人吳興沈氏，其嗣子思貞，其餘家屬成員不明。

3.《唐顏府君墓志》，墓志標題"唐故銀青光禄大夫和州刺史上柱國瑯琊縣開國伯顏府君墓志銘"。志主夫人虞氏，爲虞慈之女。《墓志》載："夫人會稽郡夫人會稽虞氏，隋内史侍郎世基之孫，簡州刺史慈之女……即以其年十月十日合葬於河南縣界之北邙山。"又，其夫"以開元九年（721）七月廿九日薨於東都之興藝坊之私第"。他們生活於洛陽，死後葬於邙山。虞氏卒年不詳，早於開元九年。

墓志載嗣子宣州綏安縣令"昭□"，"孫恬、悱、悰"等。

墓志在敘述虞氏父祖情況時，漏掉了真正的祖父虞熙。《唐顏府君墓志》的正確敘述應該是這樣的："隋内史侍郎世基之曾孫，隋符璽郎熙之孫，唐簡州刺史慈之女。"

4.《唐沈從道墓志》，墓志標題"唐故中大夫廣平郡太守上柱國吳興沈君墓志銘"。志主沈夫人虞氏，其父爲龍州刺史虞謇，祖不詳，其曾祖虞世南。《墓志》稱："夫人毗陵縣君會稽虞氏，永興公世南之曾孫，龍州刺史謇之女，亦既有行，正位於内。戒攸遂之典，葉和鳴之縣。陰德無厚，旋悄先夫。以開元十三年（725）二月十三日，終於洛州温柔里之私第，春秋冊三。粤以天寶四載（725）歲在乙酉七月丁巳朔十七日癸酉，合葬於河南府北廿里邙山之陽。"

沈夫人虞氏，生於唐弘道元年（683），卒於開元十三年（725），享年四十三歲。

墓志載虞氏有子沈務光。

5.《唐張夫人虞氏墓志》，墓志標題"故夫人虞氏墓志銘并序"。志主張夫人虞氏，父虞敏。志文載："曾祖世南，皇銀青光禄大夫、秘書監、永興縣開國公贈禮部尚書，謚曰懿公，功臣第二等。祖慈，皇工部郎中、陳·澤·簡三州刺史。考敏，皇濟州平陰縣令。皆休有令聞，爲天下式，俾克用又，寔亨而後。夫人即平陰府君之第二女也。"

又"開元廿二（734）年六月廿五日，因産而終於崇業里私第。以其年七月十四日，遷窆於北邙山梓澤原。"同前顏夫人虞氏一樣，張夫人虞氏亦是生活於洛陽，葬在邙山。

據志文"諧琴瑟之友，一十四春；推甲子之數，三十八祀"，知其開元八年（720）嫁入張門，至開元二十二年三十八歲。志文對其夫婿描述不清，子嗣情況僅"有男一女三"而已。

墓志在敘述虞氏世系時，出現了比顏夫人虞氏更偏離事實的問題——漏掉了真正的曾祖虞熙，還把虞世南誤作自己的"曾祖"。《唐張夫人虞氏墓志》對於虞氏世系的正確描述，應該是："高祖世基，陳尚書左丞，隋内史舍人、内史侍郎、金紫光禄大夫。曾祖熙，隋符璽郎。祖慈，皇工部郎中、陳·澤·簡三州刺史。考敏，皇濟州平陰縣令。"

以上，涉及虞世基、虞世南之後的墓志五種，其中男性一種，女性四種。在五種墓志中，屬世基後裔的有三種，含虞姓人物5人：虞慈、虞思貞（慈子）、虞敏（慈子）、顏夫人虞氏（慈女）、張夫人虞氏（敏女）。屬世南之後的兩種，含虞姓人物3人：虞秀姚、虞謇、沈夫人虞氏（謇女）。

虞荷生平不詳，活動於隋末唐初。其史料僅見兩條：一、《隋書·煬帝紀》："（大業九年九月）甲午，車駕次上谷，以供費不給，上大怒，免太守虞荷等官。"二、嘉泰《會稽志》："虞荷碑，永興公世南撰，釋某書。貞觀六年大中大夫致仕，其年卒於會稽。石不存。"

近年出土虞荷後裔墓志數種，陳列於下：

一、《唐虞希喬墓志》。志主虞希喬，爲虞哲之孫，疑是虞照乘之子。卒於證聖元年（695）六月三日。相傳墓志出土於紹興，瓷質。

該志文語義淩亂，關於其父祖世系，有價值的文字僅"祖哲，醴陵"四字。

二、《唐虞照乘墓志》。墓志標題"大唐故安州雲夢縣令虞府君墓志"。志主虞照乘，父虞哲（亦見《唐虞希喬墓志》），祖虞荷。志文對於世系的描述："祖荷，銀青光禄大夫、綿州刺史。父哲，通議大夫、醴陵縣令，忠規孝範，踵武英賢。"

志主卒於景龍三年（709）十二月九日，享年六十有二。葬於景雲元年（710）十一月。未書具體葬地，相傳墓志出土於紹興。該志石同《唐虞希喬墓志》一樣，爲瓷質。

虞照乘夫人"河間劉氏，武州刺史玄悝之女"，其子嗣有"希莊、光寓"。

三、《唐李孟德墓志》。墓志標題爲"大唐故中大夫寧州諸軍事守寧州刺史李府君墓銘並序"。志主夫人虞氏，父虞操（當爲虞玄操，見下《唐虞從道墓志》），祖虞荷。

志文對於虞氏世系的描述："夫人會稽郡君虞氏，故綿州刺史荷之孫，郿州長史操之女，克柔厥德，允宜爾家，故以琴瑟以諧，蠡斯繁衍，以開元廿一年（733）寢疾，終於鞏縣河濱里之私第，春秋八十有三。"至天寶元年（742）十二月廿五日，虞氏與李孟德合葬於河南偃師縣北原。

據志文，李氏數子多早卒，"濮州鄄城縣令光、次子朝散大夫潤州長史充、次左武衛録事參軍允、次游擊將軍郊郿府果毅先等，並文武才良，早世而没"。天寶元年時，僅存幼子，爲臨淄郡臨濟縣丞李寬。

四、《唐虞從道墓志》。墓志標題"唐故南平郡司馬贈秘書少監虞公墓志銘並序"。志主虞從道，曾祖虞荷，祖玄操，父思隱，叔思忠。

其子虞當，見柳宗元《先君石表陰先友記》；其孫虞鳴鶴，見於柳宗元《虞鳴鶴誄》。墓志出土於今河南伊川縣城關鎮。

志文描述："遠哉有若趙相卿者，顯名於六國；有若處士香者，嘉遯於暴秦。處士之十四世孫東漢定侯竟，避地於餘姚，子孫因家焉。陳儀同三司諱仲卿者，即定侯之裔孫也。儀同生太中大夫綿州刺史荷，荷生郿州長史玄操，玄操生蔡州司户思隱，思隱生公焉……公時年十六，與叔父思忠同謫白州，泣血即路，見者莫不哀悼。頃之，思忠早世，或勸公逃歸，公以叔殯在遠，不可委去。"

虞從道卒於天寶五載（746）八月十日，享年七十有三矣。其夫人"荥陽鄭氏，故馮翊主簿整仁之孫，處士璭之女，婦德母儀，六姻惟師，以天寶十二載正月十二日終於伊闕之私第，春秋五十九。"大曆四年（769），夫妻合葬於景李原。

其嗣子虞當"拜朝散大夫檢校尚書主客員外郎兼侍御史，充朔方節度判官"，虞當季弟"絳州正平縣尉郢客"。

　　以上四種墓志，屬虞荷之後。涉及虞氏宗人可分兩支：一是虞荷，虞哲（荷子），虞照乘（哲子），虞希莊（照乘子），虞光寓（照乘子），虞希喬（哲孫，父不詳）；二是虞荷，虞玄操（荷子），虞思隱（玄操子），虞思忠（玄操子），李夫人虞氏（玄操女），虞從道（思隱子），虞當（從道子），虞郢客（從道子）。

十、隋唐兩支虞氏譜系圖

虞荔、虞寄一支圖譜

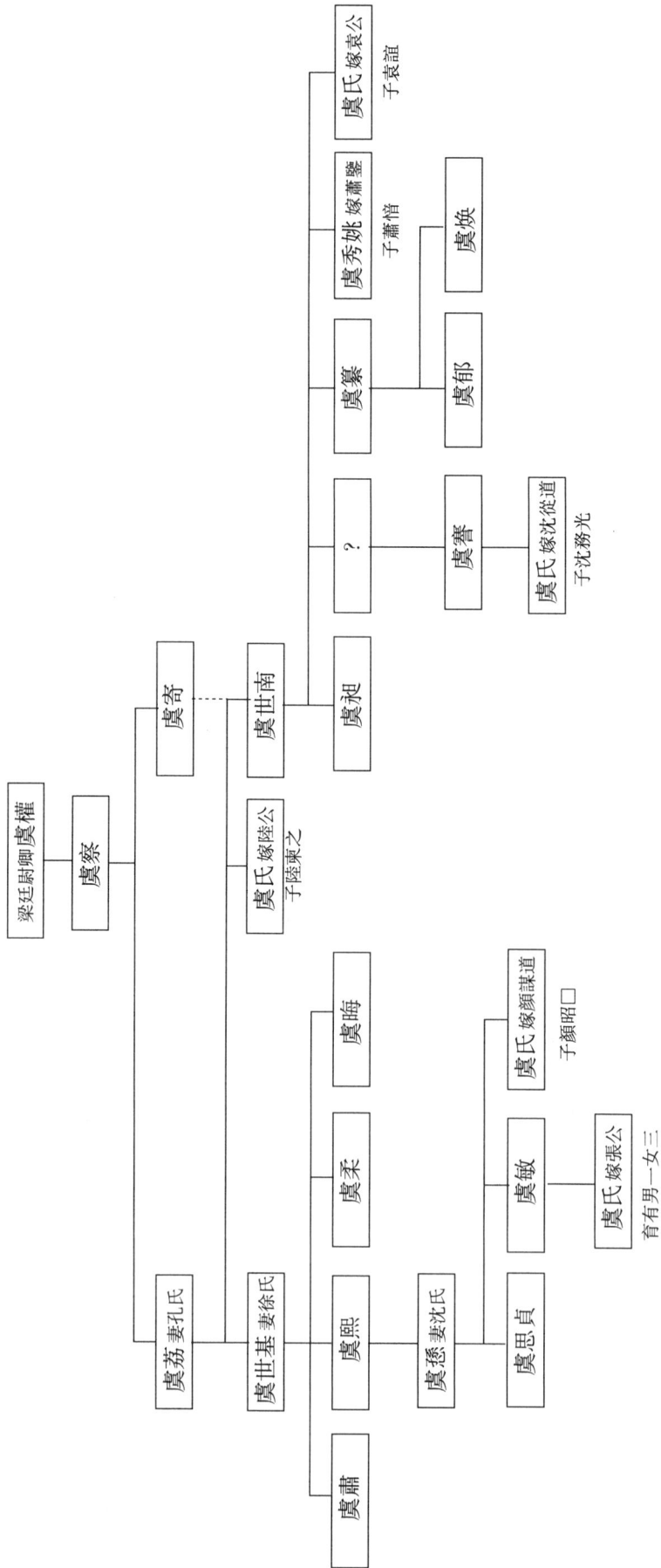

梁廷尉卿虞權 — 虞察

虞察 — 虞荔 妻孔氏、虞寄

虞荔 — 虞世基 妻徐氏、虞世南、虞氏 嫁陸公 子陸柬之

虞寄 …… 虞世南

虞世南 — 虞昶

虞世基 — 虞熙、虞柔、虞昉

虞昶 — ?、虞纂、虞秀姚 嫁蕭鑒 子蕭翛、虞氏 嫁袁公 子袁誼

? — 虞著

虞纂 — 虞郁、虞煥

虞著 — 虞氏 嫁沈從道 子沈務光

虞熙 — 虞慈 妻沈氏

虞慈 — 虞思員、虞敏、虞氏 嫁顏謀道 子顏昭□

虞敏 — 虞氏 嫁張公 育有男一女三

上譜虞纂、陸柬之、袁誼之文獻來源說明：

陶宗義《書史會要》卷五："虞纂，世南子，工書，能世其學。"又同卷："虞郁，纂子，雖能繼世而風格不逮。"又同卷："虞煥，纂子，亦能書而體多檢束。"《書斷》卷中："陸柬之，吳郡人，官至朝散大夫，太子司議郎，虞世南之甥。"《舊唐書·袁誼傳》："（袁）朗孫南，又虞世南外孫。"

虞荷一支圖譜

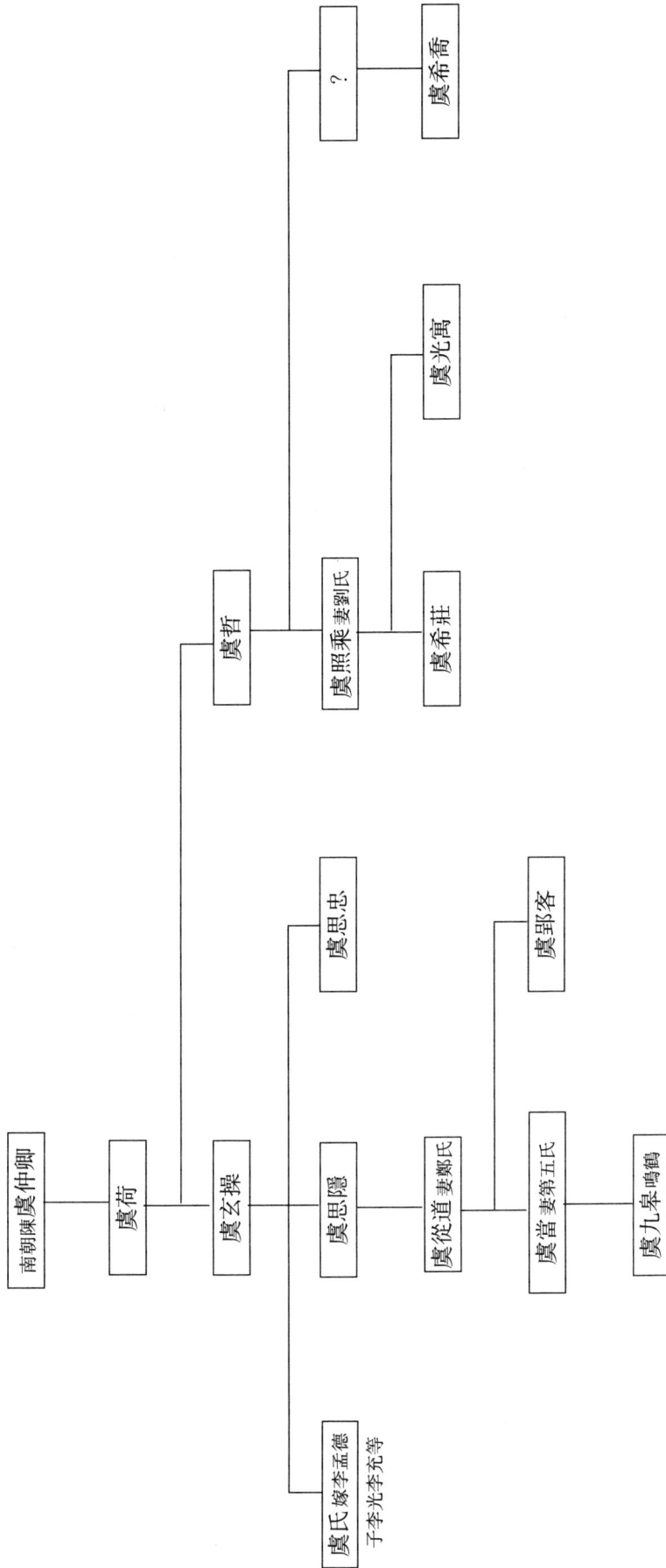

南朝陳虞仲卿 — 虞荷 — 虞玄操 — 虞思隱 — 虞從道 妻鄭氏 — 虞當 妻第五氏 — 虞九皋鳴鶴

虞思忠

虞郢客

虞氏 嫁李孟德 子李光李充等

虞哲 — 虞照乘 妻劉氏 — 虞希莊、虞光禹

？ — 虞希喬

第四輯：金石文獻彙編

■隋大業三年（607），《隋楊素墓志》，虞世基撰

《隋楊素墓志》一合。墓志標題"大隋納言上柱國光禄大夫司徒公尚書令太子太師太尉公楚景武公墓志銘並序"。志石高廣93釐米，凡43行，滿行45字，可識1875字。蓋不存。1980年，陝西省潼關縣文管會在普查歷史文物時，從該縣吳村鄉亢家寨村發現，現藏潼關縣文化館。

附：隋楊素墓志

大隋納言上柱國光禄大夫司徒公尚書令太子太師太尉公楚景武公墓志銘並序。朝請大夫、内史侍郎虞［缺］」

公諱素，字處道，弘農華陰人也。其先出自有周，蓋唐叔虞之苗裔。若夫積德爲基，擢本枝於夢梓；建親作屏，蔚遠葉□□□。□」以嶽靈降祉，標削成而起秀；地勢流謙，注長河而不竭。故能侯服之貴，西漢茂其疇庸；衰職之華，東都美其仍世。自□□□□」來，名德相踵，爲天下盛族。十世祖瑶，晉侍中、儀同三司、尚書令。高祖恩，河間内史。曾祖鈞，歷侍中、七兵尚書、北道大行□□□」刺史、司空、臨貞文恭公。祖暄，度支尚書、華州刺史、臨貞忠公。並以勳德奕世，位望優崇，冠冕式瞻，人倫準的。父勇，中書□□□」卿、開府儀同三司、汾州刺史、大將軍、淮魯復三州刺史、臨貞忠壯公，宇量凝邈，志略沉遠，身捐士重，節亮時艱。垂令德□□□，」奮英風於百代。公稟景宿之純曜，含俊德而挺生，神機秀發，靈府夷暢。萬籟俱動，未足撓其風飆；百川同會，莫或知其□□。□」性爲道，因心則孝。信義立於言表，器業隆於行餘。五典三墳、六藝百家之説；玉笥金簡、石室名山之奧，莫不詳覽宗致，□□□」流。至如渭渚剖鈐，汜橋授略，問兵符於玄女，得劍術於白猿，斯故宛然在目，若指諸掌。既而響含清越，譽重連城，禮貴□□，□」深虚右。周保定五年，起家爲中外府記室，遷司成大夫。公漸翼云初，已致懷於寥廓；攬轡伊始，便有志於澄清。及周武□□□」西鄰，將定東夏，齊王禮崇先路，任重元戎，眷求明德，光膺上佐，請公爲行軍府長史。公爰參旗鼓之節，立乎矢石之間。□□□」陣，戰在先勝，以功進位上開府，封安成公，出爲東楚州總管。任隆疆場，寄重威權。公深謀進取，志存開斥，先屠海陵之□，□□」淮南之地。大象二年，襲封臨貞公。及皇隋基命，天步猶艱，道屬經綸，時惟草昧。姦臣叛換，外侮於漳濱；宗國干紀，内□□□」邑。士無裹糧之志，朝貽肝食之憂。公奮其義勇，率先占募，陵峻雉其若夷，眂高墉而俯拾。雖則舞梯之攻燕堞，抚帳而□□□，」語以奇兵，未足尚也。乃授公大將軍，尋爲徐州總管。未幾，以虎牢之功，進位上柱國，封清河郡公，邑三千户，舊封聽回□□□」自裡類改物，彝倫載敍，秉憲繩違，允歸民譽，乃授公御史大夫。巴巫衝要，鄰控邊境，時方謀南伐，皇情西顧，詔公□□□」總管。良圖秘計，朝進夕聞。既而王師大舉，分麾授律。皇帝昔以神獸臨邸，親禦戎軒；秦孝王亦以懿戚扞城，爰稟□□。□」征之重，非才莫居；親賢並用，於是乎在開皇八年，同降綸綍，俱爲元帥。於是水龍長鶩，蒼兕泛浮，舳艫既指，灌然奔潰。□□□」預之謀，朝論歸美；王□之捷，功亦居多。江表初定，良資撫納，乃授公荆州總管。以平陳之功，封郢國公，邑三千户，食□□□□」□千户，別授一子儀同三司，舊封即以回授。如帶如礪，

允答殊勳；拜前拜後，賞優恒數。尋改封越國公，荆州總管如故。俄□□□」□言。雖復八舍掌壼，獻替斯在，六璽揮翰，樞機是屬，乃授公内史令。龍章鳳姿，翔集兼美，珥璫鳴玉，左右攸宜。吴越遐□，□□」未洽，彎弓挺劒，蟻結蜂飛。懷柔服叛，非公莫可，乃授大使，安集江南，仍爲行軍元帥。公高旆揚参，遠踰丹徼，樓船舉颿，□□□」波，谷静山空，氛消霧徹。東南厎定，帝有嘉焉，授一子上開府儀同三司。尋以公爲尚書右僕射，参貳宰司，憲章惟穆，弘□□□,」績譽斯隆，聲振幽遐，勢傾朝野。又授仁壽宫大監。至於徑輪表槷之度，瞻皇揆景之宜，莫不裁之秘思，殆侔神造。十九□□□」州道行軍總管，委以邊略。突厥達頭可汗驅其引弓之衆，奉其鳴鏑之旅，踰亭越障，亙野彌原。公親勒輕鋭，分命驍勇，□□□」擊，前後芟夷，轉鬥千里，斬馘万計。自衛、霍以來，未有若斯之功也。復授一子開府儀同三司。雖沙漠之南，咸知款附；而□□□」北，尚有遊魂。今上以睿德居蕃，董攝戎重，輕賨絶漠，寔佇帷筭，授公元帥府長史、靈州道行軍總管。公資稟神規，□□□」策，威加絶黨，聲讋虜庭。俄遷尚書左僕射。顯膺名器，寔允僉屬，作副端揆，弘贊朝猷。時突厥啟民可汗爲本國所敗，隻□□□,」寄命而已。高祖詔復啟民，仍委公樹立，乃收其部落，還成君長，因頻總元帥，以影響焉。會啟民可汗復爲凶徒所逼，□□□」赴蹶，殺獲巨多，旋定。啟民反其侵掠，於是服者懷德，叛者畏威，此一役也，邊塵遂息。雖周室之長驅獫狁，漢朝之遠納□□，□」我勳庸，曾何彷彿。乃授公世子玄感柱國，以旌武功。獻后升遐，陵塋式建，公包括羣藝，洞曉陰陽，歷相川原，□察墳□，□□」所感，實合神秘，龜謀襲吉，宅兆以安。下詔褒稱，特加旌賞，别封義康郡公，邑一万户，子孫承襲，貽之長世。及晉陽禍□，□□」□邑，□其淵藪，圖逞姦回。公受脤遄邁，投袂致討，勢疾驚飆，威踰奔電。春冰之照彤日，方斯非儗；秋籜之卷衝風，喻□□□。」□□克舉，茂賞斯隆，回授推恩，光枝潤葉。豈止蕭何陳力，寵徧宗門；衛青立功，榮加繈褓。頃之，遷尚書令、太子太師、營□□□□。」□授司徒公，改封楚公，加食邑五百户，通前爲一千五百户。總司百揆，弼和五教。春方居師表之尊，東都率子來之美。□□□」□玉宇，光升典册，車服崇顯，師尹俱瞻。公秉德居謙，貴而能降，竭誠盡節，慎終如始。方當翼宣景化，克享大年，而嶽□□□，□」光掩曜，大業二年七月癸丑朔廿三日乙亥，遘疾薨於豫州飛山里第，春秋六十三。粤以大業三年八月丁丑朔八□□□□」窆於華陰東原通零里。惟公雅度宏達，淵猷經遠。神華體俊，鑒照不疲；理贍詞敏，樞機無滯。奉上以誠，當朝正色。出□□□，□」贊機衡，知無不爲，義存體國，諒而能固，守以直道。至於損益時政，獻替謀猷。故乃削其封奏之草，不言温室之樹。□□□□，□」莫能知。加以才藝兼通，學無不覽，是以五禮六樂之文，陰陽緯候之説，蘭臺秘奥，東觀校讎。司天司地，□□□□□□□□□」下，委以裁綜，垂之不刊，代邸初開，承華式建。公夙荷天眷，亟經遊處，及運膺下武，重建殊勳，尊□□□□□□□□□□」□□爲社稷之良臣。人之云亡，莫不流涕，故乃悼興當扆，痛甚趨車。詔贈光禄大夫、太尉□□□□□□□□□□□□」□□□車，班劒卌人，前後部羽葆鼓吹，大鴻臚監護喪事。謚曰景武公，禮也。雖則□□□□□□□□□□□□□□□□□」□□□□□□乃爲銘曰：辰象緯天，山嶽鎮地。六階允叶［缺］（商略釋文）

案：墓志釋文並見羅新、葉煒著《新出魏晉南北朝墓志疏證》（中華書局2005年第1

版）第189《楊素墓志》，原爲簡體。今據拓片重釋。

虞世基於大業元年稍後遷内史侍郎（職事），至大業八年進位金紫光禄大夫（加官散職）。案此文撰於大業二年七年至次年八月間，其“朝請大夫、内史侍郎”與虞世基生平相合。志文“虞”字以下雖泐，但就楊素身份，志文當是奉詔所撰，虞世基當是第一人選。又，大業二、三年間，雖然虞世南、虞綽亦在臺省之文職，但名聲不及世基，“朝請大夫、内史侍郎”亦與虞世南、虞綽不符。故確定志文爲虞世基所撰。

案墓志慣例，撰文者置於前，書丹者在次，刊工在最後。

■隋大業七年（611），《隋姚辯墓志》，虞世基撰

《隋屯衛大將軍姚辨墓志》，虞世基撰，歐陽詢正書，大業七年十月。（《金石録》卷三，第五百三十）

《左光禄大夫姚恭公墓志》，虞世基撰，大業七年十月立，京兆。（《寶刻類編》卷一）

《隋姚辯墓志》，隋内史舍人虞世基撰，太常博士歐陽詢書。恭公名辯，字思辯，武威人，官至左屯衛大將軍，諡曰恭。碑以大業七年十月立。（《寶刻叢編》卷八，引《集古録》目）

附：左衛大將軍、左光禄大夫姚恭公墓志銘並序

公姓姚，諱辯，字思辯，武威人也。導清源於嬀汭，肇崇構於軒丘。世［缺］斯［缺］五世祖泓，爲晉所滅，子孫播越，居於武威。曾祖讚，撫軍□［下缺］軍將軍、武威太守，並以碩量偉才，佐時匡國。父寶，散騎常侍。［下缺］山川降神象緯，幼而風韻開爽，志節通亮，弓殫百步之奇，劍敵萬人之□□氣馳名，遂以材官入選。周保定四年，起家宗侍下士。天和二年，□□虧勝，羣帥見囚，公頻進奇謀，竟弗能用。乃以舟師先濟，朝廷□□統營校。公撫養士卒，勸課農桑，莫不家實食廩，人知禮節。［下缺］賞。保定五年，從周武帝平定晉州，摧殄高壁。十二月，進屠并州。既□公獨爲後距，轉戰不衰，皇輿獲安，公之力也。頻蒙優賞，以累［下缺］六年從定相州。以前、後功授大都督，封安養縣開國子，邑四［下缺］檢校武候兵事。又命公隨上柱國拓拔崇於武陟合戰，又於野馬［下缺］相濟實繁有徒。公建斾遄征，攝弓言邁，推鋒接戰，克著奇功。大象［下缺］戶，開皇元年，授上開府儀同三司，進爵爲公，增邑爲一千戶，□□所屆，即事戎車。公誠勇奮發，義同閫外，屢出奇兵，頻摧醜虜。［下缺］天府凡厥賞賜，散之士卒。二年，匈奴復入涼州，詔以公爲行軍□□，前後衝擊，晝夜攻圍。校尉之井既枯，將軍之泉又竭。空有思梅之□［下缺］以亡爲存，策勳命賞，理在不次。五年，授右武衛、驃騎將軍，霍去病［下缺］蔑如也。六年，授雲州道水軍總管。戈船掩渚，巨艦浮川，河涘肅□，匪曰崇墉棊跱，鞏堞相望，邊析弗驚，控弦遠逝。其年，授使持節，河［下缺］化若神明。十年，檢校疊州總管、河州刺史，行疊州刺史事。公才略□□，□弘政教，安民和衆，於是乎在。十二年，轉授左武候將軍。尋爲涼州［下缺］邊烽寢候。氈幕旃裘，望風斂跡。十六年，使持節、靈州總管諸軍事。□□俗易風移，政成期月。十八年，授原州道行軍總管。十九年，授環州道□總管。公屢總戎律，特精邊事，每秋風起塞，胡騎揚塵，折衝之任，非公□□。大業二年，授左武候大將軍，進爵蔡陽郡開國公，食邑一千五百戶。大啟［下缺］皇丘欽明，御籙睿聖纂圖，特荷天眷，恩遇隆重，密勿禁候，知無不爲。［下缺］威等同進位大將軍、左武候

大將軍如故。三年，以母憂去官。其年有［下缺］自天，幾於毀滅，僶俛王事，杖而後起。四年，以官方草創，授金紫光祿大夫□光祿大夫如故。車駕北巡，諸蕃朝朔，以舊典糾察，整肅軍容。乃令公［下缺］旌門洞張，内外肅然，事嚴細柳。吐谷渾大保五期尼樂周等率衆歸附，鑾蹕西幸，底定渾國。乃以公爲鬱卑道將軍。旗鼓所振，莫不摧殄，俘［下缺］右光祿大夫、左屯衛大將軍如故。乃獻凱廟廷，禮崇備物，六軍之長。車駕南巡江都，以公京師留守，職居爪牙，任惟心膂，出處崇重，朝野榮之。大業七年三月遘疾，十九日薨於京兆郡，春秋六十有六。惟公體量宏達，［下缺］興義，造次弗違，虛己推賢，始終同致，加以雄圖恢廓，奇略弘遠，氣有餘勇，莫之與抗。善於御撫，得士卒之心，長於政術，致廉平之美。自入統禁旅，出□□所，夙夜匪懈，簡在帝心。至於敬友穆親，輕財貴義，家稟誠孝，奉以周旋，訓不與善，遽此歸全。知與不知，莫不流涕。粤以其年十月癸丑朔二十一日葬，有詔：故左屯衛大將軍、右光祿大夫姚思辯，性理和謹，秉心恭慎，歷任［下缺］式表哀榮，可贈左光祿大夫。又蒙賜物八百段，粟麥一千石，諡曰恭公。

祀［下缺］長瀾若水，遠馥薰風。時賢繼及，世德斯隆。勤王成務，啟霸垂功。炳靈不已，□□冥照。落雁窮能，通猿盡妙。蹴張選勇，期門待詔。職分七萃，官聯五營。□□陪衛，出擁高旌。汜水兵略，常山陳勢。卓犖明謀，沈深節制。功有必取，算無遺計。累膺恩寵，顯赫身名。執恭履順，守滿持盈。方陪紀岳，遽掩佳城。遊魂不歸，逝川［下缺］春秋遞代，徽猷永遠。（《全隋文》卷十四）

■隋大業八年（612），《隋尚書左僕射元壽碑》，虞世基撰

《隋尚書左僕射元壽碑》，虞世基撰，歐陽詢正書，大業八年正月。（《金石錄》卷三，第五百三十一）

跋尾：右《隋元壽碑》，虞世基撰，歐陽詢書。案隋史，壽，開皇中爲尚書主爵侍郎，而《碑》云“主爵郎”。碑云“從晉王伐陳時，兼揚州長史，授行軍總管長史。平陳，遂爲揚州總管府長史，遷尚書左丞。”而史但云“自元帥府屬平陳，入爲左丞”爾。又“爲太常少卿時，兼雍州司馬”，史亦不載。“其卒，贈尚書左僕射、光祿大夫，封博平侯”，而史但云“贈右僕射”，皆其闕誤。史云“壽在周，封儀隴縣侯”，而《碑》作“儀龍侯”，今案《隋書·地理志》有儀隴縣，屬巴西郡，而無“儀龍”，未知孰失也。（《金石錄》卷二十二）

《左僕射元壽碑》，虞世基撰，正書，大業八年立，京兆。（《寶刻類編》卷一）

■隋大業九年（613），《隋高陽郡隆聖道場碑》，虞世基撰並書

《隋高陽郡隆聖道場碑》，隋虞世基撰並書。周建德六年，隋高祖擁旄於此。至大業九年伐叛海東，旋師，有詔改爲高陽郡，記王業之所興，設隆聖道場爲高祖祈福。大業九年十二月立此碑。新增。（《寶刻叢編》卷六）

《高陽郡隆聖道場碑》，虞世基撰並書，大業九年十二月立，定。（《寶刻類編》卷一）

案：《金石錄》作虞世南，姑存之。

■年代不明，《隋上儀同楊緝墓志》，虞世基書

《隋上儀同楊緝墓志》，許善心撰序，虞世基銘。（《金石錄》卷三，第五百四十）

《隋上儀同楊緝墓志》，許善心撰序，虞世基製銘，世以爲歐陽詢書，年月殘缺。

（《寶刻叢編》卷八，引《復齋碑録》）

■年代不明，《隋虞世基墓志》

近有於三峯下劚地得志石，乃虞世基墓，當時即掩，惜未見其文耳。（黄宗羲《四明山志》卷一"三女山"條下）

案：三女山在今陸埠乾溪。此説雖不可信，姑存之。

■**隋大業五年（609）前，《平陳碑》，虞世南書**

《平陳碑》，隋薛道衡撰文，虞世南書，在石頭城西。（《六朝事蹟編類》卷十四）

案：立碑時間上限開皇九年（589），隋平陳；下限大業五年（609），薛道衡卒（《通鑒》卷一百八十一以薛道衡卒年在大業五年）。

■**隋大業九年（613），《隋高陽郡隆聖道場碑》，虞世南撰並書**

《隋高陽郡隆聖道場碑》，虞世南撰並行書，大業九年十二月。（《金石録》卷三，第五百三十三）

《高陽郡隆聖道場碑》，隋秘書郎虞世南撰次書石。世南以書名，隋唐間而此碑最顯，世競以摹本傳。今其碑在定州龍興寺，或疑爲摹本，以高陽之郡在中山也。考《大業雜記》，"九年閏月"幸博陵，以定州爲先皇歷試所基，遂改爲高陽。今世南謂"大業龍集，癸酉有詔，改郡以記王業所興"，然則與《雜記》合矣。夫隋改寺爲道場，觀爲玄壇，貞觀十二年復寺、觀舊名。則當世南時，隋謂道場必矣。以此知碑非後世所摹也。（《御定佩文齋書畫譜》卷七十二，引《廣川書跋》）

案：《寶刻叢編》及《類編》均作虞世基。

■**唐武德六年（623），《釋住力碑》，虞世南撰**

唐揚州長樂寺釋住力，姓褚氏，河南陽翟縣人……便以香湯沐浴，跏趺面西，引火自燒，卒於炭聚，時年八十，即武德六年十月八日也……門人慧安、智頵，師資義重，甥舅恩深，爲樹高碑於寺之內，東宮庶子虞世南爲文。（《法苑珠林校注》卷三十三）

■**唐武德六年（623），《唐黃州總管周法明碑》，虞世南書**

炅生法明，年十二，一命爲巴州刺史，陳滅臣隋，爲趙之真定令。隋亂，歸黃岡，起兵取蘄、安、沔、黃。武德中，籍四州地請命，授總管蘄安十六州軍事、光禄大夫，封國於道。太宗命虞世南銘書墓碑。相國爲六代孫，曾祖惲，汝州梁縣令。（《樊川文集》卷七，《唐故東川節度使檢校右僕射兼御史大夫贈司徒周公墓志銘》）

案：《新書·高祖本紀》："（武德六年）十一月壬午，張善安襲殺黃州總管周法明。"

■**唐武德八年（625），《後周黃羅刹碑》，虞世南撰**

《後周黃羅刹碑》，虞世南撰，正書，無姓名，武德八年十月。（《金石録》卷三，第五百四十九）

跋尾：右《後周黃羅刹碑》，虞世南撰。羅刹仕周，爲行軍總管；其子君漢，唐初爲將，有功，武德中爲父追立此碑。案後魏元乂，本名夜叉；其弟刹，本名羅刹。元樹《遺公卿書》譏詆以謂"夜叉"、"羅刹"皆鬼名也。今羅刹周人，去魏不遠，猶以爲名，何哉？（《金石録》卷二十三）

《周黃羅刹碑》，唐秦王府學士虞世南撰，不著書人名氏。羅刹，東郡胙縣人，周末尉遲迥兵起，羅刹聚眾擊之，授（碑缺）軍總管。碑以武德八年十月立。（《寶刻叢編》卷五，《集古》録目）

■**唐武德九年（626），《唐孔子廟堂碑》，虞世南撰並書**

《唐孔子廟堂碑》，虞世南撰並正書，武德九年十二月。（《金石録》卷三，第五百五

十二）

　　跋尾：右《唐孔子廟堂碑》，虞世南撰，武德時建，而題云“相王旦書額”者，蓋舊碑無額，武后時增之爾。至文宗朝，馮審爲祭酒，請琢去“周”字，而《唐史》遂以此碑爲武后時立者，誤也。睿宗所書舊額云“大周孔子廟堂之碑”。今世藏書家得唐人所收舊本，猶有存者云。（《金石録》卷二十三）

附：孔子廟堂碑

　　微臣屬書東觀，預聞前史。若乃知幾其神，惟睿作聖，玄妙之境，希夷不測。然則三五迭興，典墳斯著，神功聖跡，可得言焉。自肇立書契，初分爻象，委裘垂拱之風，革夏翦商之業，雖復質文殊致，進讓罕同，靡不拜洛觀河，膺符受命。名居域中之大，手握天下之圖。象雷電以立威刑，法陽春而流惠澤。然後化漸八方，令行四海，未有偃息鄉党，棲遲洙泗，不預帝王之録，遠跡胥史之儔。而德侔覆載，明兼日月。道藝微而復顯，禮樂弛而更張。窮理盡性，光前絶後，垂範於百王，遺風於萬代。狪歟偉歟！若斯之盛者也！夫子膺五緯之精，踵千年之聖，固天縱以挺質，稟生德而降靈。載誕空桑，自標河海之狀；纓勝逢掖，克秀堯禹之姿。知微知章，可久可大。爲而不宰，合天道於無言；感而遂通，顯至仁於藏用。祖述先聖，憲章往哲。夫其道也，固以孕育陶鈞，苞含造化，豈直席卷八代，併吞九邱而已哉！雖亞聖鄰幾之智，仰之而彌遠；亡吴霸越之辨，談之而不及。於時天曆寢微，地維將絶，周室大壞，魯道日衰，永歎時艱，實思濡足，遂迺降跡中都，俯臨司寇。道超三代，止乎季孟之間；羞論五霸，終從大夫之後。固知栖遑弗已，志在於求仁；危懸從時，義存於拯溺。方且重反淳風，一匡末運。是以載贄以適諸侯，懷寶而游列國。玄覽不極，應物如響，辨飛鼊於石函，驗集隼於金櫝。觸舟既曉，專車能對，識罔象之在川，明商羊之興雨。知來藏往，一以貫之。但否泰有期，達人所以知命；卷舒惟道，明哲所以周身。羑里幽憂，方顯姬文之德；夏臺羈絏，弗累商王之武。陳蔡爲幸，斯之謂歟。於是自衛反魯，删書定樂，贊易道以測精微，修春秋以正褒貶。故能使紫微降光，丹書表瑞，濟濟焉，洋洋焉，充宇宙而洽幽明，動風雲而潤江海。斯皆紀乎竹素，懸諸日月。既而仁獸非時，鳴鳥弗至，哲人云逝，峻嶽已頹。尚使泗水却流，波瀾不息，魯堂餘響，絲竹猶傳，非夫體道窮神，至靈知化，其孰能與於斯乎？自時厥後，遺芳無絶，法被區中，道濟天下。及金册斯誤，玉弩載驚，孔教已焚，秦宗亦墜。漢之元始，永言前烈，襃成爰建，用光祀典。魏之黄初，式遵古訓，宗聖疏爵，允緝舊章，金行水德亦存斯義。而晦明匪一，屯亨遞有，筐筥蘋蘩，與時升降，靈宇虛廟，隨道廢興。炎精失御，蜂飛蝟起，羽檄交馳，經籍道息。屋壁無藏書之所，階基絶函丈之容。五禮六樂，翦焉煨燼。重宏至教，允屬聖期。大唐運膺九五，基超七百，赫矣王猷，蒸哉景命，鴻名盛烈，無得稱焉。皇帝欽明睿哲，參天兩地，迺聖迺神，允文允武。經綸云始，時維龍戰，爰整戎衣，用扶興業。神謀不測，妙算無遺，宏濟艱難，平壹區宇。納蒼生於仁壽，致君道於堯舜。職兼三相，位總六戎，玄珪乘石之尊，朱户渠門之錫。禮優往代，事踰恒典。於是在三瞻命，兆庶樂推，克隆帝道，丕承鴻業。明玉鏡以式九圍，席蘿圖而御六辯。寅奉上玄，肅恭清廟。宵衣旰食，視膳之禮無方；一日萬幾，問安之誠彌篤。孝治要道，於斯爲大。故能使地平天成，風淳俗厚，日月所照，無思不服。憬彼獯戎，爲患自古。周道再興，僅得中算。漢圖方遠，纔聞下策。徒勤六月之戰，侵軼無厭；空盡貳師之兵，憑陵滋甚。皇威所被，犁顙厥角，空山盡漢，歸命闕廷，充仞藁街，填委外廄。開闢以來，未之有也。靈臺偃伯，玉關虛候。江海無波，烽燧息警。非煙浮漢，榮光莫河。楛矢東歸，白環西入。猶且兢懷馭朽，興瞻納隍；卑宮菲食，輕徭薄賦；斲琱反樸，抵璧藏金；革舄垂風，綈衣表化；歷選列辟，旁求遂古；克己思治，曾何等級，於是眇屬聖謨，凝心大道，以爲括羽成器，必在膠雍，道德潤身，皆資學校，刱乃入神妙義，析理微言，屬以四科，明其七教，懿德高風，垂裕斯遠。而棟宇弗修，宗祧莫嗣，用紆聽覽，爰發絲綸。武德九年十二月廿九日，有詔立隋故紹聖侯孔嗣哲子德倫爲褒聖侯，乃命經營，惟新舊址。萬雉斯建，百堵皆興，揆日占星，式規大壯。鳳甍騫其特起，龍桷儼以臨空。霞入綺寮，日暉丹檻。宵宵崇邃，悠悠虛白。圖真寫狀，妙絕人功。象設已陳，肅焉如在。握文履度，復見儀形。鳳跱龍蹲，猶臨咫尺。莞爾微笑，若聽武城之絃；怡然動色，似聞簫韶之響。襜襜盛服，既覩仲由；侃侃禮容，仍觀衛賜。不疾而速，神其何遠？至於仲春令序，時和景淑，皎潔璧池，圓流若鏡，青蔥槐市，總翠成帷。清滌玄酒，致敬於茲日；合舞釋菜，無絕於終古。皇上以幾覽餘暇，遍該墳籍，乃制《金鏡述》一篇，永垂鑒戒。極聖人之用心，宏大訓之微旨。妙道天文，煥乎畢備。副君膺上嗣之尊，體元良之德。降情儒術，遊心經藝。楚詩盛於六義，沛昜明於九師。多士伏膺，名儒接武。四海之內，靡然成俗。懷經鼓篋，攝齊趨奧。並鏡雲披，俱餐泉湧。素絲既染，白玉已雕。資覆簣以成山，導涓流而爲海。大矣哉！然後知達學之爲貴，而宏道之由人也。國子祭酒楊師道等，偃玄風於聖世，聞至道於先師，仰彼高山，願宣盛德。昔者楚國先賢，尚傳風範，荊州文學，猶鑴歌頌。況帝京赤縣之中，天街黃道之側，聿興壯觀，用崇明祀，宣文教於六學，闡皇風於千載。安可不贊述徽猷，被之雕篆？迺抗表陳奏，請勒貞碑，爰命庸虛，式揚茂實。敢陳舞詠，迺作銘云：

　　景緯垂象，川嶽成形。挺生聖德，實稟英靈。神凝氣秀，月角珠庭。探賾索隱，窮幾洞冥。述作爰備，邱墳咸紀。表正十倫，章明四始。繫續羲易，書因魯史。懿此素王，邈焉高軌。三川削弱，六國從衡。鶡首兵利，龍文鼎輕。天垂伏鼈，海躍長鯨。解鞶去佩，書爐儒坑。纂堯中葉，追尊大聖。乃建褒成，膺茲顯命。當塗創業，亦崇師敬。胙土錫圭，禮容斯盛。有晉崩離，維傾柱折。禮亡學廢，風頹雅缺。戎夏交馳，星分地裂。蘋藻莫奠，山河已絕。隋風不競，龜玉淪亡。樽俎弗習，干戈載揚。露霑闕里，麥秀鄒鄉。修文繼絕，期之會昌。大唐撫運，率繇王道。赫赫元功，茫茫天造。奄有神器，光臨大寶。比蹤連陸，追風炎昊。於鑠元后，膺圖撥亂。天地合德，人神攸贊。麟鳳爲寶，光華在旦。繼聖崇儒，載修輪奐。義堂宏敞，經肆紆縈。重樂霧宿，洞戶風清。雲開春牖，日隱南榮。鏘鈜鐘律，蠋絜鐙明。容範既備，德音無斁。肅肅升堂，詵詵讓席。獵纓訪道，橫經請益。帝德儒風，永宣金石。（《全唐文》卷一百三十八）

■唐貞觀二年（628）閏二月，《唐虞世南碑》

　　《唐虞世南碑》，《訪碑錄》云"虞世南書"，《系地》云"貞觀二年立"。在會稽南二十里，龜趺猶存，碑已亡矣。（嘉泰《會稽志》卷十六）

　　《唐虞世南碑》，貞觀二年閏二月五日，立在會稽縣南二十里。（《寶刻叢編》卷十三，引《訪碑錄》）

案：貞觀二年無“閏二月”。

■唐貞觀二年（628）十月，《左武候將軍龐某碑序》，虞世南撰

附：左武候將軍龐某碑序

昔者彤雲受命，樊、灌佐其雄圖；白水興王，耿、賈宣其上略。並能刷羽躍鱗，培風激水，誓丹書以建國，錫青社以開基。居陳五鼎，出馳千駟。盛矣哉，功臣之爲貴也。睿言前烈，疇能踵武，嗣斯風者，其唯安化公乎。公諱宇，相州鄴縣人也。靈源導於姬水，胙土因乎魏邑。或修文仕晉，光命服以享大邦；或習武遊梁，握兵符而居上將。自斯累葉，徽猷相踵。洛下名相，仲達顯其龍章；襄川奇偉，士元騰其驥足。長戟高門，軒冕相繼。形諸雕篆，可得言焉。曾祖某，齊中散大夫，陳留太守。登高能賦，凌雲之氣已遒；下車布德，甘露之祥斯表。固已陳諸往諜，紀乎前載。祖某，齊襄城王西閤祭酒，鎮西將軍。父某，北海郡丞，正議大夫。並德業相傳，家聲不墜。清談篤論，芬芳無絕，用能載挺時俊，克昌先緒。公體膺景緯，氣稟英靈，容貌都雅，風神秀異。資忠履孝，彰於髫綺之年；武藝雄才，見於幡旗之日。彎弧妙於百中，擊劍踰於千里。於是氣蓋山東，名馳海內，思騁龍媒，用申鴻漸，豈直梁甫在詠，上瀨長吟而已哉。弱冠爲左翊衛，執戈武帳，整笏禁闈。便煩左右，爪牙攸屬。遇炎德無象，雅缺其亡，雕騎隨滿月之兵，雁門列陰山之陣。公頻驅七萃，出自九重。右控六鈞，左揮雙戟，莫不搴旗執馘，後殿先鳴，勇冠當時，勳高莫府。蒙授朝散大夫。既而霧昏九縣，塵飛五嶽，戎狄交侵，藩維內侮。公乃銷聲晦跡，言念卷懷。語默沈浮，用觀時變。及欽明在運，經綸維始，孟津同德之侶，沛邑大號之初，莫不抱樂爭趨，奉圖歸命。公早達興亡，夙布誠欵。乃贏糧景從，憑風撫翼。於時天步猶艱，王途尚梗，偷名竊號，蝟起蜂飛。公每羽義師，率先銳士。銜枚束舌，夜襲晨趨。沉舟焚次，義無旋踵，氣奪九軍，戰同三捷。以平霍邑之功，蒙授開府儀同三司。薛舉負阻秦川，凶徒甚盛，仁杲嗣虐，同惡實繁。爰降神武，襲行天罰。公頻率精騎，亟引軍鋒，入地道之九重，超石城之百仞。踰艱履險，奇績居多。捨爵冊勳，帝用嘉止。蒙授大將軍。以馮異之謙撝，加衛青之榮號，論功序爵，朝章斯允。值馬邑妖氛，侵擾疆場，龍庭酋長，爲之聲援，陳猶疆兵，尚屯參合；盧芳壯騎，或喻高柳。乘折膠之氣，磬引弓之力，元戎致討，遠臨句注。公獎率義勇，親稟宏謨，躬先士卒，奮不顧命。雄劍長驅，大殲凶醜。王充阻兵怙亂，竊據伊瀍。秣馬河革，連雞趙魏。相王宣威閫外，杖鉞鼎門。公以前茅左矩，奇兵深入，凌孫瓚之嚴城，絕王離之甬道。元惡尅殄，厥功斯茂。及取劉闥於洺州，破徐員於兗邑，常隨大斾，每翼轅門。摧堅陷陣，所向披靡。拔幟揚徽，隨機應變。殊勳茂績，大啟河山。蒙授上柱國，封真定縣開國侯。五年，以久勞戎陣，奇功克舉，優秩仍加，用彰勤□。蒙授秦王府左三翊衛府右車騎將軍。七年，授秦王左一副護軍。其年，又補左內馬軍副總管。九年六月，以業預艱難，效彰忠欵，蒙授左衛副率。其年七月，詔授右驍衛將軍。其年九月，改封安化郡開國公。皇上膺圖御歷，臨撫萬方，永言惟舊，恩榮彌重。爪牙任切，僉議所歸。貞觀元年七月，詔授左武候將軍。居陪闈錡，出導金輿。戒式道之青旌，引金吾之緹綺。戎麾文物，光暉朝野。方當比跡韓、吳，齊功衛、霍，陪王檢之封，翊蘿圖之駕，而銜珠表瑞，弗永於百年，坐樹留名，空傳於千祀。弓韜明月之暉，劍滅連星之氣。精粹所稟，何其促歟？以今貞觀二年六月某日遘疾，薨於雍州長安縣之安仁

里宅，春秋卅有五。皇帝悼深袨席，恩同詔葬，贈某官，諡某公，禮也。惟公少稱弘量，喜慍不形，尤長武略，仁而有勇。及感會風雲，立功成務，謙虛下物，始終無改。雖復關羽有國士之風，祭遵懷儒者之操，無以加也。粵其年十月甲戌朔廿一日甲午，窆於雍州長安縣之某原。遺孤藐然，不勝孺慕，同氣友睦，彌痛急難。爰建豐碑，式鐫不朽，宣令名之無染，播遺芳於可久。乃作銘云。（下缺）（《文詞館林校證》卷四百五十三）

■唐貞觀三年（629），《昭覺寺碑》，虞世南撰並書

（貞觀三年）十二月癸丑，詔建義以來交兵之處，爲義士勇夫殞身戎陣者各立一寺，命虞世南、李伯藥、褚亮、顏師古、岑文本、許敬宗、朱子奢等爲之碑銘，以紀功業。（《舊唐書·太宗紀上》）

唐興寺。貞觀三年十二月一日詔："有隋失道，九服沸騰，朕親總元戎，致茲明伐。誓牧登陑，曾無寧歲，思所以樹立福田，濟其營魄。可於建義以來，交兵之處，爲義士凶徒，隕身戎陣者，各建寺刹，招延勝侶。望法鼓所振，變炎火於青蓮，清梵所聞，易苦海於甘露。所司宜量定處所，並立寺名，支配僧徒，及修院宇，具爲事條以聞。"仍命虞世南、李百藥、褚遂良、顏師古、岑文本、許敬宗、朱子奢等，爲碑記銘功業。破劉武周於汾州，立弘濟寺，宗正卿李百藥爲碑銘；破宋老生於呂州，立普濟寺，著作郎許敬宗爲碑銘；破宋金剛於晉州，立慈雲寺，起居郎褚遂良爲碑銘；破王世充於邙山，立昭覺寺，著作郎虞世南爲碑銘；破竇建德於氾水，立等慈寺，秘書監顏師古爲碑銘；破劉黑闥於洺州，立昭福寺，中書侍郎岑文本爲碑銘。已上並貞觀四年五月建造畢。（《唐會要》卷四十八）

案：《唐會要》貞觀三年十二月詔"秘書監顏師古爲碑銘"存疑。是年二月戊寅，魏徵任秘書監。七年，虞世南由少監升任秘書監，顏師古替任少監。《舊唐書·顏師古傳》："貞觀七年，拜秘書少監，專典刊正。"又"十五年，太宗下詔，將有事於泰山，所司與公卿並諸儒博士詳定儀注。太常卿韋挺、禮部侍郎令狐德棻爲封禪使，參考其儀，時論者競起異端。師古奏曰：'臣撰定《封禪儀注書》在十一年春，於時諸儒參詳，以爲適中。'於是詔公卿定其可否，多從師古之説，然而事竟不行。師古俄遷秘書監、弘文館學士。"可見，顏師古由秘書少監遷秘書監，在貞觀十五年。舊傳云："太宗踐祚，擢拜中書侍郎，封琅邪縣男。以母憂去職。服闋，復爲中書侍郎。"故以爲貞觀三年顏師古任"中書侍郎"，三年詔"秘書監"三字恐後人所添。

■唐武德九年至貞觀四年間（626—630），《古文孝經石刻》，虞世南書

《古文孝經石刻》，凡二石。前云："明左春坊諭德、掌國子監司業事蔡毅中集注。"後云："唐著作郎、太子中書舍人虞世南書。"疑取石經摹勒而別書集注於各章之下也。（《欽定國子監志》卷六十四）

案：以虞世南爲"著作郎、太子中書舍人"在武德九年至貞觀四年間。

■唐武德九年至貞觀四年間（626—630），《破邪論序》，虞世南撰並書

《破邪論序》，太子中書舍人吳郡虞世南撰並書。右《破邪論序》，唐虞世南撰並小楷書。世南之筆，惟《孔子廟堂碑》行世，此文雖歐陽公、趙明誠皆未之見，而予乃得見之，豈非幸哉！《破邪論》今載釋氏藏經，其説不暇深究，若世南書，則予之所嗜好，故録之。（《金薤琳琅》卷十八）

附：破邪論序

若夫神妙無方，非籌算能測，至理凝邈，豈繩準所知？實乃常道無言，有著斯絕，安可憑諸天縱，窺其窅冥者乎？至如五門六度之源，半字一乘之教，九流百氏之目，三洞四檢之文，苟可以經緯闡其圖，詎可以心力到其境者？英猷茂實，代有人焉。法師俗姓陳，潁川人，晉司空羣之後也。自梁及陳，世傳纓冕，爰祖及伯，累葉儒宗。法師少學三論，名聞朝野，長該衆典，聲振殊俗，威儀肅穆。介節淹通，留連清翰，發摘微隱。比地方春，藏用顯仁之量；如愚若訥，外闇內明之巧。固能智同測海，道亞彌天，豈止操類山濤，神侔庾亮而已。爾其文情，乃典而不野，麗而有則，猶八音之並奏，等五色以相宣。道行則納正見於三空，拯羣迷於八苦，既學博而心下，亦守卑而調高，實釋種之梁棟，生人之羽儀者矣。加以賑乏扶危，先人後己，重風光之拂照林牖，愛山水之負帶煙霞，願力是融，晦跡肥遁，以隋開皇之末，隱於青溪山之鬼谷洞焉。迴構巖崖，則蔽虧日月；空飛戶牖，則吐納風雲。其間采五芝而偃仰，游八禪而寢息，餌松術於溪澗，披薜荔於山阿。皆合掌歸依，摩頂問道，經行恬靜，十有餘年。然其疊嶂危岑，長松巨塈，野老之所棲盤，古賢之所游踐，莫不身至目觀，攀穴指歸。仍撰《青溪山記》一卷，見行於世。太史令傅奕，學業膚淺，識慮非長，乃穿鑿短篇，憑陵正覺，將恐震茲布鼓，竊比雷門，中庸之人，頗成阻惑。法師愍彼後昆，又撰《破邪論》一卷。雖知虞衛同奏，表異者九成；蠅驥並驅，見奇者千里。終須朱紫各色，清濁分流，訶以凡測聖之瞀，責以俗校真之咎。引文證理，非道則儒，曲致深情，指的周密，莫不轍亂旗靡，瓦解冰銷。入室有操戈之圖，厥角無容頭之地。於是傳寫不窮，流布長世，若披雲而見日，同迷蹤而得道。法師著述之性，速而且理，凡厥勒成，多所遺逸。今散采所得詩賦碑志贊頌箴誡記傳啟論，及三教系譜釋老宗源等，合成三十餘卷。法師與僕，情敦淡水，義等金蘭，雖服制異儀，而風期是篤，輒以藤緟，聯彼珪璋，編爲次第，其詞云爾。

（《全唐文》卷一百三十八）

案：《開元釋教錄》卷八上《法琳傳》："至武德四年，有太史令傅奕，先是黃巾深忌佛法，上廢佛法事十有一條……琳情出玄機，獨覺千載，器局天授，博悟生知，睹作者之無功，信乘權之有據，乃著《破邪論》二卷，用擬傅詞文，有三十餘紙……東宮庶子虞世南，詳琳著論，乃爲之序胤。"又《全唐文》卷九百三録法琳《上秦王破邪論啟》："伏惟殿下往藉三多，久資十善，赴蒼生之望，膺大寶之期，道叶隆平，德光副后……謹上《破邪論》一卷。塵黷威嚴，伏增悚息。謹啟。武德四年九月十二日啟。"

法琳邀請虞世南作《破邪論序》，並把《破邪論》"上啟儲后、諸王及公卿侯伯等"（包括前引《上秦王啟》），大概是爲了在王公貴族、高級官僚中獲得更多支持，以抵抗傅奕"廢佛"之議。法琳實是借用了傅奕的興論造勢手法，《法琳傳》："傅氏所奏，在司猶未施行，奕乃多寫表狀，遠近公然流布。京室閭里，咸傳禿丁之誚；劇談酒席，昌言胡鬼之謠。佛日翳而不明，僧尼阻而無勢。"但秦王在武德四年九月（假設這個日期正確）讀到《破邪論》時，應該不包括虞世南的《破邪論序》。因虞世南在李世民破竇建德以後（武德四年五月己未），才被引爲參軍。很難想像，剛入唐的虞世南會對帝國太史令作這樣批判："太史令傅奕，學業膚淺，識慮非長，乃穿鑿短篇，憑陵正覺。"

《舊唐書·傅奕傳》："武德七年，奕上疏請除去釋教。"這是兩《唐書》所見上疏請除釋教的首個記錄。自武德七年始奏以後，接下去的三年時間，傅奕連續上疏十一次。《舊唐書·高祖紀》載武德九年五月辛巳詔，令"其不能精進、戒行有闕、不堪供養者，並令罷遣，各還桑梓。所司明爲條式，務依法教，違制之事，悉宜停斷。京城留寺三所，觀二所。其餘天下諸州，各留一所。餘悉罷之。"這與《法琳傳》的記載相合。[1]可見法琳與傅奕之間，存在着一場馬拉松式的較量，最後以傅奕的獲勝告終。盡管傅奕獲勝了，《高祖紀》載"事竟不行"，這與武德九年"玄武門之變"，李淵讓位於李世民有關。故《傅奕傳》云："高祖將從奕言，會傳位而止。"《法琳傳》亦云："登即大赦，還返神居，故佛日重朗於唐世。"

就上述傅奕與法琳的角力過程看，法琳撰《破邪論》及《上秦王破邪論啟》在武德七年至九年之間。況武德四年時，新興的唐政權忙於征戰，無暇顧及此類釋道之爭。

傳世《破邪論序》署款有"太子中書舍人虞世南撰並書"、"太子中書舍人吳郡虞世南撰並書"兩種。《法琳傳》載虞世南撰《序》時爲"東宮庶子"。據《舊唐書·虞世南傳》載，武德九年六月太宗升春宮，世南遷太子中舍人，"及即位，轉著作郎，兼弘文館學士。時世南年已衰老，抗表乞骸骨，詔不許。遷太子右庶子，固辭不拜，除秘書少監"。舊例七十致仕，虞世南或在貞觀二年前後"抗表乞骸骨"，又在貞觀四年初遷太子右庶子，不拜，遂除秘書少監（《唐六典》載貞觀四年十一月）。以虞世南職官遷轉時間，及《序》言語氣，撰文時間在武德九年（626）六月太宗升春宮，至貞觀四年（630）間最爲合理。

《破邪論序》稱"《破邪論》一卷"，《全唐文》錄《上秦王破邪論啟》也是"謹上《破邪論》一卷"。而《開元釋教錄》作"二卷"，今傳世《破邪論》也皆二卷本。

■唐貞觀四年（630），《唐豳州昭仁寺碑》，虞世南書

昭仁寺，在縣治東街，唐貞觀十三年建，有虞世南書碑。（《陝西通志》卷二十九，引馮《志》）

《豳州昭仁寺碑》，朱子奢撰，正書，貞觀四年十一月。今在長武縣，距邠州西八十里，唐太宗與薛舉戰爭之地。按《舊唐書·太宗紀》貞觀三年十二月癸丑詔："建義已來，交兵之處，爲義士勇夫殞身戎陣者各立一寺，命虞世南、李百藥、褚亮、顏師古、岑文本、許敬宗、朱子奢等爲之碑銘，以紀功業。"此其一也。（《金石文字記》卷二）

《唐昭仁寺碑》。碑在長武縣，朱子奢撰，無書者姓氏。余觀其筆法，大類《廟堂》。《廟堂》豐逸，此稍瘦勁。《廟堂》五代重勒，此伯施真蹟也。歐公亦不言誰書，鄭樵直以爲伯施，都玄敬謂必有據。而曹明仲曰歐陽通書。通書《道因》諸碑，殊與此不類。按《舊唐書》貞觀三年詔建義以來交兵處，爲隕身戎陣者各立一寺，令虞世南、朱子奢等爲之碑，此破薛舉處也。又通本傳，"少孤，母徐氏教以父書，儀鳳中始知名"，貞觀三年至儀鳳元年，四十八年，《道因碑》書在龍朔三年，去貞觀三年亦三十五年，則此非通書明甚。而虞與朱同事，其爲虞書亡疑。曹明仲又以《虞恭公碑》在宜祿巡檢司。虞恭公，温彥博也，陪葬昭陵，碑正在醴泉，宜祿巡檢司即今長武縣。明仲蓋誤以昭仁爲恭公耳，且恭公碑亦是信本書，非通也，明仲之誤如此。據其言者可謂無目。（《石墨鐫華》卷二）

案：《金石錄》作"朱子奢撰，正書，無姓名"，《石墨鐫華》以鄭樵《通志》觀點

爲是，《陝西通志》引《馮志》（明馮從吾《陝西通志》）亦以爲虞世南書。立碑時間諸説不同，《金石文字記》作"四年十一月"，《馮志》作"十三年"。以《舊唐書》貞觀三年十二月癸丑詔及《唐會要》"已上並貞觀四年五月建造畢"，撰書時間當以《金石文字記》最爲接近，姑從之。

■唐貞觀四年（630），《唐杜如晦碑》，虞世南撰

《唐杜如晦碑》，虞世南撰，八分書，無姓名，貞觀四年。（《金石録》卷三，第五百五十九）

跋尾：右《唐杜如晦碑》，虞世南撰。驗其字畫，蓋歐陽詢書也。如晦，唐偉人，史家立傳，不應草草。今以《碑》考之，頗多異同。《傳》言"如晦，大業中嘗以選補滏陽尉，棄官去"，而《碑》言"在隋起家爲雍州從事，及煬帝幸江都，代王使君判留守事"。蓋如晦未嘗爲滏陽尉，而亦未嘗棄官去也。《傳》言"秦王爲皇太子，授左庶子"，而《碑》作"右庶子"。《傳》言"爲檢校侍中，攝吏部尚書"，而《碑》作"攝侍中、吏部尚書"。《傳》云"其祖名呆"，而《碑》所書乃名"徽"。《傳》云"諡曰成"，而《碑》所書乃"誠"也。蓋此《碑》乃太宗手詔世南勒文於石，其官爵、祖父名諱不宜有誤，皆可以正史氏之失矣。（《金石録》卷二十三）

《唐贈司空杜如晦碑》，唐虞世基撰，八分書，無姓名，驗其字畫，蓋歐陽詢書也。碑以貞觀四年立。（《寶刻叢編》卷九，引《金石録》）

案：《寶刻叢編》引作虞世基，當刊誤。

■唐貞觀六年（632），《虞荷碑》，虞世南撰

《虞荷碑》，永興公世南撰，釋某書。貞觀六年大中大夫致仕，其年卒於會稽。石不存。（嘉泰《會稽志》卷十六）

■唐貞觀六年（632）秋冬，《故司空魏國公裴寂碑》，虞世南撰

故司空裴寂墓，在臨晉縣東北十七里。墓碑即秘書虞世南之文，率更令歐陽詢書。（《太平寰宇記》卷四十六）

唐裴寂墓，在臨晉縣。《元和志》："故司空魏國公裴寂墓，在臨晉縣東北十七里。"《寰宇記》："墓碑即秘書虞世南之文，率更令歐陽詢書。"《通志》："墓碑因榻取不息，土人瘞之。開寶初，詔守冢兩户，禁樵采。"（《大清一統志》卷一百一）

司空裴寂墓，在縣西北五里，有巨碑，虞世南文、歐陽詢書。因摹榻取滋，衆土人瘞之。開寶三年，詔守冢兩户，禁樵采。（《山西通志》卷一百七十三）

案：《寰宇記》所説裴寂"墓碑"，當是神道碑而非墓志銘。岑仲勉《唐史餘瀋》（外一種）卷一"裴寂卒年"條："《舊書》五七《裴寂傳》：'貞觀二年，太宗祠南郊……三年，有沙門法雅……出妖言伏法……法雅乃稱寂知其言……寂歸蒲州，未幾……竟流靜州。俄逢山羌爲亂，或言反獠劫寂爲主……未幾，果稱寂率家僮破賊。太宗思寂佐命之功，徵入朝，會卒，年六十。'《通鑑》一九三將此事全繫於三年正月下，蓋終言之。《名人年譜二》乃書寂卒貞觀三年，殊無據；近人《年里碑傳總表》作貞觀二年戊子，更妄。考《新書》二，貞觀六年正月'癸酉，靜州山獠反，右武衛將軍李子和敗之'，意寂當卒於是年。"此從岑説。虞世南撰神道碑時間，或在是年秋冬。

又，《太平寰宇記》卷四十六："裴寂，蒲州桑泉人。"初唐時期，裴寂籍貫屬桑泉，

至天寶十二載，桑泉改名臨晉。

天寶以後，臨晉移治今臨猗縣臨晉鎮。乾隆《臨晉縣志》卷七雜記下："唐裴尚書墓，在縣西北五里，聖壽寺側。"《元和志》及《寰宇記》則云"東北十七里"。兩者頗有出入，以《元和志》在唐，其說更可信。

■唐貞觀七年（633），《唐贈尚書右僕射道國公戴冑碑》，虞世南撰

貞觀七年卒，太宗爲之舉哀，廢朝三日。贈尚書右僕射，追封道國公，謚曰忠，詔虞世南撰爲碑文。（《舊唐書·戴冑傳》）

■唐貞觀十年（636）《汝南公主墓志》，虞世南撰並書。

《汝南公主墓志》，貞觀十年十一月立，京兆。（《寶刻類編》卷二，名臣十三之一"虞世南"條下）

附：大唐故汝南公主墓志銘並序

公主諱［闕］，字［闕］，隴西狄道人，皇帝之第三女也。天潢疏潤，圓折浮夜光之采；若木分暉，穠華照朝陽之色。故能聰穎外發，閑明内映，訓範生知，尚觀箴於女史；言容成則，猶習禮於公宫。至於怡色就養，佩紛晨省，敬愛兼極，左右無方。加以學殫緗素，藝兼肇綵，令問芳猷，儀形閨闥。某年某月，有詔封汝南郡公主。錫重珪瑞，禮崇湯沐，車服徽章，事優前典。屬九地絶維，四星潛曜，毀瘵載形，哀號過禮，繭纊不襲，鹽酪無滋，灰琯亟移，陵塋浸遠，雖容服外變，而沉憂内結，不勝孺慕之哀，遂減傷生之性，天道祐仁，奚其冥漠，以今貞觀十年十一月丁亥朔十六日［闕］。（《全唐文》卷九百九十四，作者"闕名"）

■唐貞觀元年至十二年間（627—638），《老子道德經刻石》，虞世南書。

附：奉詔校寫《老子道德經》進表

奉天承運，皇帝詔曰：維天之道，司日月以悠久，大聖作則，籍書契以長存，直太史李淳風，向呈王弼注《老子道德真經》上下二篇八十一章，蠹蝕靡爛，字句狼籍，繕寫者書已不工，補字者更多舛訛。咨爾弘文館學士虞世南厚期毓德，卓落不羣，窮百氏之閫奥，探六書之精微，乃錫爾以□□（拓文字跡不清，下同）紙，鼠鬚筆，校讎缺略，釐正同異，以使復古，□凡前烈。既能俾補致□，尤足利益羣生，斯實大端，當毋辭勞也。

臣奉書伏讀《真經》，韓非子注似近疏略；河上公注頗覺紛繁，唯王弼言簡意深，得老氏清淨之旨。若其字有謬誤，前賢不肯正定，臣何人斯，竟敢輕易？今以王弼書爲正，韓、河別注並存，敬寫全編。上瀆天聰，無任驚惕，戰慄屏營之至。（路工《訪書見聞録》，《虞世南校寫的〈老子〉石刻拓本》）

案：《舊唐書·太宗本紀下》："（貞觀七年三月）癸巳，直太史、將仕郎李淳風鑄渾天黄道儀，奏之，置於凝暉閣。"又《舊唐書·李淳風傳》："李淳風，岐州雍人也。其先自太原徙焉。父播，隋高唐尉，以秩卑不得志，棄官而爲道士。頗有文學，自號黄冠子。注《老子》，撰《方志圖》，文集十卷，並行於代。淳風幼俊爽，博涉羣書，尤明天文、曆算、陰陽之學。貞觀初，以駁傅仁均曆議，多所折衷，授將仕郎，直太史局……十五年，除太常博士。尋轉太史丞，預撰《晉書》及五代史，其《天文》、《律曆》、《五行志》皆淳風所作也。又預撰《文思博要》。二十二年，遷太史令。"

李淳風於貞觀初直太史局，十五年轉太史丞，故以虞世南校寫《道德經》在貞觀初至十二年間。《舊唐書》李淳風唯於貞觀七年正名“直太史”，或在是年前後？

■**唐貞觀十二年（638）前，《虞世南書碑》，虞世南書**

《虞世南碑》，在伊陽縣學宮後壁，書“攀龍附鳳”，字大如斗，體勢遒邁。（《河南通志》卷五十二）

《虞世南書碑》。《通志》：“伊陽縣學宮後壁有《唐虞世南碑》，書‘攀龍附鳳’，字大如斗，體勢遒邁。”（《大清一統志》卷一百七十四）

■**唐貞觀十二年（638）前，《越州龍泉寺碑》，虞世南撰**

龍泉寺在餘姚縣西二百步，東晉咸康二年建，唐會昌五年廢，大中五年重建，咸通二年改今額。龍泉在寺山，王荆公有絶句，所謂“四海蒼生待霖雨，不知龍向此中蟠”。今有大字刻於泉傍，蓋後人倣公書爲之，非真筆也。高宗皇帝巡幸時，泊御舟於亭前江中。寺又有碑，乃虞世南撰，武后天授中布衣董尋書。“世南”止曰“虞南”，蓋避太宗諱。按太宗在位時，羣臣皆不避其名，如虞世南、蘇世長、李世勣等是也。“世勣”至高宗初乃去“世”字，止曰“李勣”，猶用古禮卒哭乃諱之文。世南卒於太宗時，未嘗單名“南”，此碑蓋書人追去之也。（嘉泰《會稽志》卷八）

《越州龍泉寺碑》，虞世南撰，布衣董尋重書，沙門好直篆額，大周天授二年竪，太和八年再修建。碑在餘姚縣，今亡矣。寺有重刻碑。（嘉泰《會稽志》卷十六）

《唐龍泉寺碑》，唐虞世南撰，布衣董彝重書，沙門好直篆額，大周天授二年立，太和六年再建，在餘姚。（《寶刻叢編》卷十三，引《諸道石刻録》）

原跋：右唐布衣董尋書《大龍泉寺碑》，用武氏國號紀元及天地日月等字，太和中再建而弗改也。我宋承平，寺益閎侈。建炎兵革，燼於一火。閱六十年，堂殿作新，而碑久破缺，譚者莫能舉舊事。僧法滂出墨本，以私錢摹之石，蓋考方志者欲其存古意於久遠。矧永興公之賢，實吾邑人，其作此碑，示不忘本也，而可使無傳於後哉？滂癃老乃能惓惓於是，其志足嘉。予因附書之，碑字悉仍太和之舊，獨額篆不存，今用進士虞時憲筆，實永興公之裔云。紹興元年庚戌秋七月孫應時識。（以下並光緒《餘姚縣志》卷十六“龍泉寺”條下）

又右《龍泉寺碑》，始立於唐武后天授三年，至文宗太和六年，再摹之石。至元丙子，復火，寺廢。乙未，寺重建，而碑尚殘缺，未再勒也。至正十四年，寺僧仁榮又於郡之能仁寺得墨本，擇善工拓摹，復刻石而樹焉。蓋寺之始創，與其復興之概，皆具於碑，碑存則後人知所考，此榮所以惓惓於是而不敢廢也。此碑自唐天授迄今，將七百年，凡修建者一，重立石者再。物固有幸、有不幸也，夫以一文人之片言隻語，雖殘毀之餘，猶不忍廢，況於佛祖之經論法律乎？至正乙未夏，永嘉高明書。

嘉泰《會稽志》：“《越州龍泉寺碑》，虞世南撰，布衣董尋重書，沙門好直篆額，大周天授三年竪，大和八年再修建，碑今亡矣，寺有重刻本。”又“世南止曰虞南，蓋避太宗諱，案太宗在位時，羣臣皆不避其名，如虞世南、蘇世長、李世勣等是也，世勣至高宗初乃去‘世’字，止曰‘李勣’，猶用古禮卒哭乃諱之文。世南卒於太宗時，未嘗單名‘南’，此碑蓋書人追去之也。”

《乾隆府志》：“世南卒於太宗時，今云天授三載撰，蓋書在前而立石在天授三年，其後重刻時，誤移書撰人姓名於下耳。"嘉泰《會稽志》云"布衣董尋重書"，《嘉靖志·碑刻》龍泉寺碑注："虞世南撰並書"。觀此，知原碑撰書實出永興一手，董書已是第二碑，則追去"世"字，立石在後，諸疑皆釋矣。

　　　　　　　附：光緒《餘姚縣志》錄《唐大龍泉寺》碑全文：

　　昔軒轅之臺，表於大荒之野；靈光之殿，存乎曲阜之鄉。然皆起滅不停，苦空無我，遺風餘跡，尚或可觀。況乎佛刹淨居，金剛福地，□□□□□□，百靈之所扶持，宜其逾億劫以永存，歷三災而彌固也。龍泉寺者，晉咸康二年縣民王陽及虞弘實等之所建立。二人以宿值之良因，修未來之勝果，爰捨淨財，興斯福事，雖弘壯未極，而嚴淨有餘。其地勢則憑峻嶺以爲墉，縈長江其如帶，乃於形勝之所，式建方墳，背巇面流，亭然孤立。譬崑峯之望坳澤，若圓嶠之泛滄溟。棲真之致，莫與爲儔，道場之建，於茲二百年矣。值梁室板蕩，大盜潛移，四海沸騰，九夷交亂。其壯騎之所憑陵，戎馬之所輔轢，燎原薙草，邑無噍遺。玉堂金穴，餘構莫存，甲第高門，尺椽皆盡。浙河之左，尤鍾其弊。於時禹川殷阜，舉袂成帷，雲棟風櫨，雕甍綺閣，皆夷漫滌蕩，萬不一存。潤屋爲墟，暴骸如莽，家靡餘囊，路無行跡。惟此伽藍，凝然不動。清梵夜響，和鈴旦揚，行人宴嘿，風塵無警。或有履鋒介士，彎弧劍客，莫不釋戈免冑，望崖頂禮。豈非慈悲幽贊，功德名符，能伏獷戎，善和怨敵？斯固三寶之力，不可思議。但自剏立以來，多歷年所，時經理亂，道或汙隆，冬室夏堂，亟多頹毀，禪思或擾，介衛罕周。乃有清信士女咸撒布帛，隨時喜捨，步影捷槌，資待無闕，有仁慈焉，有淨眾焉，藉四部之護持，起十方之迴嚮，低頭合掌，並趣菩提，彈指散花，皆成妙道。然佛法難逢，人身易失，傳火交謝，念念不留，閱水成川，滔滔莫返。寧可宴安巢幕，甘寢積薪，沉溺蓋纏，不求解脱。實宜共出愛綱，同護法城，修福不捐，至誠必感，大悲汲引，義非虛説，庶憑願力，俱證道場。是用鏤之金石，咸題姓字，貽諸不朽。乃作銘云：

　　正教既隱，象法斯備。柰苑祇林，香城金地。鳥跂連屬，雞飛相次。像設開安，斯爲佛事。乃建靈塔，傃江之泳。棟宇既修，雕甍斯整。負岩面壑，樓雲倒景。澹爾智留，凝焉仁靖。方丈淨室，四柱寶臺。運遷時謝，日往月來。桂棟或朽，蘭橑將摧。珠幡掩色，寶網凝埃。篤以清信，共弘利益。或捨衣裘，或傾粟帛。造新葺故，呈材獻石。地擬金繩，供同香積。世諦虛假，色相非真。棲托毒樹，迴還苦輪。惟我淨域，出要良津。勝業可久，輝光日新。

　　維大周天授三載壬辰八月壬午，虞南撰，布衣董尋書。

■唐貞觀十二年（638）前，《虞世南書經》，虞世南書

《虞世南書經》，在越州上虞。（嘉泰《會稽志》卷十六）

■唐貞觀十二年（638）前，《華嚴經石》，虞世南書

大慈寺，在縣北二十九里，舊名修禪，或名禪林，陳時爲僧智顗建……有漱玉亭，又有虞世南所書《華嚴經》，紹興中爲秦丞相檜取去。（《赤城志》卷二十八）

寺有顗所供普賢及手書《陀羅尼經》，隋朝所賜寶冠尚存。有漱玉亭。又有虞世南所書《華嚴經》，紹興中爲秦檜取去。（《浙江通志》卷二百三十二"大慈寺"條下）

■唐貞觀十二年（638）前，《大悲閣榜》，虞世南書

燕城故蹟，見於元人葛邏禄《迺賢文集》者：一曰黃金臺，大悲閣隄臺坊內；二曰

憫忠閣，唐太宗憫征遼士卒而建；三曰壽安殿；四曰聖安寺，寺有金世宗、金章宗二朝像；五曰大悲閣，閣榜虞世南書。（孫承澤《春明夢餘録》卷六十四）

原大悲閣榜，虞世南所書。（《欽定日下舊聞考》卷一百五十五，引《金臺集》）

■唐貞觀十二年（638）前，《虞世南書石》，虞世南書

《虞世南書石》，在兗州府學大成殿内，爲"龍飛鳳舞"四字。（《山東通志》卷九）

■唐貞觀十二年（638）前，《柏林寺刻石》，虞世南書

柏林寺，在趙州州治東南，唐時名觀音寺，爲從諗禪師道場，金大定中改名柏林寺，本朝雍正十一年奉勅重修賜額。寺有石，甚古，刻虞世南"攀龍麟附鳳翼"六字。殿壁有吴道子畫，文武水各一。（《大清一統志》卷三十二）

■唐貞觀十二年（638）前，《唐泌水碑》，虞世南撰並書

《唐泌水碑》，文水縣北五里龍泉村，虞世南撰並書，字多剥落。（《山西通志》卷五十七）

■唐貞觀十二年（638）前，《白鶴觀碑》，虞世南撰

《白鶴觀碑》，長治縣城西北隅，唐天寶三年。虞世南書，邑人趙及有詩，字半磨滅。（《山西通志》卷五十八）

白鶴觀，在城外西北隅，唐天寶三年建，久廢。有斷碑仆草澤間，虞世南記，趙及有詩。（《山西通志》卷一百六十九）

案：鄭樵《通志》録虞世南《白鶴詩》，當指此碑。白鶴觀建於天寶三年，距世南遠矣。《山西通志》卷五十八"虞世南書，邑人趙及有詩"，或是"虞世南詩，邑人趙及有書"之誤。附虞世南《飛來雙白鶴》：

飛來雙白鶴，奮翼遠凌煙。俱棲集紫蓋，一舉背青田。飇影過伊洛，流聲入管弦。鳴翥倒景外，刷羽閬風前。映海疑浮雪，拂澗瀉飛泉。燕雀寧知去，蜉蝣不識還。何言別儔侶，從此間山川。顧步已相失，徘徊各自憐。危心猶警露，哀響詎聞天。無因振六翮，輕舉復隨仙。（《全唐詩》卷三十六）

■唐貞觀十二年（638）前，《復寺記》，虞世南撰

由峯頂五里至大林，今名寶林寺，梁天監二年，刺史蕭綱所造。中廢，唐初復興，故有虞世南撰《復寺記》。（《廬山記》卷二）

案：據文義，當是虞世南撰《復寺記碑》並立於寺。蕭綱，即梁簡文帝。《梁書·簡文帝紀》："天監二年十月丁未，生於顯陽殿。五年，封晉安王，食邑八千户。八年，爲雲麾將軍，領石頭戍軍事，量置佐吏。九年，遷使持節、都督南北兗青徐冀五州諸軍事、宣毅將軍、南兗州刺史。十二年，入爲宣惠將軍、丹陽尹。十三年，出爲使持節、都督荆雍梁南北秦益寧七州諸軍事、南蠻校尉、荆州刺史，將軍如故。十四年，徙爲都督江州諸軍事、雲麾將軍、江州刺史，持節如故。"

蕭綱生於天監二年，至天監十四年徙江州刺史。《廬山記》有誤。

■唐貞觀十二年（638）前，《千文後》，虞世南書

《千文後》，虞世南書，歲月未詳。右虞世南所書，言不成文，乃信筆偶然爾。其字畫精妙，平生所書碑刻多矣，皆莫及也。豈矜持與不用意便有優劣耶？（《集古録》卷五）

案：《寶刻叢編》卷一引《集古録》，首句作有"智永《千文》後七十八字虞世南所書"。

■唐貞觀十二年（638）前，《蘭亭序》刻石，虞世南摹

《蘭亭序》右軍得意書，唐虞世南輩皆嘗摹傳，兵火之餘，所有亡幾。宜城太守趙公介然，聞宗人明遠有舊藏者，出而觀之，謂真虞永興本也，命勒於石，元勛不伐。（《蘭亭考》卷六，並注"趙明遠本，紹興五年三月庚寅"）

■唐貞觀中立，《唐永興公虞世南先廟碑》

《唐永興公虞世南先廟碑》，貞觀中立。（《寶刻叢編》卷八，引《京兆金石録》）

■唐貞觀十二年（638）後，《贈禮部尚書永興懿公虞世南碑》

《唐贈禮部尚書永興懿公虞世南碑》。（《寶刻叢編》卷九）

■唐貞元元年（785），《會稽山永興公祠堂碣》，羊士諤撰，韓杅材書，韓方明篆額

《南鎮會稽山永興公祠堂碣》，貞元元年四月，羊士諤撰，韓杅材書，韓方明篆額。（嘉泰《會稽志》卷十六）

《唐南鎮會稽山神永興公祠堂碣》，唐試左威衛兵曹參軍羊士諤撰，試太子正字韓杅材書，韓芳明篆額。唐封會稽山神爲永興公，貞元元年奉詔禱祠作此銘，無刻石年月。（《寶刻叢編》卷十三）

商略案："韓杅材"，《墨池編》卷三作"韓梓材"。

■虞世南法帖遺存

◎世南聞大運不測，天地兩平；風俗相承，帝基能厚；道清三百，鴻業六超；君壽九霄，命周成算；玄無之道，自古興明。世南。

◎世南從去月廿七八，率一兩日行，左脚更痛，遂不朝會。至今未好，亦得時向本省，猶不入内。冀少日望可自力，脱降訪問，願爲奉答。虞世南諮。

◎賢兄處見臨《樂毅論》，便是青過於藍，欣忭無已，數願學耳。世南近臂痛廢書，不堪覼縷也。虞世南呈。十三日遣書。謹空，得書爲慰可言也。

◎疲朽未有東顧之期，唯增慨歎，今因使人指申代面，必得力也。

◎鄭長官致問極真，而其三人恒不蕩蕩，將如何？故承後時，有所異責。

◎潘六云司未得近問，莫耶？數小奴等，計不日當有狀來。（以上《欽定重刻淳化閣帖釋文》卷九《唐秘書少監越州虞世南書》）

◎虞世南《枕卧帖》，雙鉤唐模，在朝奉大夫錢塘關杞處，上有儲氏圖書古印。關嘗謂芾曰："昔越州一寺修佛殿，於梁棟内龕藏一函，古摹數十本，所可記者，王右軍《十七帖》、世南《枕卧帖》《十鬭九帖》、褚遂良《奉書寧帖》，上皆有儲氏圖書字印，致工精絶毫髮，乾濃畢備。"關與僧善，購得《枕卧》、《十鬭九》、《奉書寧》三帖。（嘉泰《會稽志》卷十六，引《王右軍書家譜》）

■鄭樵《通志》卷七十三，虞世南金石作品存目

千字文，傳智永書，碑末有虞世南小楷七十八字，東京；孔子廟堂碑；周行軍總管羅刹碑，渭州；昭仁寺碑，汾州；隋隆聖宮道塲碑，大業九年，定州；白鶴詩，未詳；孔憲公碑，未詳；狄道人墓志，未詳。

案：《通志》所録《白鶴詩》，當《白鶴觀碑》内容；《孔憲公碑》即《孔穎達碑》，此碑非伯施所書，早有定論，不贅述。

■《寶刻類編》卷二，虞世南金石作品存目

孔子廟堂碑，撰並書，武德九年十二月，京兆，存；汝南公主墓志，貞觀十年十一月立，京兆；智永千文後七十八字，字畫精妙，汴；周行軍總管羅剎碑，滑；昭仁寺碑，邠，存；白鶴詩；孔憲公碑；狄道人墓志；破邪論序，越。

■《遵生八牋》卷十四，虞世南金石作品存目

隋碑帖：虞世南書《陰聖道場碑》；唐碑帖：虞世南《寶曇塔銘》，虞世南《龍馬圖讚》。

案："陰"、"隆"形近，《陰聖道場碑》當是《隆聖道場碑》之誤。

■後漢，虞歆碑

虞歆字文肅，歷郡守，節操高厲。魏曹植爲東阿王，東阿先有三十碑，銘多非實，植皆毀除之，以歆碑不虛，獨全焉。（《北堂書鈔》卷一百二引《會稽典録》）

案：《三國志·虞翻傳》注引《翻別傳》："臣亡考故日南太守歆，受本於鳳，最有舊書，世傳其業，至臣五世。"《魏志·陳思王植傳》："太和三年，徙封東阿。"

■三國吳，廬陵太守虞君甓

磚甓兩側有字：一側"吳故廬陵太守虞君"，單行，八字；另一側"神明是保萬世不刊"，單行，八字。共十六字，篆書。采集於餘姚城東穴湖。

同坑所出：一側"夫人董氏全德播宣"，單行，八字；另一側："子孫熾盛祭祀相傳"，單行，八字。共十六字，篆書。

■三國吳，平虜□□都亭侯虞君甓

斷甓。前半爲"吳故平虜"，後半爲"都亭侯虞君"。單行，存九字，篆書，有懸針之風，近《天發神讖碑》。案孫吳僅有"平虜將軍"而無"平虜校尉"或"平虜都尉"，故以其文作"吳故平虜將軍都亭侯虞君"爲宜。采集於餘姚城東穴湖。

■三國吳永安五年（262），虞氏甓

甓文"吳永安五年虞氏"，單行，七字，篆書。首字"吳"稍漫，但可辨識。磚甓采集於餘姚穴湖。

■三國吳建衡三年（271），虞氏甓

甓文"建衡三年五月廿日虞氏造作"，單行，十二字，書體在篆隸之間。采集於上虞南郊（一説上虞梁湖鎮）。

■西晉太康二年（281），議郎虞詢甓

甓文"太康二年議郎虞詢字仲良"，單行，十一字，書體在篆隸之間。同字不同範兩種。采集於餘姚車廄（舊屬慈溪）。

■西晉太康五年（284），虞羨甓

磚甓同坑三款：其一，"吳故牙門將裨將軍虞羨字敬悌年五十有七/以太康五年秋八月廿七日庚子午時卒八男"，雙行，三十六字；其二，"吳故牙門將裨將軍虞羨字敬悌年五十/有七以太康五年秋八月廿七日庚子午時卒"，雙行，三十四字；其三，"虞羨字敬悌年五十七卒"，單行，十字。書體近《爨寶子碑》。采集於餘姚城東穴湖。

■西晉太康六年（285），虞中郎甓

甓文"晉太康六年八月十五日造虞中郎□"，單行，可識十四字，隸書，末字有漫。采集於餘姚城東同光（與穴湖僅隔一山）。

傳同坑有"元康二年二月庚子朔九日晉故孝廉虞徹字敬通年五十有七卒"甓，未詳。

■西晉太康八年（287），虞氏葬嫂甓

甓文"太康八年七月廿八日虞氏葬嫂"，單行，十三字，隸書。同坑另有"虞氏葬嫂"四字甓，在端面。采集於餘姚城東穴湖。

■西晉太康十年（289），虞氏甓

甓文"太康十年七月十日虞作"，單行，十字，隸書。同坑另有"太康十年七月十日虞氏所作長僉"甓，單行，十四字，隸書。書體近"虞氏葬嫂"甓。采集於餘姚城東穴湖。

■西晉元康二年（292），孝廉虞徹甓

甓文"元康二年二月庚子朔九日晉故孝廉虞徹字敬通年五十有七卒"，單行，二十六字，隸書。

傳此甓並非單獨出現，而是分別見於兩坑：一坑有"元康五年（295）七月己丑朔廿日戌申/晉故諫議大夫會稽餘姚虞氏造"（城東穴湖）；另一坑有"晉太康六年（285）八月十五日造虞中郎□"（城東同光）。

■西晉元康五年（295），諫議大夫虞氏甓

甓文"元康五年七月己丑朔廿日戌申/晉故諫議大夫會稽餘姚虞氏造"，雙行，二十六字，篆書。采集於餘姚城東穴湖。傳同坑兩種：一、"□□五年七月己丑朔廿日戌申晉不禄諫議大夫虞夏□"，單行，可辨識二十字；二、"元康二年二月庚子朔九日晉故孝廉虞徹字敬通年五十有七卒"（見上）。是甓又傳與"晉太康六年八月十五日造虞中郎□"同坑。

■西晉元康九年（299），虞衛尉甓

甓文兩種：其一"虞衛尉君元康九年八月造"，單行，十一字，隸書；其二"虞衛尉君晉元康九年八月造"，單行，十二字，隸書。采集於餘姚城南梁輝（舊雙雁鄉）。

■西晉永康元年（300），虞處士甓

甓文"晉永康元年七月三日造虞處士之甓"，單行，十五字，隸書。同文不同範兩種。采集於餘姚肖東。

■西晉永寧元年（301），虞氏甓

甓文"永寧元年六月廿五日虞氏造"，單行，十二字，隸書。采集於餘姚車廄。

■西晉永嘉二年（308），虞將軍夫人甓

甓文"晉永嘉二年六月十五日虞將軍夫人范氏卒年六十五"，單行，隸書，二十二字。同坑有"永嘉七年七月一日癸酉歲餘姚虞督君墓良官作"（側面，隸書）、"晉永嘉二年"（端面，隸書）、"晉永嘉中"（端面，隸書）、"虞"（端面，篆書）。采集於餘姚城東穴湖。

■西晉永嘉七年（313），虞督君甓

甓文"永嘉七年七月一日癸酉歲餘姚虞督君墓良官作"，單行，二十字，隸書。采集於餘姚城東穴湖。

傳同坑"晉永嘉二年六月十五日虞將軍夫人范氏卒年六十五"（見上）、"永嘉六年太歲在任（壬）申八月庚亥作十月乙未造"、"建興二年八月十六日造"及"大吉詡宜侯王"數種。墓主"虞督君"疑與"虞將軍夫人范氏"異穴合葬。

■西晉建興二年（314），虞氏甓

甓文兩種：一爲"晉建興二年八月虞氏造"，單行，十字，隸書；二爲"晉建興二年八月造"，單行，八字，隸書。采集於餘姚肖東。

■西晉建興三年（315），虞氏甓

甓文"建興三年八月十三日冢主姓虞"，單行，十三字，隸書。采集於餘姚肖東。

漢晉南北朝時期，"建興"年號有四：一、蜀後主劉禪之建興，有十五年（223—237）；二、吳廢帝孫亮之建興，僅二年（252—253）；成漢武帝李雄之建興，有三年（304—306）；晉愍帝司馬鄴之建興，有五年（313—317）。以磚甓出土江左，又銘"三年八月"，當愍帝之建興。

■東晉咸和三年（328），關中侯虞季友甓

甓文"晉咸和三年七月廿六日關中侯虞季友造作□"，單行，可識十八字，隸書。采集於餘姚城南梁輝。

■東晉咸和九年（334），虞日齊甓

磚甓側面"晉咸和九年八月"，端面"虞日齊所作"，共十二字，有隸風。采集於餘姚丈亭漁溪。

■東晉咸康四年（338），虞氏甓

斷甓。甓文"晉咸康四年虞"，單行，存六字。同坑另有"四年虞"殘甓。書體有隸風。采集於餘姚城東穴湖。

■東晉建元元年（343），邵淮妻虞氏甓

同坑兩甓。一斷甓，文"建元元年八 月 "，單行，"月"字殘，完整有五字，隸書；一甓"邵淮妻虞氏之墓明 帝時在位 "，後四字勉強可識，共十二字，隸書。采集於餘姚風山。

■東晉永和三年（347），虞長治甓

甓文在側面及端面。側面"永和三年 十 月廿六日作"，字面磨損嚴重，端面"虞長治作"，共十四字。同坑所出，側面字同，端面"虞長治"三字，書體稍不同，共十三字。兩種皆隸書。磚甓采集於城東與穴湖毗鄰的慈溪橫河（舊屬餘姚），具體情況未詳。

■東晉永和十一年（355），虞氏甓

甓文"永和十一年歲乙卯七月虞氏"，單行，十二字，隸書。采集於浙江紹興。

■東晉興寧元年（363），虞府君甓

同坑兩種。一種"晉故虞府君益都縣侯玄宮"，單行，隸書，十一字。另一種"興寧元年八月十日起功"，單行，隸書，十字。采集於餘姚城東九里山（俗稱九壘山），亦在穴湖範圍內。

■東晉太和二年（367），北鄉虞翁甓

同坑磚甓兩種。一種兩側有字，一側"太和二年餘姚北鄉虞翁冢"，單行，十一字；另一側"翁兄沿所立是晉哀帝末"，單行，十字，書體在隸楷之間。另一種端面、側面皆有字，端面爲"晉成帝時"，單行，四字；側面"司徒掾章安建康令虞沿"，單行，十字，書體在隸楷之間。采集於餘姚肖東。

■東晉太和三年（368），虞氏甓

甓文"太和三年六月廿日虞作"，單行，隸書，十字。采集於餘姚肖東。

■東晉太元元年（376），虞氏甓

磚甓有兩種：一、"晉太元元年歲丙子秋八月已亥朔虞氏造"，單行，十七字，隸書；"晉太元元年歲丙子秋八月已亥朔虞氏"，單行，十六字，隸書。兩甓同坑，采集於餘姚城東穴湖。

■東晉太元二年（377），東海朐令虞君甓

磚甓兩種：一爲"晉故朐令虞君之玄□"，單行，可識八字，隸書；另一爲"太元二年歲在丁丑晉故東海朐令郎中虞君玄宮"，單行，二十字，隸書。兩磚甓同坑，采集於餘姚城東同光（穴湖東約1公里）。

■東晉太元三年（378），虞氏甓

甓文"太元三年歲戊寅八月丙戌朔虞氏"，單行，十四字，隸書。采集於餘姚穴湖。

■東晉隆安二年（398），虞氏甓

甓文"隆安二年八月廿八日虞氏或治葬□"，單行，可識者十四字，隸書。采集於餘姚肖東。

■東晉大亨二年（403），虞子造甓

甓文"太享二年虞子造"，單行，七字，隸書；同坑有"太享二年乙卯八月"，單行，八字，隸書。采集於餘姚肖東。

"太享"實是"大亨"，爲桓溫僞號，大亨二年，實元興二年。

■晉，太中大夫虞康甓

甓文"晉太中大夫餘姚虞康字欽袥"，單行，十二字，隸書。采集於餘姚陸埠（原屬慈溪），具體發現地不明。

■南朝宋元嘉二十三年（446），虞元龍甓

甓文"宋元嘉廿三年大歲丙戌八月朔十八日虞元龍建"，單行，二十字，隸書。采集於餘姚城東穴湖。

■南朝宋泰始五年（469），虞欽之甓

甓文"泰始五年虞欽之作"，單行，共八字，書體隸楷之間。采集於餘姚城東穴湖。

■南朝梁普通三年（522），《上清真人許長史舊館壇碑》

《上清真人許長史舊館壇碑》陰記列："梁武皇帝、太尉揚州刺史臨川王蕭□、開府儀同三司南平王蕭偉、南平王世子蕭恪、侍中豫章内史太尉長史謝舉、臨川王世子前羅平侯蕭立正、廷尉卿虞權。"末題："右王侯朝士刺史二千石，過去見在受經法者，普通三年五月五日略記。"（《茅山志》卷二十）

案：《陳書·虞荔傳》："虞荔字山披，會稽餘姚人也。祖權，梁廷尉卿、永嘉太守。父檢，平北始興王諮議參軍……子世基、世南，並少知名。"

■南朝梁大同七年（541）或稍後，虞荔製《梁士林館碑》

梁武帝於城西置士林館，荔乃製碑，奏上，帝命勒之於館，仍用荔爲士林學士。（《陳書》卷十九）

案：《梁書·武帝紀下》："大同七年十二月丙辰，於宮城西立士林館，延集學者。"

■隋大業八年（612），虞綽撰《瑞鳥銘》

大業八年，帝征遼回，次於柳城郡之望海郡。出步觀望，有大鳥二，素羽丹嘴，狀同鶴鷺，出自霄漢，飄翔雙下。高一丈四五尺，長八九尺，徘徊馴擾，翔舞御營。敕著作佐郎虞綽製《瑞鳥銘》以進，上命鐫於其所。（《大業雜記》）

■唐咸亨四年（673），虞昶書《唐贈秦州都督韋琨碑》

《唐贈秦州都督韋琨碑》，唐許敬宗撰，虞昶行書，咸亨四年。（《寶刻叢編》卷八，引《京兆金石錄》）

■唐上元三年（676），《唐虞秀姚墓志》

《唐虞秀姚墓志》一合，墓志標題"大唐故行右衛長史蘭陵公夫人虞氏墓志銘並序"。志石高廣49釐米，志文連標題共25行，滿行25字，共601字，正書。碑石右上損泐，實際可識568字。有蓋，云"大唐故蘭陵公蕭府君夫人虞氏墓志銘"，16字，篆書。案文，志石當出土於西安近郊。

附1：大唐故行右衛長史蘭陵公夫人虞氏墓志銘並序

夫人諱秀姚字思禮，會稽餘姚人也。靈緒載繁，軒丘孕祉於樞電。」白源克濬，姚澤隤慶於薰風。暨乎賢守飛英，蒼鴈之嘉祥允集。內」□騰茂，白烏之禎既有歸。故得簪冕連華，掩廬江而啓神算；貂蟬」□□，冠長淮而勁靈策。曾祖檢，梁尚書起部、中兵二曹侍郎。祖寄，」梁中書侍郎、陳本州別駕、太中大夫、戎昭將軍。並稱時望，俱号國」□。□□□□隆，而道無昇降。父南，皇朝弘文館學士、秘書大」監、永興縣開國公，贈禮部尚書，諡文懿。公金火秀氣，軼天宇而無」□；□□英靈，掩寰斗而莫二。學高聾玉，堯舜資其琢磨；文擅」□□，廊廟階其潤色。夫人毓彩瓊柯，疏芳桂浦，蹈仁成性，率」□□遵。識洞朱弦，蔡門慙其敏悟；詞高白雪，謝室讓其神聰。□□」二八，出嬪蕭氏，養諧中饋，義叶移天。至乃擇鄰誠□，□□貽訓。固」已囊括孟母，跨躡曹妻，加以藝揔羣微，思□玄賾。苑臺夕敞，辯空」有於三番；蔗菀晨開，澡心靈於二解。笥無珠玉，體□芬華。金石可」流，精誠無變。以麟德元年六月廿六日遘疾，卒於長安崇賢里第，」春秋五十有四。即以其月三十日，權殯於長安縣界畢原。粤以上」元三年歲次景子七月乙未朔三日丁酉，合祔於明堂縣少陵原」蘭陵公之舊塋。嗣子朝議郎行晉州冀氏縣令襲蘭陵公悟，對風」樹而馳感，慟冢泉以增摧。悲同極於昊天，寄徽猷於貞石。其詞曰：」嫣川積水，吳岫騰雲。懷珠襲慶，錫楛楊芬。珪璋遞美，蘭桂交薰。聲」高宇宙，道盛丘墳。其一。爰挺英淑，克彰柔令。孝悌□稟，溫恭成性。□」竄因果，深明染淨。秋菊題銘，春椒發詠。其二。摽梅云及，作嬪君子。禮」縟溫姬，人高蕭史。潘楊秦晉，□□□美。通德之門，高陽之里。其三。良」人鳳背，夜哭傷哉。神□□□，靈隧還開。青□佇□，白驥徘徊。亐愴」摽悚，此痛難裁！其四。

附2：大唐故右衛長史騎都尉蘭陵縣公蕭君墓志銘并序

公諱鑒字玄明，南徐州蘭陵郡縣人也。殷商□祚既終，享茅社□周」室。齊梁之祀云替，列槐棘於聖朝。積德垂慶，蟬聯不絶，可略而言。」曾祖梁中宗宣皇帝，撥亂反正，紹開中興。祖梁世宗明皇帝，化行江」漢，道濟荆吴，居戰國之秋，洽隆平之政。父璟，梁臨海王，隋宕渠太守，」大唐太府卿、國子祭酒、禮部尚書蘭陵康公，忠孝兼資，道德具美，學」窮數象，識洞幾處，朝野之間，室迩人遠。公稟靈承祚，聞禮聞詩，符采」幼彰，岐嶷早著。始登庠序，即爲弘文館學生，敬慎無闕，文史足用。貞」觀八年，以嫡子屬皇孫載誕，授飛騎。九年，以德門之胤，挺賢良之」質，選充太穆皇后挽郎。十年，授越王府兵曹參軍，越王以帝子之」重，幕府之盛，獲曳長裾，非才莫可。十有二年，康公薨。背公泣血三年，」杖而後起，雖外除喪服，而内懷哀疾。十六年，授太子右虞候率府長」史。十七年，授驍騎尉，太子右監門率府長史。廿年，襲封蘭陵縣開國」公。永徽元年，授騎都尉、奉義郎，仍行右監門率府長史。三年，遷承議」郎行右衛府長史。惟公事親揭竭力之譽，事君弘致身之道，居職有」幹蠱之用，探賾有覩奥之明。加以洞曉釋教，深明因果。見生惡□，□」仁者之心；見賢思齊，崇好善之志。皇天輔德，方臻遐壽，降福多□，□」殞壯年。以永徽四年歲次壬子二月癸未朔十三日乙未春□□□」薨於雍州長安縣之歸德鄉義安里第。臨終遺命幼子，以孝□□□」爲先，以恭儉薄葬爲次，其餘無所云也。即以其月廿日壬寅□□□」萬年縣洪固鄉胄貴里。式旌休烈，乃作銘云：」玉筐乘睍，天命攸在。福善有徵，輔仁無殆。殷周既滅，皇漢是□。□□」之胄，聖朝元凱。猗歟才子，承祉降靈。聞詩黌塾，稟德趨庭。若□□」寶，忠孝是經。外堂覩奥，探幽洞徵。亦既登朝，鴻漸未職。逸翮搏□，□」衢騁□，□掌在公，逶迤退食。半岳峯摧，中年□息。龜筮既襲，安□□」□。□□□□，□野塗□，蒼芒隴日，瑟颸松風，百年已矣。万古方同。（商略釋文）

■唐永淳元年（682），《唐虞愻墓志》

《唐虞愻墓志》一合，墓志標題“大唐故中散大夫使持節簡州諸軍事簡州刺史虞公墓志銘並序”。志石高55釐米，廣56釐米，凡36行，滿行35字，連標題1198字，正書。志主虞愻，爲隋虞世基孫，虞熙子，唐虞世南侄孫，前文虞秀姚堂侄。案文，志石當出土於洛陽邙山。

附：大唐故中散大夫使持節簡州諸軍事簡州刺史虞公墓志銘並序

公諱愻字叔孫，會稽餘姚人也。賓門演化，登大麓以開虞；匡主立功，崇少康而構夏。盛德無」沬，明祀不渝。垂範貴乎千古，象賢照乎百代。制盤根而緝政，漢表其能；輟精義以入神，吴稱」其儁。羽儀聯暎，珪綬相輝，邈彼聲華，獨冠人倫者矣。曾祖山披，梁士林館學士、中書舍人、」戎威將軍、散騎常侍、太子中庶子贈侍中，謚德子，孝友忠貞之業，星辰河嶽之精，悉彼鳳闈」有光龍翰。祖基，陳尚書左丞，隋內史舍人、內史侍郎、金紫光禄大夫，器廼萬夫之傑，文爲九」變之宗，思動高飆，氣清雄偉。漢歷方謝，廊廟求荀爽之材；晉德已衰，社稷豈張華之寄？父熙，」隋歷陽郡功曹、霍邑縣令、符璽郎，德祖名公之胤，泰初人望之先，國既麟趾俱傾，家亦鳳巢」同覆，瞰室之宂靡救，鑿楹之訓有歸。公希代生德，非常誕粹。搏風逸翰，託彼樊林之餘；照廡」奇姿，迥出炎崐之爐。年甫六歲，遘嬰家禍。至性之威，事切人祇；苴菜之哀，老成斯屬。明以居」用，靈臺爲照，物之區智，以乘機神府，開濟時之略。鉤深源於意遠，博期識於自然。提領摽强」學之資，體要踐多能之地。納紬墳於遠度，不以志業高人；包雅頌於玄闕，不以英奇累物。激」揚灝藻，振動宮商。翰以爲林，蟠木跨三千之境；藝亦成圃，雲夢開九百之田。有正始之音，有」建安之律。苗賁皇漢南餘彥，價重汾川；陸士衡江左遺材，聲雄海甸。先達光其聞望，後進仰」其風徽。台衡之器有憑，端揆之圖何遠？貞觀七年，奉勅以忠孝兼著令直秘書省著」作局，芸閣不刊之奧，瞬息稽疑；蓬山未辨之文，一言咸暢。遷右衛率府錄事參軍，又轉左監」門率府長史，智効惟允，官次有功。遷趙州司功參軍，又遷荊州兵曹參軍，趙國寶之地，務實」殷繁，荊人玉璞之鄉，俗多趨競，揮毫察訟，咸各有神。累遷詹事丞、恒州司馬、齒州長史，又遷」奉輦大夫、尚書工部郎中，入便侍輦，出則題輿。司會俟材，載虛清覽之觀；禮闈填務，大啟文」昌之宮。惟帝其難，惟賢是擇，乾心有睠，博訪時英。公即偉材，允膺明試，含香」所寄，朝聽攸歸，露冕百城，是稱邦牧，建旗千里，必在惟良是用。授公陳州刺史，遷澤州刺史，」旳俗難化，歷代罕工，刑政易舛，其來自昔。公虛舟獨運，革弊於無累之心；靈策潛通，息訟於」未萌之際。三藩具理，頻閒帝心。遷簡州刺史，途系赤里之街，壞對白華之水。程羅僭」溢，卓鄭兼併，纔及下車，擁豪斂跡。潁川循吏，未登朝宰之榮；京兆神途，奄絕人間之事。殲良」遂往，何痛如之。以儀鳳四年三月廿六日終於公館，春秋七十。詔賜物冊，叚令州司」爲造靈轝，家口並給，傳乘發遣。隨軒之鷹，指歸路以迴翔；舞埁之鶴，對荒郊以鳴慕。以永淳」元年十月廿六日，遷厝於邙山之北原，禮也。夫人吳興沈氏，同歸祔於使君之塋。嗣子思貞」等，嬰集慕而崩心，懷匪莪而殞魂。方慟裂於泉壤，幾攀號於宅穸。痛羈旅之窮阡，思故鄉之」遠陌。松栝搖響，柳軒迴跡。山含秋而樹黃，野乘朝而霜白。懼葭舛之遄從，畏桑田之屢易。圖」盛烈與英風，並紛綸於幽石。其銘曰：」邈矣姚丘，神圖叶帝。道全虞國，功匡夏裔。益地無滅，鈞天有契。藹藹昌輝，綿綿遠系。明德之」祀，代有英人。三叉誕粹，七輝窮神。惟祖惟考，榮高搢紳。降靈彶屬，家聲有鄰。橐器惟明，鉤深」則妙。宅心惟遠，乘機則照。聲實載融，志業兼劭，材包衆草，理該羣要。藝優楊歷，道茂登朝。躍鱗」溟海，憗翰扶搖。（化）化漸方牧，譽動天曹。亭亭峻峙，奕奕孤標。千月不留，四選交謝。人事紛」糺，生涯戀化。木落高秋，舟沈厚夜。縞駟方遠，素軒俄駕。落照蒼茫，平蕪超忽。野煙伍舉，山雲」出沒。鳥思臨風，松悲對月。激揚終古，聲方靡歇。」（商略釋文）

■唐證聖元年（695），《唐虞希喬墓志》

《唐虞希喬墓志》一合，碑體通高50釐米，瓷質。碑額有穿，穿孔左右有"虞君墓記"四字。志文凡12行，滿行10字，加碑額共124字，行書。下有青瓷龜趺，碑體插於龜趺，形式較少見。碑今藏浙江博物館，爲民間徵集所得，相傳碑志出土於紹興。

志主虞希喬，爲虞哲之孫，與虞照乘（見下文《唐虞照乘墓志釋讀》）爲父子或叔侄關係。

附：唐虞希喬墓志

碑額：虞君」墓記

大唐故會稽虞君志銘。府」君諱希喬，字抱陪，餘。北郡」刺史。祖哲，醴陵。會稽之西，」惟緒玉食錦衣盈臨體鞠」躬爭肅勤承履，英豪颯爽，」嶽孕靈，允膺侍奉，悉理之」烈。夔州長史譙公，許青緣」息女，願執箕帚，曾未兼顧。」戲！以證聖元年六月三日」亡。昔在弱齡，好尚泉石，赴」於詠歌，平生樂稽秦宛如」《集》五卷行於代。

泉扃一明。」（商略釋文）

■唐景雲元年（710），《唐虞照乘墓志》

《唐虞照乘墓志》一合，墓志標題"大唐故安州雲夢縣令虞府君墓志"。志石高38釐米，廣39釐米，凡17行，滿行17字，連標題249字，正書。該志爲瓷質，傳出土於紹興。

志主虞照乘，生於貞觀末，卒於景龍。其祖虞荷，父虞哲，子希莊、光寓。

附：大唐故安州雲夢縣令虞府君墓志

君諱照乘字賓輝，餘姚人也。高門景族，歷史｜昭備。祖荷，銀青光禄大夫、綿州刺史。父哲，通｜議大夫、醴陵縣令，忠規孝範，踵武英賢。君雅｜量天資，雄才世著，惟言與行，事無可擇。解褐｜台州司法，轉長城丞，歷滑州司户、雲夢令，茬｜人字物，明之若神，晏默敦謹，尋之罕際。辭位｜歸來，超然外物，天長代短，委運奚言。以景龍｜三年十二月九日，終於里第，春秋六十有二。｜夫人河間劉氏，武州刺史玄惲之女，閨門是｜則，禮訓成師，偕老遂愆，附蘿先逝。粤以景雲｜元年歲次庚戌十一月戊申朔十九日景寅｜同遷窆於此山，禮也。棺周於身，壙帀於槻。嗣｜子希莊、光寓等，煢煢靡託，了然在疚，敢遵｜遺訓，刊既往於泉扃。｜墓甲向｜外有碣｜（商略釋文）

■唐開元九年（721），《唐顏府君墓志銘》（夫人虞氏）

附：唐故銀青光禄大夫和州刺史上柱國琅琊縣開國伯顏府君墓志銘

公諱謀道，字宗玄，琅琊臨沂人也。漢帝登臺而望海，地接神仙；齊王求鼎以通周，人多智略。豈直郎官懷文武之用，素臣標德行之科而已哉？曾祖慶，梁鎮北將軍散騎侍郎永嘉郡太守臨沂縣開國伯；祖亮，陳給事中黄門侍郎；父顗，志忽軒駴，道深雲山，勑召授朝散大夫、蜀王及兼巴州治中，並抑揚王國，出入天朝。奕葉光華，慶鍾於公矣。公天姿秀傑，嶷然斷山，雅致孤高，邈矣清漢。起家右衛翊衛。既以六郡良家，九重近侍，鴻漸於陸，鶴鳴在陰，調補澤州司法參軍事，夫古之列國，則今之利州；今之司法，則古之司寇。自宣父仕魯，千載寂寥，政聲鬱興，而公嗣作。屬大君有命，廣徵翹楚，公乃應孫弘之舉，即受生芻；以郗詵之才，還蒙擢桂。遂授婺州司户參軍事，又任揚州大都督府倉曹參軍事。俄以親累，左轉果州司功參軍事。國家以子産善人，桓伊非罪，□□去三峽，東臨五湖，仍授朝散大夫湖州烏程縣令上柱國，又改邢州南和縣令。制授大理丞，除虞部員外郎，封臨沂縣開國男，出爲相州長史。題桂題興，擅中外之美；第封棘寺，標官爵之榮。俄而遷涪州刺史，又以銅梁地偏，劍閣天險，優詔轉和州刺史，改封琅琊縣開國伯，加銀青光禄大夫。公以皂旗紫綬，開國承家，位籠若驚，累求自退，渥恩見許，告老丘園。春秋八十，以開元九年七月廿九日薨於東都之興藝坊之私第。夫人會稽郡夫人會稽虞氏，隋内史侍郎世基之孫，簡州刺史慈之女。行以門高，妻隨夫貴，雖後先暫隔，而丘壟同歸。即以其年十月十日合葬於河南縣界之北邙山禮也。嗣子宣州綏安縣令昭□□□拜辭，殷憂從事，江山牢落，音問蕭條，晝夜未盡於長途，龜筮□□□□日。孫恬、俳、悰等，以何公大聖，空結萬悲；劉氏深慈，還多密痛。白□□□，終老歲年；青鳥飛還，須傳靈異。銘曰：滄海東接琅琊臺，鼓動靈氣生奇才。惟公生也稟靈氣，天所福兮天所貴。分茅剖竹趨禮闈，金章紫綬生光輝。善始令終子任之，造化雙輔兩輗子。同歸大夜西□之日東流川，北邙山上年復年。（《唐代墓志彙編》

開元一二三）

案：顏夫人虞氏爲虞慇女，卒年不明，約在高宗末至玄宗初之間。

■唐開元二十一年（733），《唐寧州刺史李府君墓志》（夫人虞氏）

《唐寧州刺史李府君墓志》一合，墓志標題“大唐故中大夫寧州諸軍事守寧州刺史李府君墓銘並序”。志石高60釐米，廣59釐米，凡28行，滿行28字，連標題共726字，正書。志主李孟德，夫人虞氏。其祖虞荷，父虞（玄）操。據文，志石出土於河南偃師縣。

附：大唐故中大夫寧州諸軍事守寧州刺史李府君墓銘並序

從弟朝散郎行右驍衛倉曹參軍琚撰

公諱孟德，字伯夏，魏郡頓丘人也。其先蓋軒轅氏之胄。立元開夏，世慕帝｜王之基；含道孕德，家承玄牝之業。列名史策，光照漢魏。五代祖獎，魏都｜官、度支二尚書，行臺右僕射，武邑郡開國公。高祖攜，北齊吏部尚書。曾祖｜丕，尚書祠部郎中。祖恂，考功、倉部二郎中，萊州刺史，頓丘男。父守約，大理｜少卿，戶部侍郎，並參綰中外，左右皇極，世濟不泯，異時同昌。公即戶部府｜君之元子也。弱冠輦脚出身，解褐補蘇州司功參軍，轉貝州司法參軍，充｜江東道覆囚使。以功授滄州樂陵縣令。屬越王以皇子之重謀反，博州｜地壓海瀛，境鄰聯攝，郡縣已擾，繫公以安。勑書慰勞，遷北郡清源縣｜令，尋遷洛州鞏縣令，賜雜綵五十疋，馳驛赴任。轉泰州司馬，時王在成｜周，妖賊張履貞聚黨岐山，竊窺神器。公密與留守會稽王武攸望發兵｜討襲猴爲靈及指日鞭。事平，勑賜雜綵一百疋，銀器三事。遷倉部郎中，｜北都太原縣令，出除寧州諸軍事、寧州刺史。公累佐三郡，翺翔四邑，一｜入省，一刺州，屢抗艱難，剛毅不撓。於是上忌而不能用，下知而不敢言，故｜位不登切近，以長安四年九月十九日遇疾，終於寧州官舍，春秋六十有｜四。鳴呼哀哉。夫人會稽郡君虞氏，故綿州刺史荷之孫，鄜州長史操之｜女，克柔厥德，允宜爾家，故以琴瑟以諧，蟲斯繁衍，以開元廿一年寢疾，終｜於鞏縣河濱里之私第，春秋八十有三。嗣子濮州鄄城縣令光、次子朝散｜大夫潤州長史充、次左武衛錄事參軍允、次游擊將軍郊鄜府果毅先等，｜並文武才良，早世而沒。幼子臨淄郡臨濟縣丞寬，痛歲月之已久，悲卜筮｜之未從。粤以天寶元年十二月廿五日，合葬於偃師縣之北原，從達禮也。｜其地據洪河南濱，憑清洛北阜。三川交注，二室前臨。啟龜宅兆之年，成周｜不變之地，宜矣。夫銘曰：｜九德昌舜，上蔡霸秦。立極作理，功無與鄰。乾坤可息，斯焉不泯。源深流｜遠，世挺其人。其一。公之克生，繼是明哲。宰京刺郡，玉映水澈。屢抗姦兇，所當｜摧折。沒而不朽，炳有休列。其二。舊兆惟魏，新塋從周。禮貴從達，原深尚幽。｜皇圖右啟，清洛前流。松深檟密，万古千秋。｜（商略釋文）

■唐開元二十二年（734），《唐張夫人虞氏墓志》

《唐張夫人虞氏墓志》一合，墓志標題“故夫人虞氏墓志銘並序”。志石高52釐米，廣53釐米，凡23行，滿行24字，連標題共520字，正書。志主張夫人虞氏，祖虞慇，父虞敏。據文，志石出土於洛陽北邙山。

附：故夫人虞氏墓志銘並序　　校書郎敬括撰

大化有拯，大年不齊。通於變或得其形，合於和或傷其壽。天之｜道，庶幾乎息，虞々兮々謂何哉？曾祖世南，皇銀青光禄大」夫、秘書監、永興縣開國公贈禮部尚書，諡曰懿公，功臣第二等。」祖懱，皇工部郎中、陳・澤・簡三州刺史。考敏，皇濟州平」陰縣令。皆休有令聞，爲天下式，倬克用乂，寔亨而後。夫人即平」陰府君之第二女也，生而婉淑，性与仁惠。在室吟葛覃之詠，及」笄執蘩藻之禮，邦家媛矣。適我張公，々時之聞人，國之良吏，位」以十進，今爲殿中侍御史。諧琴瑟之友，一十四春；推甲子之數，」三十八祀。子南夫也，斯言與歸；伯宗直哉，幾流其誠。且如荑手」犀齒，蝤領蛾眉，舒和習成，綽約自得，此夫人之容也。既親絲枲，」亦秉刀尺，方布玄黃之色，仍精絅組之能，此夫人之工也。冬温」夏清，柔色怡聲，發而有章，思不出閫，此夫人之言也。其事上也」敬，其睦下也慈，豈惟周物之有恒，亦將寬仁而真悔，此夫人之」行也。先夫人有二女，及夫人有男一女三，麻蔭齊其所生，仁愛」浹於均養，温其如玉，爛然盈門。是可持内則之嘉謨，主中饋之」彝典，吉莫之祐，逝也如斯。開元廿二年六月廿五日因産而終」於崇業里私第，以其年七月十四日，遷窆於北邙山梓澤原，禮」也。嗣子零丁在疚，徊徉喁恃，扶病以杖，位有其人，服麻成」衰，年終尚稚。括知上感逝，爰述銘云：」夫人之行之美，略可得而聞已。系虞宗兮歸張氏，父銅章兮夫」柱史，女方幼兮男亦稚，謝浮生兮即强死。宅何所兮即之隩，墳」親封兮松近栽。泉戶闔兮不開，風朝暮兮哀々。」（商略釋文）

■唐天寶四載（745），《唐沈從道墓志》（夫人虞氏）

《唐沈從道墓志》一合，墓志標題"柱國吳興沈君墓志銘並序"。志石高74釐米，廣74釐米，凡33行，滿行33字，連標題共1050字，正書。志主沈夫人虞氏，曾祖虞世南，父虞睿。據志文，志石出土於洛陽北邙山。

附：唐故中大夫廣平郡太守上柱國吳興沈君墓志銘並序

朝議郎華原縣尉渤海高敫庭撰

公諱從道，字希言，姓沈氏。其先吳興烏程人也。代禄伊峻，今居洛京焉。自唐郊守祀，楚」縣稱公。將頓子而會盟，及隱侯而得雋。沈羲以靈官授液，神遊元老之都。沈勁以上將」分麾，名入忠臣之傳。世濟不隕，種德存焉。公，隋開府儀同三司鴻臚卿琳之曾孫，皇朝」散大夫陝州司馬士衡之孫，朝散大夫比、庫二部員外郎餘慶之子。承積善之丕緒，體」冲和之淑姿。佩觿而明慧已彰，舞象而詩書足用。弱冠進士及第，解褐絳州翼城縣主」簿，調補揚州江都縣丞，轉洛州密縣主簿，歷汴州司戶參軍。學成蟻術，宦漸鴻飛。終韞」價於椅桐，且卑棲於枳棘。持平爲政，清冰立身。錐不處囊，鏡仍傍照。河南道按察使擢」充判官。王臣謇謇，使者皇皇。黜陟幽明，旌別淑慝。軺車繫賴，具以名昇。遷少府監丞，加」朝散大夫，改河南府河陽縣令。懿夫九貢是鍾，兼用萬邦之雋。蔡敬仲之居御府，即鍛」龍泉；潘安仁之宰王畿，遽題蟬翼。尋遷比部員外郎、祠部郎中。漢除官職，初置五人；晉」重郎官，先求百里。握蘭之選，譽重朝端；伐枳之□，慶聞州境。俄出爲舒州刺史，三載考」勳，六條惟九。入拜右司郎中，不忮不求，惟精惟一。公心奉上，直道事人。尋除軍器監，敕」迺甲胄，立爾戈矛。物彼鐵官，充於玉府。遷太原府少尹兼留守北都。井陘前塞，餘祁大」蕆，有郭伋之威惠，受蕭何之寄託。更歲，移冀州刺史。朱子元之果決，姦吏自驚；貫孟堅」之仁明，貪夫解印。尋除蘇州刺史。無何，還廣平郡太守。叢臺之下，祛服生風；闔門之前，滋嘆落日。政聲一變，禮樂再張。悛喑鳴於吳趨，易豪華於趙際。公措心絃貞，履道泉平，不撓法以求安，忤時權而見退。開元廿十八年八月十五日，奉勑歸丘園，鼓缶自歌，揮金取樂。以大唐天寶元載九月七日，終於鞏縣之私第，春秋八十一。戒以儉葬，形於遺旨。公辰象麗精，山澤通氣，下無所假，識無遺鑒。四典州郡，三遊省閣，臨事必達，立誠心應。位不充量，天不與年，歷官滋多，家無餘積。撫育孤稚，猶己所生。詞翰若流，誦者盈口。每課最時，及官吏林攢，面書考詞，有如宿搆。文集冊捲見行於時。夫人毗陵縣君會稽虞氏，永興公世南之曾孫，龍州刺史謇之女。亦既有行，正位於內。戒攸遂之典，叶和鳴之繇。陰德無厚，旋愴先夫。以開元十三年二月十三日，終於洛州溫柔里之私第，春秋卅三。粵以天寶四載歲在乙酉七月丁巳朔十七日癸酉，合葬於河南府北廿里邙山之陽，禮也。嗣子榮王府參軍務光等，愛敬哀戚，地義天經。卜其宅兆，送以芻靈。露滋草白，煙覆松青。生金刻字，肩凡題銘。嗚呼哀哉，銘曰：

粵有箭竹，東南之美。豈惟厥貢，實媲君子。凜凜貞節，堂堂容止。間氣挺生，應運攸仕。其一。履歷州郡，迴還省閣。爪穴潛龜，毛羣處鶴。貞而不肆，謙而能約。始陟享衢，未翔寥廓。其二。日月逝矣，田園告歸。子孫筵列，邑里金揮。徂謝道盡，疇年事違。池平徑減，□是今非。其三。劍影俱沉，桐枝雙折。昔殊偕老，茲焉共穴。雷動魚飛，隔深蟻結。榮華歌笑，空餘像設。其四。卜洛之北，印山之前。窮塵晝起，燐火宵然。蒼蒼松柏，琴瑟風回。不薶玉樹，萬古千年。其五。（商略釋文）

■唐大曆四年（769），《唐虞從道墓志》

《唐虞從道墓志》一合，墓志標題“唐故南平郡司馬贈秘書少監虞公墓志銘並序”。志石高58釐米，廣59釐米，凡28行，滿行31字，連標題共674字，隸書。據文，志石出土於洛陽。

附：唐故南平郡司馬贈秘書少監虞公墓志銘並序

朝散大夫守河中少尹兼御史中丞知府事仍充朔方節度行軍司馬
賜紫金魚袋嚴郢撰　　　太中大夫前行國子司業上柱國趙惎書

公諱從道字之恒，會稽餘姚人也。昔舜以天下禪禹，禹封舜子商均於虞，以奉其祀，厥後因地爲姓，則虞氏之世祀也。遠哉有若趙相卿者，顯名於六國；有若處士香者，嘉遯於暴秦。處士之十四世孫東漢定侯竟，避地於餘姚，子孫因家焉。陳儀同三司諱仲卿者，即定侯之裔孫也。儀同生太中大夫綿州刺史荷，荷生郎州長史玄操，玄操生蔡州司戶思隱，思隱生公焉。公羈貫以至行聞。司戶在蔡州也，越敬王爲蔡州牧。時天后稱制，敬王懼及，乃傳檄郡縣，議復明辟。衆未成旅，辛巳掊兵，司戶從王皆遇害，隱之故不地也。公時年十六，與叔父思忠同謫白州，泣血即路，見者莫不哀悼。頃之，思忠早世，或勸公逃歸，公以叔殯在遠，不可委去。居數年，乃一便時，私發旅櫬，或負或戴，置於褚中，間行而反。爲盜所逼，公中矢不去，伏死而爭，盜發篋見柩，錯愕大駭。公具以情告，盜義而釋之。既至周南，匿名隱市，用漢祖臘。神龍中興，天下文明，幽枉必申，公乃以明經高第，解巾授揚州六合縣尉。秩滿授徐州彭城縣丞，以清白尤異聞。遷海州沭陽縣令，轉南平郡司馬，所莅之職，章文揚和，理有能名。天寶五載八月十日薨於位，春秋七十有三矣。公言有物而行有恒，溫良謹素，達練事體，有孝德以奉親，有恭德以從政，有文學以」成名。馴行光於當時，義方貽於後昆。雖無貴仕，君子謂之貴矣。亦何必趨踐官薄，」乘堅驅良，致位三九，然後爲達也。夫人滎陽鄭氏，故馮翊主簿整仁之孫，處士璬」之女，婦德母儀，六姻惟師，以天寶十二載正月十二日終於伊闕之私第，春秋五」十九。大曆四年，嗣子當，拜朝散大夫檢校尚書主客員外郎兼侍御史，充朔方節」度判官，與季弟絳州正平縣尉郡客等，悉其家器，以奉宅兆。」天子聞而嘉之，詔贈秘書少監，夫人贈滎陽郡太君，餘慶故也。秋八」月，克葬我公於景李原，夫人祔焉。傳不云乎子服氏有子哉。松銘紀德，尚旌事實，」數句成言，不敢厭煩也。銘曰：於穆君子，孝友庸祇。理邑佐郡，受祿咸宜。郡邑」信向，敬如天時。大位未躋，哲人其萎。猗歟嘉偶，遺美無斁。昔比琴瑟，今向窀穸。天」地之間，累石爲山。連崗鬱脑，賢人之阡。宵宵玄夜，蒼蒼新隴。宿草初陳，移松未拱。」於嗟南平，詔贈哀榮。大隧之中，光垂休銘。

河南府戶曹參軍李陽冰篆額。」（商略釋文）

■唐大曆五年（770），虞當撰《華嶽題表》

附：華嶽題表

前相國京兆第五公，自戶部侍郎出牧梧州，子聳關內河東副元帥判官、禮部郎中兼侍御史虞當，自中都濟河，於華陰拜見，從謁靈祠，因紀貞石，時大唐大曆五年六月四日。司勳郎中兼侍御史李國清、倉部員外兼侍御史張雲、大理正兼監察御史王翻、右衛錄事參軍第五準。（王昶《金石萃編》卷七十九《第五公等題名》，題注："在華嶽頌碑右側，顏魯公題名上。十一行，行九字、十字不等，正書。"）

案："前相國京兆第五公"即第五琦，爲虞當丈人。

■唐大曆十四年（779），虞當撰《唐故鄭居士（液）墓志銘》

附：唐故鄭居士（液）墓志銘

公諱液，字液，滎陽開封人也。其先周鄭武公之後，源流且長，人物不絕。有若東漢大司農康成者，學爲人師；有若後魏中書令幼麟者，文爲世表。公則幼麟之裔孫也。曾祖奉先，永州治中。祖整仁，同州馮翊主簿。父皦，抱德不仕。或俍偋州縣，聲名自高；或栖遲衡茅，徵辟不起。國華人望，男婚女姻，自後魏迄今，代爲盛族。公氣和神寂，言稀貌古。傲倪羲皇之上，逍遙宇宙之中。以軒車搢紳，爲羈絆桎梏。緬想黃綺，希風禽尚。每登山臨水，則忻然忘歸。加以勤修釋門，深解佛理。其靜也，則宴居一室；其動也，則周遊四海。故越自河北，至於江南。方問昭王於漢濱，弔屈平於湘浦，而扁舟之興未盡，庚日之灾俄及。以大曆十一年十一月廿五日，遘疾終於沔州刺史宅之西院。昔公外祖李憕掾於斯，而公生於斯；今外生虞當牧於斯，而公歿於斯。凡壽甲子五百有四，其季三之二也。噫！生於斯而歿於斯，命矣夫！夫人頓丘李氏，先公而亡。有子曰崟，苦節之士。迢遙萬里，羈孤一身。孺慕崩心，自強不息。以大曆十四年五月廿日，還窆於里原。恐舟壑潛移，桑田遽改，願刊貞石，永播遺芳。小子不才，多慚酷似。竊陳志行，敬勒斯銘。銘曰：邈哉世祀，廣矣源流。惟祖惟父，以弓以裘。出則廊廟，處則林丘。公之志業，不墜前修。大夫之家，瑚璉之器。三冬既就，九霄可致。人之常情，誰不介意。獨能脫略，益見仁智。知命曰賢，不貪爲寶。優遊真境，服食靈草。迹似秦人，年過絳老。以此而歸，得非壽考。精魄莫睹，丘墳在焉。樵童牧竪，朧月松烟。落景難駐，流波不旋。山川或改，德行猶傳。

案：上文見三秦出版社《全唐文補遺》（第八輯），題注：“此志時署外生、朝散大夫、使持節沔州諸軍事、守沔州刺史虞當撰。”

■唐乾符二年（875），虞瞻撰《唐故崔府君墓志銘並序》

此據友人圖片釋文。

附：唐故文林郎守京兆□咸陽縣尉充太常禮院修撰崔府君墓志銘並序

鄉貢進士虞瞻撰

府君諱褧字中黃，博陵人也。寓家惟楊，門地清葉，爲一字之最。公卿」翔鶯，歷代有其人。曾祖諱鐐，皇北海參軍，夫人京兆韋氏。」祖諱可，封皇信州上饒縣主簿，夫人安平李氏。考諱淯，皇左驍」衛兵曹參軍，夫人頓丘李氏。公幼有大志，弱不好弄，博涉墳典，」□爲文章，每小鷰邊，常期□化。繾弱冠，舉詞科，歷贊珠璣，譽騰瑚璉。」相國畢公誠爲當代文學之師，後進雲集，尤加器重。噫！才爲運厄，命」爲時乖，莫登甲九之科，虛度星霜之歲。閑居寂寂，抱憤悢悢，吟班超」擲筆之情，詠平子歸田之賦。今淮南相國劉公鄴，念以中外之」親歷，其辛勤歲久，判計之日，奏署弘文館校書充振武營田□官。未」幾登庸，除咸陽縣尉充太常禮院修撰。今天子嗣位之明年，」紀號乾符，夏五月十二日遘疾，終於親仁里郭汾陽故第西廂之旅」舍，享年六十。屬繢之日，家無夕儲，衣繾覆體，鄰里傷歎，行路酸辛。蓋」由今春郊禮方殷，府司多闕，借羣官俸祿，備諸處枝，梧庇其堂。弟」陘嶺東饋，判柱史賜緋。外甥蕭仁裕。公不婚無子，有女一人，猶在」襁褓，即□姞瞿上仙之所出也。崔氏大墓在淮海，既茲遠道，遷護無」人，以其年六月三日權窆於萬年縣寧安鄉杜光村，禮也。其友人會」稽虞瞻，啜泣編詞，濡毫染石以誌。公權宜之所，異日有舉」。公之喪東□者，人事代謝，陵谷遷移，庶幾可尋覓而已。銘曰：」公之生兮賦命何奇，公之道兮處世何肥。奇不足憾，」肥不可欺。□□當年身爲僇，顏原終古名方垂。」出□門兮南二里，望松檟兮增一悲。臨泉壞兮大□，」覿容貌兮無期。嗚呼，噫嘻！（商略釋文）

案：會稽虞瞻，史籍不見。今《覽溪虞氏重修宗譜世紀》卷六載虞世南第十二世孫虞瞻：“字民望，號樸齋，生唐乾寧四年（897）丁巳二月二十日，原籍會稽，以學行馳名，遭董昌之亂，渡浙卜居宜興之成任鄉蔣清里永豐村，配劉氏。子一璡。公卒周顯德五年（958）己未四月，享壽六十有三。劉氏生未詳，卒周顯德四年戊午九月，與夫同墓永豐村側。”《宗譜》之虞瞻生於“唐乾寧四年（897）”，距此虞瞻撰寫墓志乾符二年（875）相距二十二年。

另，《宗譜》記載虞瞻父虞敦事跡：“虞敦字仁厚，號守敬，生唐咸通七年（866）丙戌三月，唐僖宗舉進士，隨駕幸蜀，授仁壽太守，遂家焉。”虞敦有兩子，長子虞瞻，次子虞賞。虞敦在“唐僖宗舉進士”，似乎更適合虞瞻的經歷，“乾符”是僖宗的第一個年號。

家族譜牒雖具一定參考價值，却難以成爲考訂依據，以其多謬誤也。如《宗譜》載虞世南子虞昶卒於“麟德元年三月”，而今出土敦煌文獻則證明虞昶在唐咸亨年間仍在職。

■後唐同光元年（923），《唐御史裏行虞鼎墓志銘》

附：唐御史裏行虞鼎墓志銘

公虞姓，諱鼎，字少微。本會稽人，秘書監兼宏文館學士贈禮部尚書銀青光禄大夫永興郡公諡文懿諱世南八世孫。曾祖玫，江州刺史。祖敏，宜春令。父汀，東魯別駕。公性敏，好問學。月開日益，卓然老成。登咸通十年進士，爲校書郎，累遷至御史裏行。舉彈無所避，謇然有聲於時。尋陟饒州刺史，視事嚴且明，人吏斂手，莫敢爲非。乾符二年，黃巢寇饒州，公出禦之，戰甚力。賊益至，勢不能支，城遂陷。公及劉、鄭二馬衙出奔，夜宿芝山祠。夢神曰："一馬之前，錦然之田。逢禾即止，遇旱即遷。"既覺，莫喻其意。次日，道由餘干政新鄉，馬爪石而伏。公登山禱曰："天其或者欲謀居此乎？"馬乃起，騰至錦田早禾源，與夢適符，遂家焉。公遭時艱，不克居其鄉。因見山水清秀，泊田宅爲休老計。聞人道國事升降消息，即喟然長歎，不食竟日。無事與山翁野老相往返，歷歷談桑麻事，意泊如也。公生會昌元年九月九日，卒同光元年十月十六日，春秋八十三。即以其年十月十八日，葬於安仁崇義鄉善政里饒山之陽。夫人王氏，父式觀察使女。男一人盤，孫一人文仲。未葬前，盤來乞銘曰："予嘗有託於夫子也，冀出一言爲永遠記。"況鉅與公同年，知公爲最深，銘安得而辭耶？銘曰：

厥存不爽，厥施爲何。宜爾子孫，其類並多。（《全唐文》卷八百十九）

案：志文作者楊鉅。《全唐文》有《楊鉅傳》："鉅，宰相收子。乾寧初以尚書郎知制誥，充翰林學士，拜中書舍人、户部侍郎，封晉陽縣男。從昭宗東遷，爲左散騎常侍，卒。"志文多有不得其解處，有學者以爲偽志，姑録之。

■南宋紹興年間，《虞氏田園記》殘石

又聞梅川人嘗得《虞氏田園記》石刻於城旁川水中，斷裂不全，其文有所謂"桃源鄉應嚚仲瑶、仲瑀等舊管水田二十二頃七十畝三角"者可讀。今余得其斷石，果然。餘所記田園數石刻，尚多在水中，不可得見。（光緒《餘姚縣志》卷十六，引宋僖《虞家城記》）

虞賓，唐弘文館學士世南十四世孫，元豐八年進士甲科……子仲琳、仲瑶，並舉進士。仲琳嘗從尹焞遊，焞稱爲志學之士，通道極篤，官永嘉教授。仲瑶爲信州教授，紹興十三年始建秘書省，於臨安詔求遺書，置局於班春亭，命仲瑶等校勘，閱歲而畢，官至侍講。（《餘姚縣志·虞賓傳》）

案：虞仲瑶又見《餘姚縣志》卷十九《選舉表》，爲宋紹興五年乙卯進士，下注從父虞賓。虞仲瑶子時中，紹興二十四年甲戌張孝祥榜進士；虞仲瑶孫時忱，淳熙十一年甲辰衛涇榜進士，同榜有虞時憲（見下）。

■南宋紹熙元年（1190），虞時憲篆額《龍泉寺碑》

原跋：右唐布衣董尋書《大龍泉寺碑》，用武氏國號紀元及天地日月等字，太和中再建而弗改也。我宋承平，寺益閎侈。建炎兵革，燼於一火。閱六十年，堂殿作新，而碑久破缺，譚者莫能舉舊事。僧法滂出墨本，以私錢摹之石，蓋考方志者欲其存古意於久遠。矧永興公之賢，實吾邑人，其作此碑，示不忘本也，而可使無傳於後哉？滂癃老乃能惓惓於是，其志足嘉。予因附書之，碑字悉仍太和之舊，獨額篆不存，今用進士虞時憲筆，實永興公之裔云。紹興元年庚戌秋七月孫應時識。（光緒《餘姚縣志》卷十六）

案：宋紹興元年（1131）爲辛亥，"紹興"以下唯紹熙元年（1190）爲"庚戌"。據《浙江通志》及《餘姚縣志》，虞時憲爲淳熙十一年（1184）甲辰榜進士，孫應時爲淳熙二年（1185）乙未榜進士。紹興元年時，孫應時（1154—1206）尚未出生，虞時憲亦未至進士。光緒《餘姚縣志》"紹興元年庚戌秋七月"當是"紹熙元年庚戌秋七月"之誤。

■ 年代不詳，虞氏潼下之甓

甓文"虞氏葬于潼下之山"，單行，八字，篆書。磚甓采集於餘姚城東同光。觀其書體風格，在三國、兩晉之間。有"太元二年東海朐令虞君之玄宮"，亦采集於此。

■ 年代不詳，虞參甓

殘甓。甓文"虞參"，單行，兩字，書體在隸楷之間，南朝風格。采集於餘姚穴湖。

■ 年代不詳，虞蕭之乳母甓

甓文"虞蕭之乳母冢"，單行，六字，書體在隸楷之間，甚美。采集於餘姚肖東。甓文無紀元，據書體疑爲南朝之物，或與前"泰始五年虞欽之"同時代。

■ 年代不詳，虞襲甓

甓文僅"虞襲"兩字，在端面，書體隸楷之間，南朝風格。采集於餘姚丈亭。

■ 年代不詳，虞壽壁甓

甓文"虞壽壁"，三字，隸書，南朝風格。采集於餘姚肖東。

參考文獻

【史部】

司馬遷《史記》，中華書局 1959 年版。

班固《漢書》，中華書局 1962 年版。

范曄《後漢書》，中華書局 1965 年版。

郝經《續後漢書》，商務印書館（叢書集成初編）1936 年版。

陳壽《三國志》，中華書局 1959 年版。

房玄齡等《晉書》，中華書局 1974 年版。

沈約《宋書》，中華書局 1974 年版。

蕭子顯《南齊書》，中華書局 1972 年版。

姚思廉《梁書》，中華書局 1973 年版。

姚思廉《陳書》，中華書局 1972 年版。

令狐德棻等《周書》，中華書局 1971 年版。

李延壽《南史》，中華書局 1975 年版。

李延壽《北史》，中華書局 1974 年版。

魏徵等《隋書》，中華書局 1973 年版。

劉昫等《舊唐書》，中華書局 1975 年版。

歐陽修、宋祁《新唐書》，中華書局 1975 年版。

歐陽修《新五代史》，中華書局 1974 年版。

脫脫等《宋史》，中華書局 1977 年版。

司馬光《資治通鑒》，中華書局 1956 年版。

許嵩《建康實錄》，中華書局 1986 年版。

張敦頤《六朝事蹟編類》，中華書局 2012 年版。

韋述、杜寶《兩京新記輯校·大業雜記輯校》（辛德勇輯校），三秦出版社 2006 年版。

沈樞《通鑑總類》，臺灣商務印書館 1986 年版，景印文淵閣《四庫全書》。

鄭樵《通志》，中華書局 1987 年版。

杜佑《通典》，中華書局 1988 年版。

馬端臨《文獻通考》，中華書局 1986 年版。

王溥《唐會要》，中華書局 1955 年版。

李林甫等《唐六典》，中華書局 1992 年版。

宋敏求《唐大詔令集》，中華書局 2008 年版。

王欽若等《册府元龜》，鳳凰出版社 2006 年版。

吳兢《貞觀政要》，中華書局 2003 年版。

李宗昉等《欽定國子監志》，北京古籍出版社 2000 年版。

李吉甫《元和郡縣圖志》，中華書局 1983 年版。

樂史《太平寰宇記》，中華書局 2007 年版。

顧祖禹《讀史方輿紀要》，中華書局 2005 年版。

王象之《輿地紀勝》，廣陵古籍刻印社 1991 年版（影印本）。

駱天驤《類編長安志》，中华书局 1990 年版。

佚名《河南志》，中華書局 1990 年版（宋元方志叢刊）。

張津等《乾道四明圖經》，中華書局 1990 年版（宋元方志叢刊）。

罗濬等《寶慶四明志》，中華書局 1990 年版（宋元方志叢刊）。

袁桷等《延祐四明志》，中華書局 1990 年版（宋元方志叢刊）。

劉錫等《至正四明續志》，中華書局 1990 年版（宋元方志叢刊）。

施宿等《嘉泰會稽志》，景印文淵閣《四庫全書》第 486 册，臺灣商務印書館 1986 年版。

陳耆卿《赤城志》，景印文淵閣《四庫全書》第 486 册，臺灣商務印書館 1986 年版。

梅應發、劉錫《開慶四明續志》，景印文淵閣《四庫全書》第 487 冊，臺灣商務印書館 1986 年版。

和坤等《大清一統志》，景印文淵閣《四庫全書》第 474—483 冊，臺灣商務印書館 1986 年版。

顧棟高等《河南通志》，景印文淵閣《四庫全書》第 535—538 冊，臺灣商務印書館 1986 年版。

沈翼機等《浙江通志》，景印文淵閣《四庫全書》第 519—526 冊，臺灣商務印書館 1986 年版。

沈青崖等《陝西通志》，景印文淵閣《四庫全書》第 551—556 冊，臺灣商務印書館 1986 年版。

儲大文等《山西通志》，景印文淵閣《四庫全書》第 542—550 冊，臺灣商務印書館 1986 年版。

杜詔等《山東通志》，景印文淵閣《四庫全書》第 539—541 冊，臺灣商務印書館 1986 年版。

徐兆昺《四明談助》，寧波出版社 2000 年版。

姚宗文《慈谿縣志》，臺灣成文出版社 1983 年版（明天啟四年本）。

佚名《新修餘姚縣志》，臺灣成文出版社 1983 年版（明萬曆年間刊本）。

邵友濂等《餘姚縣志》，臺灣成文出版社 1983 年版（光緒二十五年本）。

乾隆《臨晉縣志》，臺灣成文出版社 1983 年版（光緒五年本）。

陳舜俞《廬山記》，商務印書館 1939 年版（叢書集成初編）。

劉大彬等《茅山志》，《道藏》第 5 冊，文物出版社、上海書店、天津古籍出版社 1988 年版。

黃宗羲《四明山志》，《黃宗羲全集》第 2 冊，浙江古籍出版社 1985 年版。

趙明誠《金石錄》，景印文淵閣《四庫全書》第 681 冊，臺灣商務印書館 1986 年版。

歐陽修《集古錄》，景印文淵閣《四庫全書》第 681 冊，臺灣商務印書館 1986 年版。

佚名《寶刻類編》，景印文淵閣《四庫全書》第 682 冊，臺灣商務印書館 1986 年版。

桑世昌《蘭亭考》，臺灣商務印書館 1986 年版（景印文淵閣《四庫全書》）第 682 冊。

于敏中等《欽定重刻淳化閣帖釋文》，景印文淵閣《四庫全書》第 683 冊，臺灣商務印書館 1986 年版。

顧炎武《金石文字記》，景印文淵閣《四庫全書》第 683 冊，臺灣商務印書館 1986 年版。

都穆《金薤琳琅》，景印文淵閣《四庫全書》第 683 冊，臺灣商務印書館 1986 年版。

趙崡《石墨鐫華》，景印文淵閣《四庫全書》第 683 冊，臺灣商務印書館 1986 年版。

阮元《兩浙金石志》，浙江古籍出版社 2012 年版。

徐松《登科記考》，中華書局 1984 年版。

洪飴孫《三國職官表》，商務印書館（叢書集成初編）1937 年版。

嚴耕望《兩漢太守刺史表》，商務印書館 1948 年版。

孫星衍校集《漢官六種》，中華書局 1990 年版。

趙鉞等《唐御史臺精舍題名考》，中華書局 1997 版。

勞格等《唐尚書省郎官石柱題名考》，中華書局 1992 年版。

【子部】

林寶撰《元和姓纂》（岑仲勉校記），中華書局 1994 年版。

鄧名世《古今姓氏書辯證》，江西人民出版社 2006 年版。

凌迪志《萬姓統譜》，臺灣商務印書館 1986 年版，景印文淵閣《四庫全書》。

孫承澤《春明夢餘録》，北京古籍出版社 1992 年版。

董斯張《廣博物志》，江蘇廣陵古籍 1990 年版（影印本）。

于敏中等《欽定日下舊聞考》，臺灣商務印書館 1986 年版（景印文淵閣《四庫全書》）。

劉肅《大唐新語》，中華書局（唐宋史料筆記叢刊）1984 版。

封演《封氏聞見記》，中華書局 2005 年版。

李慈銘《越縵堂讀書記》，上海書店 2000 年版。

虞世南《北堂書鈔》（影印本），中國書店 1989 年版。

徐堅等《初學記》，中華書局 2004 年版。

李昉、徐鉉等《太平廣記》，中華書局 1961 年版。

李昉等《太平御覽》，商務印書館 1935 年版（四部叢刊三編）。

朱長文《墨池編》，臺灣商務印書館 1986 年版（景印文淵閣《四庫全書》）第 812 冊。

張彥遠《法書要録》，臺灣商務印書館 1986 年版（景印文淵閣《四庫全書》）第 812 冊。

陶宗儀《書史會要》，臺灣商務印書館 1986 年版（景印文淵閣《四庫全書》）第 814 冊。

孫岳頒等《御定佩文齋書畫譜》，商務印書館 1936 年版（叢書集成初編）。

岳珂《寶真齋法書贊》，商務印書館 1936 年版（叢書集成初編）。

佚名《宣和書譜》，商務印書館 1936 年版（叢書集成初編）。

陳思《寶刻叢編》，江蘇古籍出版社 1998 年版。

王昶《金石萃編》，上海寶善書局光緒癸巳年（1893）版。

陸羽《茶經》，中國農業出版社第 2006 年版。

釋智昇《開元釋教録》，景印文淵閣《四庫全書》第 1051 冊，臺灣商務印書館 1986 年版。

釋曇噩《新修科分六學僧傳》，《卍新纂大日本續藏經》第 77 冊，東京國書刊行會 1989 年版。

釋道宣《續高僧傳》,《中華大藏經》(漢文) 第 61 冊,中華書局 1993 年版。

彥琮撰《唐護法沙門法琳別傳》,《中華大藏經》(漢文) 第 61 冊,中華書局 1993 年版。

唐臨《冥報記》(方詩銘輯校),中華書局 1992 年版。

【集部】

陸機《陸機集》,中華書局 1982 年版。

杜牧《樊川文集》,上海古籍出版社 1978 年版。

柳宗元《柳宗元集》,中華書局 1979 版。

蘇軾《蘇軾文集》,中華書局 1986 年版。

蕭統《文選》(李善注),上海古籍出版社 1986 年版。

許敬宗《文詞館林校證》,中華書局 2001 年版。

李昉等《文苑英華》(影印本),中華書局 1966 年版。

王士禛選、聞人倓箋《古詩箋》,上海古籍 1980 年版。

嚴可均《全上古三代秦漢三國六朝文》,中華書局 1965 年版。

曹寅等《全唐詩》,上海古籍出版社 1986 年版。

董誥等《全唐文》(影印本),中華書局 1983 年版。

《四庫全書總目提要》,商務印書館 1939 年版(萬有文庫本)

【近當代著作】

余嘉錫箋疏《世說新語箋疏》，中華書局 1983 年版。

王毓榮校注《荊楚歲時記校注》，臺北文津出版社 1988 年版。

周叔迦等校注《法苑珠林校注》，中華書局 2003 年版。

周勛初校證《唐語林校證》，中華書局 1987 年版。

傅璇琮校箋《唐才子傳校箋》，中華書局 1987 年版。

趙立勛等校注《遵生八牋校注》，人民衛生出版社 1994 年版。

陳橋驛《水經注校證》，中華書局 2007 年版。

梁章鉅《三國志旁證》，福建人民出版社 2000 年版。

曹融南《謝宣城集校注》，上海古籍出版社 1991 年版。

楊世明《劉長卿集編年校注》，人民文學出版社 1999 年版。

蔣寅《戴叔倫詩集校注》，上海古籍出版社 2010 年版。

吳鋼《全唐文補遺》（第一輯），三秦出版社 1994 年版。

吳鋼《全唐文補遺》（第二輯），三秦出版社 1995 年版。

吳鋼《全唐文補遺》（第八輯），三秦出版社 2005 年。

吳鋼《全唐文補遺》（千唐志齋新藏專輯），三秦出版社 2006 年版。

顏真卿《郭虛己墓志》，河南美術出版社 2007 年版。

趙超《漢魏晉南北朝墓志彙編》，天津古籍出版社 1992 年版。

周紹良《唐代墓志彙編》上海古籍出版社 1992 年版。

周紹良《唐代墓志彙編續集》，上海古籍出版社 2001 年版。

胡戟、榮新江《大唐西市博物館藏墓志》，北京大學出版社 2012 年版。

曾良《隋唐出土墓志研究及整理》，齊魯出版社 2007 年版。

秦公輯《碑別字新編》，文物出版社 1985 年版。

章國慶《寧波歷代碑碣墓志彙編》，上海古籍出版社 2012 年版。

羅新、葉煒《新出魏晉南北朝墓志疏證》，中華書局 2005 年版。

李曉傑《東漢政區地理》，山東教育出版社 1999 年版。

陳健梅《孫吳政區地理研究》，岳麓書社 2008 年版。

陳直《居延漢簡研究》，中華書局 2009 年版。

《陳寅恪先生全集》，臺北里仁書局 1979 年初版。

勞榦《古代中國的歷史與文化》，中華書局 2006 年版。

劉汝霖《漢晉學術編年》，中華書局 1991 年影印本。

陸侃如《中古文學繫年》，人民文學出版社 1998 年版。

彭慶生《初唐詩歌繫年考》，北京大學出版社 2012 年版。

閻步克《察舉制度變遷史稿》，遼寧大學出版社 1991 年版。

邱樹森《中國歷代職官辭典》，江西教育出版社 1991 年版。

吳宗國《唐代科舉制度研究》，北京大學出版社 2010 年版。

賴瑞和《唐代基層文官》，中華書局 2008 年版。

賴瑞和《唐代中層文官》，中華書局 2011 年版。

施子愉《柳宗元年譜》，湖北人民出版社 1958 年版。

朱關田《唐代書法家年譜》，江蘇教育出版社 2001 年版。

李健超增訂《增訂唐兩京城坊考》，三秦出版社 2006 年版。

楊鴻年《隋唐兩京坊里譜》，上海古籍出版社 1999 年版。

路工《訪書見聞錄》，上海古籍出版社 1985 年版。

劉海龍《字林考逸》，廣東教育出版社 1989 年版。

岑仲勉《唐史餘瀋》（外一種），中華書局 2004 年版。

杜文玉《唐史論叢》第十一輯，三秦出版社 2009 年版。

餘姚市地名委員會辦公室《餘姚地名志》，1987 年編印。

【刊物論文】

武伯綸《唐萬年、長安縣鄉里考》，《考古學報》1963 第 2 期。

黃正建《唐代的齋郎與挽郎》，《史學月刊》1989 年第 1 期。

楊森《唐虞世南子虞昶傳略補》，《陝西師範大學報》1992 年第 2 期。

杜少虎、趙文成《唐〈虞從道墓志〉鉤沉》，《中國書法》2005 年第 4 期。

劉琴麗《再論唐代的齋郎與挽郎》，《江漢論壇》2005 年第 9 期。

程義《隋唐長安轄縣鄉里考新補》，《中國歷史地理論叢》2006 年第 4 辑。

史國強《長安有無歸德坊辨》，《文獻》2007 年第 3 期。

仲威《碑帖的起源與發展》，《美術報》2009 年 7 月 25 日第 36 版，總第 818 期。

後 記

　　2015 年春，慈溪博物館厲祖浩先生來餘姚找我，商談是書的出版。經過三四年的曲折艱辛，本書的出版終於成了現實。

　　近幾年來，慈溪市一直保持着濃厚融洽的學術氛圍。尤其在文獻整理方面，幾乎每年都能看到一些讓人欣喜的成果，像近年整理出版的道光《滸山志》、嘉靖《觀海衛志》、民國《餘姚六倉志》、道光《溪上遺聞集錄》，以及厲祖浩《越窯瓷墓志》、童銀舫《慈溪家譜》、王孫榮《慈溪進士錄》等。這些文獻和學術著作，對我來説是相當重要的案頭工具。我想，慈溪做得這麽好，政策傾斜是一方面，另一方面是有着像厲祖浩、童銀舫、王孫榮這樣的鄉賢文獻研究者。他們虔誠、認真，充滿了十二分的熱情，並且又落在了相關的政府崗位上。

　　在此，感謝厲祖浩先生，感謝慈溪市人民政府！

商　略

2015 年 4 月 1 日於崇文書院